16	3	2	13
5	10	11	8
9	6	7	12
4	15	14	1

Marcus Vinicius Mazzari

A DUPLA NOITE
DAS TÍLIAS
História e natureza no *Fausto* de Goethe

editora ■ 34

EDITORA 34

Editora 34 Ltda.
Rua Hungria, 592 Jardim Europa CEP 01455-000
São Paulo - SP Brasil Tel/Fax (11) 3811-6777 www.editora34.com.br

Copyright © Editora 34 Ltda., 2019
A dupla noite das tílias © Marcus Vinicius Mazzari, 2019

A FOTOCÓPIA DE QUALQUER FOLHA DESTE LIVRO É ILEGAL E CONFIGURA UMA
APROPRIAÇÃO INDEVIDA DOS DIREITOS INTELECTUAIS E PATRIMONIAIS DO AUTOR.

A Editora 34 agradece ao Freies Deutsches Hochstift,
fundação sediada em Frankfurt, pela permissão para reproduzir
neste livro alguns dos desenhos a bico de pena de Max Beckmann.

Imagem da capa:
Ilustração de Max Beckmann para o Fausto II, *de Goethe*

Capa, projeto gráfico e editoração eletrônica:
Bracher & Malta Produção Gráfica

Revisão:
Alberto Martins, Cecilia Marks,
Beatriz de Freitas Moreira

1ª Edição - 2019

CIP - Brasil. Catalogação-na-Fonte
(Sindicato Nacional dos Editores de Livros, RJ, Brasil)

Mazzari, Marcus Vinicius, 1958
M668d   A dupla noite das tílias: história e natureza
no *Fausto* de Goethe / Marcus Vinicius Mazzari
— São Paulo: Editora 34, 2019 (1ª Edição).
264 p.

ISBN 978-85-7326-745-7

1. Literatura alemã - História e crítica.
2. O *Fausto* de Goethe. 3. Crítica literária.
I. Título.

CDD - 809

A DUPLA NOITE
DAS TÍLIAS
História e natureza no *Fausto* de Goethe

Prefácio 11

1. Atualidade de um clássico 41

2. Símbolo e Alegoria
na concepção clássica de Goethe 57

3. Pedra de escândalo alegórica 67

4. *Mascherate carnascialesche*:
no reino das alegorias.. 75

5. "Nascido para ver, a enxergar destinado":
o vigia Linceu.. 93

6. "Rende obediência à força bruta":
a visão mefistofélica da história............................... 117

7. Fausto e a Apreensão: a cena "Meia-noite"............... 129

8. Crime e castigo: uma xilogravura da punição............ 143

9. O último momento de Fausto................................. 163

10. Fórmulas ético-estéticas:
pintar o veludo *in abstracto*,
apenas como ideia do veludo.................................. 179

11. "O que a vista deliciava, com os séculos se foi":
uma fórmula ético-estética
para a destruição da natureza................................. 201

12. *Mater Gloriosa*, Galateia
e a Apreensão "em voo espectral":
reenlaçando os fios... 231

Agradecimentos.. 253

Referências bibliográficas... 254

Sobre o autor 263

para Ecléa, que tanto gostava do episódio de Baucis e Filemon, e Alfredo Bosi — *ventura de fazer o bem em tudo*

"[Filemon e Baucis] Gastos pelos anos e pela longa vida,
encontravam-se um dia em frente aos degraus do templo e relatavam
a história do lugar, quando Baucis vê Filemon cobrir-se de folhas,
e o velho Filemon vê as folhas a cobrirem Baucis.
Já sobre a face de ambos se alargava a copa; enquanto podiam,
iam conversando. Disseram um ao outro simultaneamente:
'Adeus, meu amor!' E logo a casca lhes cobre e lhes esconde a face."

Ovídio, *Metamorfoses*, livro VIII, vv. 712-8
(tradução de Domingos Lucas Dias)

"PEREGRINO

São as velhas tílias, sim,
No esplendor da anciã ramagem.
Torno a achá-las, pois, no fim
De anos de peregrinagem!
[...]
O bom par que, com desvelo,
Me acolhera, eu ver quisera,
Mas, hoje ainda hei de revê-lo?
Tão idoso então já era!
Gente cândida e feliz!
Bato? chamo? — Eu vos saúdo!
Se a ventura sempre fruís,
De fazer o bem em tudo."

J. W. Goethe, *Fausto II*, vv. 11.043 ss.
(tradução de Jenny Klabin Segall)

Prefácio

No dia 22 de junho de 1797 Goethe comunicava em carta ao amigo Friedrich Schiller a intenção de retomar o trabalho no *Fausto*, que por cerca de sete anos — isto é, desde a publicação do *Fragment* em 1790 — estivera relegado a um plano secundário.[1] Schiller, que já nos anos precedentes exercera forte influência sobre a concepção das partes finais do romance *Os anos de aprendizado de Wilhelm Meister* (1796), recebe junto com a carta o *torso* dramático então existente, acompanhado do pedido: "Mas agora eu desejaria que o senhor tivesse a bondade de, numa noite de insônia, refletir sobre isso, apresentar-me suas exigências ao conjunto da obra e, desse modo, contar-me e interpretar-me meus próprios sonhos, como um verdadeiro profeta". Com estas palavras delineia-se uma alusão às diferenças entre o processo criativo dos dois grandes nomes da literatura alemã, mais intuitivo no autor do *Werther* (e relacionado, portanto, ao "sonho"), bem mais consciente e reflexivo no destinatário da carta. Naturalmente o pedido de Goethe não cai no vazio e até o final desse mês de junho de 1797, o amigo investido no papel do profeta Daniel que adivinha e interpreta o sonho do rei babilônico Nabucodonosor (Daniel, 2), e que de resto costumava varar as noites trabalhando (daí também

---

[1] Abrangendo 1.009 cartas, a correspondência entre Goethe e Schiller inicia-se em 13 de junho de 1794, quando este, que acabara de estabelecer-se em Jena (cerca de 20 km de Weimar), convida Goethe a colaborar na revista *Die Horen* [As Horas]. Com a mudança de Schiller para Weimar, em outubro de 1799, a troca de cartas se rarefaz, mas permanece ativa até a morte deste em maio de 1805. No dia 18 de janeiro de 1825, Johann Peter Eckermann registra as seguintes palavras de Goethe: "Suas cartas são a mais bela recordação que possuo dele e pertencem ao que de mais primoroso ele escreveu".

a referência à "insônia"), envia três cartas a Weimar, com as observações agudas e lúcidas que lhe eram peculiares, sendo que a do dia 26 apontava para a necessidade de conduzir Fausto "à vida ativa" (*ins handelnde Leben*), preludiando de certa maneira a figura do colonizador que dominará as cenas finais da Segunda Parte.[2] Acompanhando essa carta, seguiu também para Weimar, como presente gastronômico, uma remessa de cogumelos, o que provavelmente terá levado Goethe, na carta de 1º de julho, à expressiva imagem com que caracterizou o drama ainda em plena expansão: "Tudo depende agora de apenas mais um mês tranquilo e então a obra deverá brotar da terra como uma grande família de fungos, para as mais variadas formas de admiração e repulsa".

Em vez de tão somente um mês, o manuscrito enviado a Schiller precisaria ainda de quase uma década para "brotar da terra" como organismo formado (o *Fausto I* é concluído em 1806 e publicado dois anos depois), enquanto a segunda parte da tragédia continuaria a ramificar-se por mais 35 anos. A metáfora mobilizada pelo poeta para descrever seu *work in progress* — uma colônia de cogumelos sustentada por filamentos (as hifas do micélio vegetativo) que vão se emaranhando sob a superfície da terra — leva-nos ao ramo científico em que se notabilizou um importante interlocutor de Goethe nos anos de velhice, com quem travaria contato dezoito anos após a morte de Schiller:[3] o botânico bávaro

---

[2] Em carta datada de 13 de setembro de 1800, Schiller refere-se explícita e pioneiramente a uma segunda parte do *Fausto*, que em sua visão teria de ser mais "bárbara" (isto é, mais distante da estética classicista) do que a primeira. E dez dias depois, ele retoma essa mesma ideia ao discorrer sobre as partes iniciais (265 versos) do complexo em torno de Helena, que Goethe redigira alguns meses antes (e que seriam incorporadas ao terceiro ato do *Fausto II*): o tratamento da personagem Helena deveria encontrar uma "síntese do nobre com o bárbaro", pois somente assim se constituiria um "cume" (*Gipfel*) dramático avistável de todos os pontos do conjunto e do qual se poderia ao mesmo tempo avistar todos esses pontos.

[3] Lembrando, porém, que o grande marco inicial da amizade com Schiller foi uma conversa de natureza botânica (em 20 de julho de 1794, cinco semanas após o primeiro contato epistolar), isto é, sobre a intuição goethiana da

Carl Friedrich von Martius que, ao lado do zoólogo (também bávaro) Johann Baptist Spix, percorreu entre 1817 e 1820 cerca de onze mil quilômetros do território brasileiro com o *Fausto* na bagagem (assim como, segundo carta de 23 de outubro de 1823, o tratado goethiano sobre *A metamorfose das plantas*). Depois do retorno a Munique, o "brasileiro Martius", na expressão do próprio Goethe — por exemplo, na carta de 29 de setembro de 1827 em que pede ao seu amigo Carl Friedrich Zelter que transmita "as mais afetuosas lembranças ao Sr. von Martius, o botânico e brasileiro; encontrarás nele a pessoa mais amável e excelente" —, inicia uma fecunda correspondência com Weimar, descortinando ao poeta diversos aspectos do imenso país sul-americano, como a floresta amazônica e seu exuberante sistema fluvial, regido pelo "gigantesco caudal", considerado pelo cientista-viajante "não um rio simples, mas composto, um sistema fluvial inteiro".[4] Pinçando apenas um exemplo, em carta datada de 13 de janeiro de 1825 Martius toma a liberdade de enviar a Weimar três poemas de sua própria autoria concebidos sob o Cruzeiro do Sul, o primeiro deles apresentado como "descrição de um lado noturno da nature-

---

"planta primordial" (*Urpflanze*). Conforme a reconstituição de Schiller, Goethe apresentou sua visão da *Urpflanze* como "experiência", ao passo que ele próprio a considerou uma "ideia": "Goethe mirou-me então com espanto e observou ser-lhe muito agradável que, sem o saber, tivesse ideias que até mesmo podiam ser vistas".

[4] *Viagem pelo Brasil*, tradução de Lúcia Furquim Lahmeyer, volume III, livro 9, capítulo VI ("Viagem de barra do rio Negro ao rio Madeira"), Brasília, Edições do Senado Federal, 2017, p. 430. O entusiasmo que a natureza brasileira, então ainda largamente intacta, suscitou nesses dois cientistas viajantes bávaros transparece no fecho do discurso que Spix fez em 1821, na Academia de Ciências de Munique, sobre sua experiência no Brasil: "Considerando-nos felizes por ter visto e percorrido esse jardim do mundo, o mais belo e notável país desse continente, o majestoso Brasil". Dei essa formulação (até "jardim do mundo") ao título de um ensaio publicado na Alemanha em 2015: "'Glücklich uns preisend, diesen Garten der Welt gesehen und bereist zu haben': Die brasilianische Expedition von J. B. Spix und C. F. P. Martius", in *Phänomenologie, Geschichte und Anthropologie des Reisens* [Fenomenologia, história e antropologia do viajar] (org. Larissa Polubojarinova *et al.*), Kiel, Solivagus, 2015.

Prefácio

za", apreendido no ponto exato em que o rio Trombetas desemboca na torrente amazônica.[5]

Se, por um lado, a leitura reiterada do *Fausto I* deixou marcas no estilo de Martius (que também se aventurou pela ficção narrativa com *Frey Apollonio: um romance do Brasil*),[6] pelo outro seria possível sustentar que alguns dos textos enviados a Weimar, a exemplo da extraordinária descrição da "Formação das nuvens" (*Die Bildung der Wolken*) nos trópicos, tenham servido como substrato à gigantesca família de cogumelos que se expandiria até janeiro de 1832, quando o poeta dá uma última pincelada no manuscrito do *Fausto II*.[7] Dessa perspectiva também o botânico bávaro pode ser visto enquanto parte integrante do "ser coletivo" (*être collectif*) que portava o nome "Goethe", conforme lemos numa conversa em francês registrada em 17 de fevereiro de 1832 por Frédéric Soret: "O que eu fiz? Recolhi, utilizei tudo o que ouvi e observei. Minhas obras são alimentadas por milhares de indiví-

---

[5] Esse poema descritivo pode ser lido no ensaio de Jochen Golz "O contato de Goethe com a América do Sul à luz de seu espólio", tradução de Rodrigo Castro, in *Fausto e a América Latina* (org. Helmut Galle e Marcus Mazzari), São Paulo, Humanitas, 2010. Em carta de 18 de maio de 1825, Martius escreve a Goethe que nada o preparara mais para a viagem brasileira do que o *Fausto* e o panteísmo de Espinosa. (Sobre o intercâmbio científico e literário entre ambos escrevi o ensaio "Natureza ou Deus: afinidades panteístas entre Goethe e o 'brasileiro' Martius", *Revista Estudos Avançados*, n° 69, pp. 183-202, 2010.)

[6] Edição brasileira, tradução de Erwin Theodor, São Paulo, Brasiliense, 1992.

[7] Em linhas gerais essa expressiva descrição meteorológica foi incorporada ao trecho com que Martius, sob a rubrica "Pará, 16 de agosto de 1819", abre o terceiro volume da *Viagem pelo Brasil, 1817-1820*.
Possíveis vestígios do texto de Martius sobre a formação de nuvens no sistema amazônico poderiam ser rastreados nas cenas "Região amena" (abertura do *Fausto II*) e "Furnas montanhosas" (para mais comentários a respeito, ver *Fausto II*, *op. cit.*, pp. 1.023-7), a qual sofreu comprovadamente a influência do relato de Wilhelm von Humboldt sobre o "grandioso e magnífico espetáculo de nuvens" no maciço de Montserrat (Catalunha) e dos estudos meteorológicos de Luke Howard (1772-1864).

duos diferentes, ignorantes e sábios, pessoas sagazes e tolas. A infância, a idade madura, a velhice — todos vieram oferecer-me os seus pensamentos, suas faculdades, sua maneira de ser; recolhi muitas vezes os frutos que outros semearam. Minha obra é a de um ser coletivo e ela traz o nome de Goethe".[8]

Em face, portanto, da fecunda presença do "brasileiro Martius" na última década de vida de Goethe, seria procedente lançar mão agora de uma metáfora geográfica (em substituição à botânica empregada na carta a Schiller) e aproximar seu *magnum opus* — para o qual confluiu toda uma infinidade de contatos, estudos, experiências, intuições, leituras, observações e reflexões — ao caudal amazônico, igualmente irrigado por incontáveis afluentes. (E aqui valeria assinalar que Goethe, numa carta de 1º de dezembro de 1831 a Wilhelm von Humboldt, comenta a decisão de dar por concluído o trabalho no *Fausto II* com uma metáfora de irrigação, ou seja, o momento em que "finalmente considerei aconselhável exclamar: 'Fechai o canal de irrigação, os relvados beberam o suficiente'".) Com seu *tertium comparationis* na ideia de prodigiosa e intrincada rede de tributários, essa aproximação encontra um ensejo concreto no fato de Martius ter familiarizado o autor do *Fausto* com os mais variados aspectos da vida brasileira e amazônica, como vem à tona, por exemplo, na resenha que Goethe dedicou a tratados do botânico sobre palmeiras brasileiras, concluída com as palavras: "percorrendo assim o círculo dos escritos acima comentados, sentimo-nos inteiramente presentes e como em casa numa parte do mundo [o Brasil] tão remota".[9]

---

[8] Para o original, ver nota 37 no capítulo 1.

[9] Os trabalhos de Martius sobre palmeiras brasileiras, resenhados elogiosamente por Goethe, receberam expressiva homenagem também por parte de Alexander von Humbold: "Enquanto o ser humano conhecer palmeiras e falar de palmeiras, o nome de Martius será mencionado com glória" (*apud* Alexander von Martius, *Goethe und Martius*, Mittenwald, Arthur Nemayer Verlag, 1932, p. 11).

Talvez caiba observar nesse contexto que justamente A. v. Humboldt e Martius renderam tributo aos trabalhos científicos de Goethe durante um grande congresso de médicos e naturalistas alemães que aconteceu em Berlim no

Prefácio

Além disso, a metáfora "amazônica" já poderia indiretamente preludiar uma vertente fulcral do presente trabalho: a abordagem da chamada tragédia da colonização ou do desenvolvimento, que se desenrola no quinto ato da segunda parte do *Fausto*, à luz de questões que, desde os últimos decênios do século XX, vêm sendo debatidas com crescente intensidade e que concernem também aos biomas brasileiros estudados por Martius, cujas investigações o levaram até a fronteira com a Colômbia.[10] Tais questões têm sua origem num período de ruptura que Goethe presenciou *in statu nascendi*, conforme se pode dizer de seu encontro (e correspondente relato), em setembro de 1790, com duas máquinas a vapor — na denominação do poeta, *Feuermaschinen*, literalmente, máquinas de fogo — que bombeavam "massas de água" do subsolo na mina de prata de Tarnowitz, na antiga Silésia (hoje território da Polônia); ou seja, trata-se da Revolução Industrial e do decorrente impacto, que vem se acumulando por mais de duzentos anos, so-

ano de 1828 (e ao qual Goethe dirigiu uma "saudação", *Grußadresse*, em que apresentou sua ideia de "Literatura Mundial"). Ver sobre isso o ensaio de Rudolf Steiner "Goethes Beziehungen zur Versammlung deutscher Naturforscher und Ärzte in Berlin 1828" [As relações de Goethe com a assembleia de naturalistas e médicos alemães em Berlim em 1828] (in *Goethe-Jahrbuch* 16, 1895) e o capítulo VII do livro de Albrecht Schöne, *Der Briefschreiber Goethe* [O escritor de cartas Goethe] (Munique, C. H. Beck, 2015, em especial a p. 323).

[10] No tocante à devastação de nossos biomas, valeria citar a seguinte observação feita por Alexander von Martius (mesmo nome do organizador da correspondência citada na nota anterior) no posfácio ao volume comemorativo do segundo centenário de nascimento do "brasileiro" Martius: "Enquanto meu antepassado pôde dedicar-se inteiramente à pesquisa das florestas tropicais, eu tenho de lutar pela sua conservação. Embora a destruição do cinturão verde em torno da linha do equador já tenha começado com sua descoberta pelos europeus, nos últimos quarenta anos ela assumiu proporções colossais. Hoje estão destruídos 70% das reservas então existentes. A grande maioria dos povos indígenas, que meu antepassado conheceu na região amazônica, foi dizimada". (O texto se fecha com comentários sobre a catastrófica devastação da Mata Atlântica ao longo da costa brasileira.) In *Brasilianische Reise 1817-1820. Carl Friedrich Philipp von Martius zum 200. Geburtstag* (org. por Jörg Helbig), Munique, Hirmer Verlag, 1994.

bre seres humanos e a natureza. Começava então a "volatilizar--se", ou "evaporar", tudo o que até então estava solidamente "estratificado e em vigor", lembrando a formulação feita por Marx e Engels no *Manifesto comunista*: "*alles Ständische und Stehende verdampft*" ("Tudo o que está estratificado e em vigor volatiliza--se"), com o verbo *verdampfen* aludindo aos efeitos da máquina a vapor (*Dampfmaschine*), que Goethe chamou, em 1790, de "máquina de fogo". Muito mais, porém, do que os teóricos do chamado "socialismo científico", Goethe concentrou o olhar no lado destrutivo (evidentemente sem ignorar o "positivo") desse revolucionamento inaudito posto em marcha na Inglaterra. E assim ouvimos de uma tecelã, em seu romance de velhice *Os anos de peregrinação de Wilhelm Meister* (1821 e 1829), as seguintes palavras de apreensão perante a marcha avassaladora dos novos meios de produção: "O sistema maquinário, que vem se impondo mais e mais, me atormenta e angustia; como uma tempestade ele se aproxima pesadamente, aos poucos, aos poucos; mas já pegou o seu rumo, irá chegar e atingir em cheio".[11]

No quinto ato do *Fausto II* a anciã Baucis pronuncia palavras de teor semelhante, na medida em que fala a seu modo de uma "tempestade" que via aproximar-se cada vez mais pesadamente, como um "portento" (*Wunder*) irradiador de profunda inquietação: "Foi portento, com certeza!/ Não me deixa ainda hoje em paz;/ Já que em toda aquela empresa/ Certo que nada me apraz". A "empresa" a que se referem esses versos consiste no projeto colonizador que, esteado na força de "mil luzinhas" que enxameiam

---

[11] Ver livro III, capítulo 13. Em outra passagem desse mesmo romance de velhice, Goethe também faz um trocadilho com a então nova palavra *Dampfmaschine*, "máquina a vapor", tomando por base não o verbo *verdampfen* (como se observa no citado trecho do *Manifesto*), mas sim *dämpfen*, "abafar", ambos ligados etimologicamente a *Dampf*, "vapor", "bafo": "Tanto quanto não é possível abafar as máquinas a vapor, não é possível fazê-lo no ético [*im Sittlichen*, isto é, na dinâmica dos novos costumes: *Sitten*]; a vitalidade do comércio, o farfalhar do papel-moeda, o engrossar das dívidas para saldar dívidas, tudo isso são os elementos descomunais com que atualmente um jovem se vê confrontado".

Prefácio

na orla durante as madrugadas, vem sendo levado a cabo por Fausto e Mefistófeles, suprimindo-se pela raiz não só antigas tradições, mas toda a natureza primordial da "região aberta" ("aberta" também no que tange à cultura da hospitalidade), habitada ancestralmente por Filemon e Baucis. Desse modo o dramaturgo converte o espaço descortinado no último ato da tragédia em *foco concentrado* de eventos e processos que não fariam senão intensificar-se nos decênios subsequentes, num desenvolvimento que se estende até os estágios atuais da Época para a qual o cientista holandês Paul Josef Crutzen, na virada para o terceiro milênio, propôs a designação de "Antropoceno" (em substituição, na escala geocronológica, à Época do Holoceno).[12]

Se leitores do *Fausto* da envergadura de Paul Celan, Albert Schweitzer ou ainda os críticos que serão mencionados adiante enxergaram nas cenas do quinto ato a prefiguração daquilo que o nacional-socialismo, cem anos mais tarde, infligiria aos judeus-alemães e europeus (mas também podem ser lembrados outros genocídios do século XX, como fez o proeminente comparativista Eberhard Lämmert), abre-se igualmente a possibilidade de ler essas

---

[12] Uma boa contextualização dessa proposta articulada por Crutzen no artigo "Geology of Mankind" [Geologia da Humanidade] (revista *Nature*, vol. 415, 2002) assim como no artigo pioneiro "The Anthropocene", publicado dois anos antes em parceria com o biólogo Eugene F. Stoermer (em *Global Change Newsletter* nº 41), apresenta-nos José Eli da Veiga em *O Antropoceno e a Ciência do Sistema Terra* (São Paulo, Editora 34, 2019, ver especialmente as pp. 57-60). Para Crutzen e Stoermer (e vários outros cientistas) o início do Antropoceno deve ser situado nas últimas décadas do século XVIII, período em que James Watt desenvolve a máquina a vapor. No debate científico há também a proposta de se localizar o segundo grande marco da época antropocena no ano de 1945, quando se teria iniciado o estágio da "Grande Aceleração", que ressoa o estudo publicado por John R. McNeill e Peter Engelke em 2014: *The Great Acceleration*, com o subtítulo *An Environmental History of the Anthropocene since 1945* [Uma história ambiental do Antropoceno desde 1945]. Evidências estratigráficas (e também o chamado *Golden Spike*) para a formalização do Antropoceno poderão ser oferecidas no futuro por sedimentos com marcas das explosões atômicas que se iniciaram em 1945, com o teste nuclear em Alamogordo, no Novo México.

Para pintar *Os ciclopes modernos*, Adolph Menzel dirigiu-se à Silésia em 1872 para estudar a fundição do metal; na conclusão da obra em 1875 já estouravam na região várias revoltas contra as precárias condições de trabalho nas fábricas.

cenas à luz dos novos desafios colocados pela intervenção industrial sobre a natureza ao longo dos dois últimos séculos. É, por exemplo, o que sugere o cientista político Iring Fetscher em seu posfácio à edição norte-americana da "interpretação econômica" (e também ecológica) da tragédia goethiana *Dinheiro e magia*, de Hans Christoph Binswanger: "Talvez somente hoje, dada a crise ecológica da sociedade industrial, possamos avaliar todo o realismo e a extensão da perspicácia de Goethe".[13]

Em chave semelhante, as partes finais deste estudo procederão a uma leitura "atualizadora" do projeto desenvolvimentista em que Fausto, com o indefectível assessoramento de Mefistófeles, empenha-se na última etapa de sua trajetória terrena (ou "vida ativa", lembrando aquela sugestão de Schiller) — uma leitura orientada, portanto, também pela "crise ecológica da sociedade industrial". Importante apoio teórico para essa abordagem adveio da Estética da Recepção, cujo interesse crítico se dirige menos às fontes ou à estrutura imanente da obra enfocada, ou ainda às eventuais intenções de seu autor, do que ao papel desempenhado pelo *leitor* no processo de ativação exegética do texto literário. Em

---

[13] *Money and Magic: A Critique of the Modern Economy in the Light of Goethe's Faust*, Chicago, University of Chicago Press, 1994 (para dados da edição original e da edição brasileira, ver nota 42 no capítulo 1). Note-se assim que Fetscher (mas também Binswanger, como ainda será discutido) não se limita a constatar que o velho Goethe captou os primeiros estágios da era industrial, conforme se lê, por exemplo, no esboço biográfico que Walter Benjamin escreveu em 1928 para a *Grande Enciclopédia Soviética*: "Goethe morreu no dia 22 de março de 1832, logo após a conclusão da obra [o *Fausto II*]. Por ocasião de sua morte, o processo de industrialização da Europa se encontrava em crescimento desenfreado. Goethe previu esse desenvolvimento". Em seguida, Benjamin reproduz o início da carta a Zelter de 6 de junho de 1825: "Riqueza e rapidez, eis o que o mundo admira e o que todos almejam. Ferrovias, correio expresso, navios a vapor e todas as possíveis facilidades de comunicação são as coisas que o mundo culto ambiciona a fim de se sofisticar e, desse modo, persistir na mediocridade [...]". "Goethe", tradução de Irene Aron e Sidney Camargo, in Walter Benjamin, *Ensaios reunidos: escritos sobre Goethe*, São Paulo, Duas Cidades/Editora 34, 2009, p. 174.

prol desse princípio metodológico fala também a expectativa do velho poeta, expressa em algumas de suas cartas, de que leitores de gerações posteriores pudessem concretizar a cada vez de forma diferente, a partir das respectivas experiências históricas, as sequências imagéticas que lhes foram e são oferecidas na incomensurabilidade do *Fausto*. O espectador ou leitor encontraria assim em seu drama, observou Goethe numa carta escrita em setembro de 1831, muito mais coisas do que lhe foi possível oferecer de maneira consciente.

Mas ler os desdobramentos cênicos da "região aberta" — em especial o relevo que a dramaturgia confere às duas árvores mencionadas logo no primeiro verso do ato ("Sim! são elas, as escuras tílias", na exclamação jubilosa do Peregrino) —, sob um prisma lapidado *também* (não exclusivamente) pelas discussões atuais sobre aquecimento global e mudanças climáticas não significaria incorrer numa leitura anacrônica e forçada? Além dos subsídios teóricos advindos da Estética da Recepção, a presente interpretação recorreu ainda a trabalhos de cientistas-viajantes contemporâneos (e interlocutores) de Goethe em que se manifestam advertências extraordinariamente clarividentes quanto às alterações que a atividade humana começava a infligir ao equilíbrio da natureza. Já no contexto de sua viagem exploratória entre 1817 e 1820, Martius falava das consequências, para a biodiversidade brasileira, que adviriam a longo prazo da "mão destruidora do homem", e Spix chamou a atenção de modo incisivo, num discurso sobre a história do Brasil que proferiu em Munique no ano de 1821, para os riscos decorrentes da "destruição das florestas virgens com a derrubada desenfreada de árvores para [...] a implantação de engenhos de açúcar, devastações do solo e da terra mediante escavação irracional em busca de ouro". Alexander von Humboldt, o grande patrono da ecologia moderna, avançou mais do que todos nessa direção antecipatória ao alertar, num estudo publicado originalmente em francês sobre a expedição que empreendeu em 1829 pela Ásia Central e Sibéria (*Recherches sur les Chaines de Montagnes et la Climatologie Comparée*), para uma possível elevação na temperatura do planeta provocada pelo homem "ao dizimar florestas, alterar a distribuição das águas e, nos centros industrializados, liberar na atmosfera grandes quantidades de vapores e gases".[14]

A consideração de passagens como essas provenientes de naturalistas contemporâneos de Goethe — e muito especialmente as advertências de A. v. Humboldt (também aquelas feitas no contexto de sua expedição americana nos anos de 1799 a 1804) — serviriam assim à finalidade de relativizar eventuais imputações de anacronismo à leitura do último ato do *Fausto II* a ser proposta adiante. A "atualidade quase que inimaginável", na formulação do autor do já citado *Dinheiro e magia*, que se pode atribuir à tragédia goethiana emana também das destruições apresentadas em seu último ato, devendo-se em particular ao procedimento dramatúrgico de enfeixar num único e mesmo crime a agressão à vida humana e à natureza. Pois se os "olhares de fogo" ou "ígneos" que Linceu avista do alto de sua torre de observação devoram os cadáveres de Filemon e Baucis assim como do enigmático Peregrino hospedado na cabana (provavelmente uma figuração cifrada do próprio Goethe), essa metáfora das chamas se constitui em primeiro lugar sob o pano de fundo da "dupla noite das tílias", ou seja, das escuras e emblemáticas árvores que são destruídas pela raiz: "Rubro ardor raízes rói", na tradução aliterante de Jenny Klabin Segall. (Cem anos antes de Brecht escrever os famosos versos "Que tempos são estes, em que/ Uma conversa sobre árvores é quase um crime/ Porque implica calar-se sobre tantas infâmias!", não teria Goethe superado essa terrível dicotomia ao elaborar o derradeiro complexo trágico do *Fausto*?)

Contudo, o alcance dessa extraordinária sequência dramática vai ainda mais longe, uma vez que, com os três corpos e todos os atributos da "região aberta", são consumidas também as "raízes"

---

[14] Consultei a edição alemã *Zentral-Asien. Untersuchungen zu den Gebirgsketten und zur vergleichenden Klimatologie. Das Reisewerk zur Expedition von 1829* (Frankfurt a.M., S. Fischer Verlag, 2009), provida do posfácio de Oliver Lubrich "Die andere Reise des Alexander von Humboldt" [A outra viagem de Alexander von Humboldt], com o excelente segmento intitulado "Ökologie" [Ecologia], entre as páginas 868 e 870.

do mundo em que o dramaturgo viu processar-se lentamente toda a sua formação, conforme se procurará mostrar com o apoio de algumas passagens da correspondência goethiana de velhice. Quanto esforço não terá sido necessário para chegar à depuração que subjaz a essas cenas! No dia 2 de maio de 1831, Goethe comunicava a Eckermann ter fechado o último ato com a redação da abertura (num ritmo de trabalho, portanto, que jamais transcorreu de forma linear): "Também a intenção dessas cenas remonta a mais de trinta anos; era de tal importância que jamais perdi o interesse, mas tão difícil de realizar que eu recuava de medo". Quanta depuração não está investida na plasmação simbólica dessas árvores "no esplendor da anciã ramagem", o *par* congênere em que se transmutaram o carvalho e a tília do Livro VIII das *Metamorfoses de Ovídio*![15]

Nesse ponto pode acorrer à lembrança, entre outros possíveis modelos comparativos, a magistral "tragicomédia" (conforme a designação do autor russo) *O jardim das cerejeiras*, que Anton Tchekhov redige setenta anos após a morte de Goethe. Novamente a presença de árvores num espaço cênico que se converte em *foco concentrado* de desdobramentos históricos, embora referidos mais especificamente à modernização russa na transição para o século XX. Todavia, em Tchekhov as cerejeiras, que não possuem mais nenhum valor econômico, articulam um significado eminentemente sentimental, sobretudo para a proprietária da herdade penhorada (L. A. Ranévskaia), assomando como expressivo símbolo — a beleza e o perfume da floração — do mundo da nobreza russa, socialmente tão improdutiva quanto o cerejal e, por conseguinte, também em via de desaparição.[16]

---

[15] A edição bilíngue do *Fausto II* (Editora 34, 2017, 5ª ed. revista) traz um resumo dos acontecimentos em torno de Filemon e Baucis narrados por Ovídio, essenciais para uma compreensão aprofundada daquilo que é infligido ao casal homônimo que habita a "região aberta".

[16] O fato de Tchekhov não ter conferido a sua tragicomédia um significado premonitoriamente "ecológico" pode ser compreendido a partir de necessidades internas de sua estrutura estética. Mas talvez se possa sustentar que

As tílias goethianas, além de simbolizar o "duradouro" e a tradição, encarnam igualmente um atributo de beleza no mundo idílico que a empresa colonizadora de Fausto "varrerá do mapa"; mas o episódio de sua destruição tem por contexto geral o gigantesco canteiro de obras que engolfa toda a região costeira, atingindo não apenas árvores, mas também dunas, praias, fauna e flora (conforme despontam em síntese lírica na canção com que Linceu se despede desse mundo) assim como pessoas "improdutivas" na nova ordem econômica e social. Com as tílias destroem-se a harmonia e a relação de equilíbrio que Linceu enxergava na natureza prístina da região aberta (tudo o que seus "olhos felizes" aí viram "*foi* tão belo!", segundo os vv. 11.300-3) e que Fausto, após ter criado "plano após plano na mente" (v. 10.227), pretende substituir por uma paisagem inteiramente forjada pela técnica. A pre-

ainda não entrara no horizonte do dramaturgo russo uma percepção próxima à expressa, por exemplo, por A. v. Humboldt em sua exploração científica pela Sibéria. No relato de viagem "Da Sibéria", redigido durante sua viagem à ilha de Sacalina, Tchekhov fala de um naturalista que, tendo provocado incêndio de proporções colossais na taiga siberiana, passa a ver-se como "causa de terrível catástrofe". "Mas o que significam algumas dúzias de verstas para a poderosa taiga?", continua o escritor para ressaltar a suposta invulnerabilidade desse ecossistema à ação do homem (*Die Insel Sachalin*, tradução de Gerhard Dick, Zurique, Diogenes Verlag, 1976, pp. 403-35, citação à p. 434).

A visão de Tchekhov, que nesse ponto específico podemos chamar hoje de ingênua, lembra a do Príncipe Maximilian zu Wied-Neuwied, que viajou pelo Brasil entre 1815 e 1817 (e cuja obra *Reise nach Brasilien* [Viagem ao Brasil] foi comentada por Goethe). A bela descrição que Wied-Neuwied nos apresenta do rio Doce e seu entorno — onde se deu a catástrofe ambiental provocada pela mineradora Samarco em 2015 — leva-o à seguinte observação: "O reino animal, o reino vegetal e mesmo a natureza inanimada estão sublimemente acima da influência do europeu e manterão para sempre sua originalidade. Sua riqueza jamais irá exaurir-se, mesmo que todos os fundamentos do Brasil venham a ser socavados em busca de ouro e pedras preciosas". (Uma visão que também o desastre de Brumadinho desmente de maneira terrível.) Diante da otimista, ilusória confiança de semelhantes prognósticos, vale recordar a advertência, murmurada "à parte" por Mefisto, de que o rumo tomado pelo projeto desenvolvimentista de Fausto conduziria ao "aniquilamento", v. 11.551.

24   A dupla noite das tílias

tensão de domínio irrestrito sobre a natureza não pode absolutamente tolerar — "Aflige a mente, aflige o olhar" (v. 11.161) — a ancestral esfera de vida de Filemon e Baucis.[17]

O colossal empreendimento colonizador que tem lugar no último ato da tragédia pode suscitar comparações com muitas outras obras literárias que, surgidas a partir de meados do século XIX, configuram direta ou indiretamente processos modernizadores que levam a transformações inauditas na história do mundo, as quais têm entre seus corolários o aniquilamento de antigas tradições, de formas até então vigentes de relacionamento humano e de interação com a natureza. Com a segunda parte de sua tragédia, Goethe, afinal, parece ter tornado a modernização propulsionada pelo vapor, em sua potência revolucionária — portanto, também destrutiva — tão plasticamente apresentada no *Manifesto comunista* (especialmente no capítulo "Burgueses e proletários", em que se descreve como "o vapor e a maquinaria revolucionaram a produção industrial"), um componente intrínseco do "fáustico".

Amplia-se assim o rol de concepções ligadas à ideia do "fáustico", que com crescente intensidade passa a englobar em si — além de representações mais estreitamente ligadas ao *Fausto I*, como sede insaciável de conhecimento, incapacidade de contentar-se, atividade inquebrantável (na fórmula do pacto-aposta: "Se eu me estirar jamais num leito de lazer,/ Acabe-se comigo, já!", vv. 1.692-

---

[17] Entre as várias atualizações que esse episódio experimentará no século XX (algumas delas serão discutidas no decurso deste estudo), podemos lembrar também o relato de Carlo Levi sobre sua viagem à Alemanha do pós-guerra, colocada justamente sob o emblema do lamento de Linceu: *La doppia notte dei tigli* (Turim, Giulio Einaudi Editore, 1959). É o que conota a epígrafe alusiva ao recalque que o escritor italiano observou nos dois Estados alemães (também aqui uma "dupla noite") que se reerguiam economicamente, da qual cito o seguinte trecho: "Linceu, do alto de sua torre, lançou o lamento: olhares de fogo lampejaram através da dupla noite das tílias, as coisas morreram no suicídio demoníaco. Agora, para não ver o deserto interior, uma outra noite se demora: a noite dos olhos cerrados e das mãos laboriosas". A tradução brasileira, de Liliana Laganá, é de 2001: *A dupla noite das tílias*, São Paulo, Berlendis & Vertecchia Editores.

Prefácio

3) — também as de transgressão de fronteiras, aceleração, ímpeto irrefreável por conquistas e expansões e ainda, pensando-se nas circunstâncias da morte do colonizador centenário, derrocada trágica. No então célebre (mas também controverso) estudo filosófico-cultural *O declínio do Ocidente*, que o nietzschiano Oswald Spengler publica em 1918 (primeiro volume) e 1922 (segundo volume), o "fáustico" torna-se atributo por excelência do homem ocidental, que justamente em virtude de sua aspiração incansável — por meio de "atividade, determinação, autoafirmação", como escreve Spengler — distingue-se do homem "antigo", que recebe o epíteto de "apolíneo", e do "homem oriental", associado ao elemento "mágico".[18]

Quatro décadas após a publicação do livro de Spengler surge o importante estudo *Fausto e o fáustico: um capítulo de ideologia alemã*, em que Hans Schwerte expõe com acurácia filológica a inconsistência da maioria das concepções do "fáustico", elaboradas a grande distância do texto goethiano. A instrumentalização ideológica a que a tragédia, sobretudo o quinto ato da Segunda Parte, começa a ser submetida a partir da fundação, sob a liderança de Otto von Bismarck, do Reich alemão em janeiro de 1871, com virulência intensificada na primeira metade do século XX, é minuciosamente desvendada por Schwerte, que solapa assim as justifi-

---

[18] "Alma apolínea, fáustica, mágica" intitula-se o segundo segmento do capítulo 3 ("Macrocosmo") desse livro com o subtítulo "Esboços de uma morfologia da história universal". Assinale-se que o "fáustico", para Spengler, não é atributo exclusivo da personagem goethiana, mas em seus estádios iniciais se manifesta em figuras como Parzifal e, posteriormente, Hamlet, Dom Quixote ou Dom Juan. Contudo, Fausto ("não antigo da cabeça aos pés": *unantik vom Scheitel bis zur Sohle*) assoma como a mais alta cristalização desse tipo cultural: "Dom Quixote, Werther, Julien Sorel são os retratos de uma época. Fausto é o retrato de toda uma cultura".

Tendo gozado de extraordinária reputação no período entreguerras, *O declínio do Ocidente* é hoje pouco considerado; juízo demolidor sobre esse livro pronuncia o proeminente sociólogo Oskar Negt em seu ensaio "A carreira de Fausto", in *Fausto e a América Latina* (org. Helmut Galle e M. V. Mazzari), São Paulo, Humanitas, 2010 (pp. 37-50; ver p. 38).

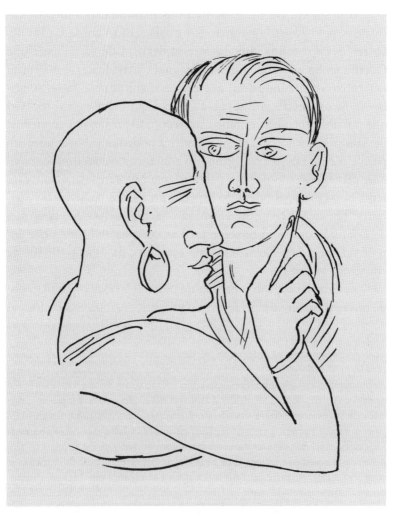

Mefistófeles e Fausto em bico de pena de Max Beckmann (1884-1950). O artista alemão ilustrou o *Fausto II* em 1943-44, no exílio em Amsterdã. Entre os 143 desenhos realizados há várias alusões diretas ao drama da Segunda Guerra Mundial.

cativas para as destruições perpetradas pelo titanismo "fáustico", em permanente transgressão de limites e fronteiras.[19]

A despeito, contudo, de todas as manipulações ideológicas sofridas pelo *Fausto* (algumas das quais serão abordadas no decorrer deste estudo), dificilmente se deixará de reconhecer que Goethe tenha captado com excepcional clarividência o potencial destrutivo da era industrial que ele viu manifestar-se *in statu nascendi*, na expressão já empregada, e foi justamente essa apreensão que possibilitou a breve comparação com *O jardim das cerejeiras*, de Anton Tchekhov. Da mesma maneira podemos esboçar aqui um paralelo com nosso extraordinário romance *Grande sertão: veredas*, protagonizado por um pactário que por vezes deixa entrever tendências e traços (além do aspecto do pacto) passíveis do atributo "fáustico", como na afirmação "acho que sempre desgostei de criaturas que com pouco e fácil se contentam" (que pode ser remetida ao traço fáustico, acima arrolado, da "incapacidade de contentar-se").[20]

É, entretanto, sob o prisma da destruição que o paralelo pode talvez mostrar-se mais fecundo. Pois nos anos transcorridos en-

[19] Se Schwerte se empenhou em desmascarar a ideologia fáustica nesse estudo publicado em 1961, sua biografia acabou por revelar um escandaloso embuste também de cunho ideológico. Em 1995 vieram à tona não apenas seu nome verdadeiro (Hans Schneider, natural de Königsberg), mas também a carreira de sucesso que fizera no partido nacional-socialista, como funcionário para questões raciais, e na organização paramilitar *Schutzstaffel* (a chamada SS, responsável por vários crimes contra a humanidade), onde alcançou o alto posto de *Hauptsturmführer*. Após a guerra, assumiu identidade falsa, casou-se com a própria "viúva" e fez brilhante carreira acadêmica em Aachen, chegando a exercer o cargo de reitor da Universidade Técnica entre 1970 e 1973 (um irônico capítulo das vicissitudes do "fáustico").

[20] Ao contrário da peça de Tchekhov, o romance rosiano se insere com toda propriedade na tradição fáustica. Nele se encontram, por exemplo, os quatro pontos essenciais que Peter Michelsen enxerga no "esqueleto estrutural" de uma história fáustica: uma espécie de problemática do conhecimento (que se pense nos questionamentos que Riobaldo se coloca sem cessar); pacto demoníaco daí resultante; espaço e contexto cristão; moldura temporal da Idade Moderna. P. Michelsen, "Faust und die Deutschen" [Fausto e os alemães], in *Im*

28   A dupla noite das tílias

tre as aventuras guerreiras e amorosas vivenciadas por Riobaldo e a narrativa que o "quase barranqueiro", às margens do São Francisco e ao longo dos três dias prescritos pela regra da antiga hospitalidade (ilustrada de maneira paradigmática pela acolhida que Homero faz o rei Alcínoo dispensar a Odisseu), vai desfiando ao ouvinte da cidade se processaram profundas transformações no mundo do sertão, conforme o eu-narrador dá a entender em momentos pontuais de sua fala. Por exemplo, a notícia trazida um dia pelo caixeiro-viajante alemão Vupes ("que em breves tempos os trilhos do trem-de-ferro se armavam de chegar até lá, o Curralinho então se destinava ser lugar comercial de todo valor") está cumprida anos depois para regozijo do velho Riobaldo, que se revela um entusiasta desse moderno meio de transporte: "Melhor, para a ideia se bem abrir, é viajando em trem-de-ferro. Pudesse, vivia para cima e para baixo, dentro dele".[21] No bojo dessa tendência "velocífera" (neologismo goethiano que mescla *velocitas* e "luciferino"), as distâncias que o arcaico carro de bois percorria, no

Banne Fausts: Zwöf Faust-Studien [Sob o feitiço de Fausto: doze ensaios sobre Fausto], Würzburg, Königshausen & Neumann, 2000, pp. 223-37.

O próprio Guimarães Rosa, numa entrevista concedida à televisão alemã em 1962, diz a Walter Höllerer que Riobaldo seria "quase uma espécie de Fausto sertanejo". Essa conversa pode ser parcialmente vista no filme de 2013 *O outro Sertão*, de Adriana Jacobsen e Soraia Vilela.

Assinale-se que também Paulo Rónai, em sua resenha pioneira "Três motivos em *Grande sertão: veredas*" (1956), e Anatol Rosenfeld ("Reflexões sobre o romance moderno", 1969), entre outros críticos, ressaltaram a dimensão fáustica do romance brasileiro.

[21] Lembre-se que, no mencionado *Manifesto comunista* (1848), Marx e Engels apresentam o advento do "trem-de-ferro" e de uma densa malha ferroviária como importante vetor da modernização burguesa e, consequentemente, também da unificação do movimento proletário: "E a união, para a qual os burgueses da Idade Média, com seus caminhos vicinais, necessitaram de séculos, os proletários modernos, com as estradas de ferro, executam-na em poucos anos", in *Manifesto comunista*, tradução de Marcus V. Mazzari, São Paulo, Hedra, 2010, p. 70; tradução publicada originalmente na *Revista Estudos Avançados*, nº 34, pp. 7-46, set.-dez. 1998.

Prefácio

tempo narrado, em muitos dias se vencem agora (no tempo da narrativa) com o *jeep* "em poucas horas", como realça Riobaldo imediatamente antes de contar seu primeiro encontro com o "menino" (Diadorim), e é plausível que essa "aceleração" se tenha insinuado no ominoso boato, apresentado logo nas páginas iniciais do romance, de que um "Moço de fora" — com "gente porfalando" ser o próprio diabo — teria chegado ao povoado de Andrequicé após percurso de apenas "uns vinte minutos", em vez do tradicional dia e meio de cavalgada.

As fronteiras entre *magia naturalis*, que historicamente convergiu para a química, física, biologia e a técnica de modo geral, e *magia innaturalis*, compromissada com forças escusas, podem por vezes esfumar-se. Em diversos momentos de sua tragédia, Goethe amalgamou sub-repticiamente a feitiçaria mefistofélica, *innaturalis* em sua essência, com inovações científicas e técnicas. A descrição, por exemplo, do "manto mágico" (v. 2.065) que Mefisto estende ao recém-pactário para a viagem inaugural pelo "pequeno mundo" remete aos aeróstatos desenvolvidos na França de finais do século XVIII pelos irmãos Montgolfier, e a invocação de espíritos encenada na corte imperial da Segunda Parte (vv. 6.400 ss.) assenta-se em recursos da *laterna magica*, instrumento óptico que surge em meados do século XVII. Toda a intervenção demoníaca na guerra civil do quarto ato baseia-se no amálgama entre magia e modernas técnicas militares, e também à genial criação do Homúnculo — o homenzinho de proveta que "nasce", sob os auspícios de Mefisto, no laboratório em que, desde a ausência de Fausto, vem atuando o antigo alquimista Wagner (e agora um bioquímico *avant la lettre*) — subjaz humoristicamente uma conquista científica: a síntese da ureia alcançada em 1828 e de cujas minúcias Goethe se inteirou por intermédio do sueco Jöns Jacob Berzelius, corifeu da química moderna. Assim como a alquimia ocultava em si os germes da bioquímica, influxos demoníacos plasmados em obras literárias podem camuflar realizações da ciência e da técnica, a exemplo do suposto portento, no *Grande sertão: veredas*, de reduzir uma longa viagem a tão somente "uns vinte minutos" — para não mencionar, voltando ao *Fausto*, o inquietante enxame de "mil luzinhas" que Baucis via serpentear na orla pelas madrugadas.

Toda inovação tecnológica, postulou o teórico da comunicação Neil Postman, "é uma espécie de barganha fáustica"; toda nova tecnologia "sempre nos dá algo, mas também sempre nos tira algo importante".[22] A modernização a que é submetido o espaço do *Grande sertão* não deixa de cobrar tributo sobre as "belezas sem dono" que Riobaldo conheceu pelas mãos de Diadorim, como a exuberante profusão de pássaros, tão intimamente relacionados ao próprio Diadorim e que acrescentam às riquezas do romance a dimensão de uma enciclopédia ornitológica. Que se pense, por um lado, na bela passagem, ainda no preâmbulo do monólogo, arrematada pelos cantos que se ouvem no crepúsculo (papa-banana, azulejo, garricha-do-brejo, suiriri, sabiá-ponga, grunhatá-do-coqueiro...) ou ainda, pouco antes da primeira tentativa de cruzar o Liso do Sussuarão, na imagem dos "panos" vermelhos e azuis desenrolados nos céus por bandos de araras e se considere, por outro lado, que a arara-azul e, sobretudo, a ararinha-azul (*cyanopsitta spixii*) passariam décadas depois a integrar a lista das espécies vulneráveis e em extinção — *living dead*, na expressão inglesa.

Se, todavia, no tempo da narração o velho Riobaldo, em meio à reconstituição de um momento especialmente anímico de sua história, observa com certa amargura que agora "o mundo quer ficar sem sertão", o grande emblema desse empobrecimento talvez esteja consubstanciado na imagem das "veredas mortas" — não propriamente aquelas em que, no âmbito da diegese, do enredo ficcio-

---

[22] "I like to call it a Faustian bargain. Technology giveth and technology taketh away. This means that for every advantage a new technology offers, there is always a corresponding disadvantage" [Gostaria de chamá-lo [toda inovação tecnológica] de pacto fáustico. A tecnologia dá e a tecnologia toma. Isso significa que para toda vantagem que uma nova tecnologia oferece sempre há uma desvantagem correspondente]. Essa caracterização de novas tecnologias como espécie de barganha fáustica foi proposta na conferência, feita em 27 de março de 1998 (e acessível na rede), "The New Technologies and the Human Person: Communicating the Faith in the New Millennium" [As novas tecnologias e a pessoa humana: veiculando a fé no novo milênio].

Prefácio

nal, o suposto pacto teria sido selado e que na verdade, conforme vem à tona no final do romance, se chamariam Veredas Altas, mas as veredas atingidas, no plano exterior à diegese, pelo desmatamento do segundo maior bioma brasileiro e da América do Sul: o cerrado, que o eu-narrador contempla com cerca de vinte menções. Pois "veredas mortas" é também a designação que as pesquisas científicas emprestam aos cursos de água e nascentes (dezenas dos quais são nomeados em *Grande sertão*) que se exauriram em decorrência da ação humana — ou, em expressão metafórica, da sede "ilimitada" (à maneira do empreendedor Fausto: v. 11.344) por expansão de fronteiras agrícolas, como se verifica em tendências do agronegócio alheias ao princípio da sustentabilidade.[23]

O processo modernizador que esporadicamente o narrador nos deixa entrever se estende até mesmo à mudança dos topônimos, começando com a terra do menino Riobaldo ("Alegres [...] Hoje, mudou de nome [João Pinheiro, desde 1911], mudaram. Todos os nomes eles vão alterando") e culminando na conversão da Guararavacã do Guaicuí, espaço da experiência anímica a que se aludiu acima, no "bruto comercial" (palavras que Diadorim pronuncia em outro contexto) Caixeirópolis: "A Guararavacã do Guaicuí: o senhor tome nota deste nome. Mas, não tem mais, não encontra — de derradeiro, ali se chama é Caixeirópolis [...] Agora, o mundo quer ficar sem sertão. Caixeirópolis, ouvi dizer".

Contudo, também esses *flashes* que projetam sobre a tela de fundo da narração riobaldiana as transformações modernizadoras sofridas pelo sertão após os eventos romanescos dificilmente poderiam ser comparados à pregnância histórica da tragédia que já

---

[23] Observação semelhante faz José Miguel Wisnik em seu estudo *Maquinação do mundo: Drummond e a mineração*. Nele, porém, o foco da observação ecológica incide antes sobre a novela "O recado do morro", de *Corpo de baile*, posta em diálogo com o poema "A máquina do mundo" (um "diálogo", mais precisamente, entre o Morro da Garça rosiano e o Pico do Cauê drummondiano): "A obra de Guimarães Rosa, em especial o *Corpo de baile*, é o canto de cisne do cerrado, reduzido hoje à monocultura e à esterilização de suas fontes miraculosas" (São Paulo, Companhia das Letras, 2018, p. 206).

na fórmula do pacto-aposta ("Se vier um dia em que ao momento/ Disser: Oh, para! és tão formoso!") parece exprimir o ritmo frenético e ininterrupto trazido pela Revolução Industrial e que no episódio em torno das tílias, mais de nove mil versos adiante, atinge uma depuração estética com poucos paralelos na literatura mundial.[24]

Nesse sentido, é digno de nota que mesmo Marshall Berman, em sua instigante leitura (filologicamente, porém, com momentos discutíveis) que atualiza o *Fausto* à luz das contradições da "modernização e modernidade", sobretudo como se manifestaram na sociedade norte-americana nos anos 60 e 70 do século passado, tenha dispensado reduzida atenção ao significado simbólico da incineração das árvores.[25] Somente três referências rasas e sucintas,

---

[24] O episódio do pacto-aposta com Mefisto permaneceu lacunar no manuscrito do *Fausto I* por um período de três décadas e só foi elaborado após as experiências de Goethe com os desdobramentos da Revolução Francesa e da Revolução Industrial. É justamente a fórmula desse contrato ("Se vier um dia em que ao momento/ Disser: Oh, para! és tão formoso!", vv. 1.699 ss.), que levou Lucien Goldmann, em seu *Le Dieu caché* [O deus escondido] a caracterizar a tragédia goethiana como a "mais significativa obra literária que a concepção de mundo dialética exprimiu".

Entre os inúmeros críticos que se debruçaram sobre esses versos citemos Michael Jaeger, que no ensaio "A aposta de Fausto e o processo da Modernidade" enxerga no pacto configurado por Goethe a expressão literária precisa da "lei estrutural da modernidade", da dinâmica de mercado que — do mesmo modo como Fausto nega todo e qualquer "momento" — também refuta sem cessar todo o existente para abrir espaço ao novo, ao modelo que a lógica do mercado (e produção de mercadorias) sempre apresentará como melhor, mas que será refutado por sua vez na sequência. Ensaio publicado na *Revista Estudos Avançados*, nº 59, pp. 309-22, 2007; reproduzido no livro digital *Imagens de Fausto: história, mito, literatura* (org. Magali Moura e Nabil Araújo), Rio de Janeiro, Edições Makunaima, 2017, pp. 55-71.

[25] "Este livro é um estudo sobre a dialética da modernização e do modernismo", assinala Berman na introdução a seu livro publicado originalmente em 1982 (*All That Is Solid Melts Into Air: The Experience of Modernity*, Nova York, Simon & Schuster; a edição brasileira é de 1986: *Tudo o que é sólido desmancha no ar*, tradução Carlos F. Moisés e Ana Maria Ioriatti, São Paulo, Companhia das Letras). Oportunamente voltaremos a comentar este título.

Prefácio

muito pouca coisa em comparação com os extensos comentários dedicados à tragédia de Margarida na Primeira Parte ou, na Segunda, à eliminação de Filemon e Baucis assim como à brutal exploração de incontáveis trabalhadores na esteira do projeto desenvolvimentista sob a férula de Mefistófeles ("Carne humana ao luar sangrava", no testemunho ocular de Baucis) — importante traço dramático que Berman, no último segmento do capítulo sobre o *Fausto* como "tragédia do desenvolvimento", relaciona de maneira acurada, levantando semelhanças e diferenças, ao sacrifício imposto por Stálin a centenas de milhares de operários soviéticos durante a construção do canal entre o Mar Branco e o Báltico, inaugurado em 1933:

> "O primeiro projeto-*show* desenvolvimentista de Stálin, o canal do mar Branco (1931-33), sacrificou centenas de milhares de trabalhadores, número mais do que suficiente para superar qualquer projeto capitalista contemporâneo. E Filemon e Baucis podiam perfeitamente servir de modelo para os milhões de camponeses assassinados entre 1932 e 1934 porque se postavam no caminho do plano estatal de coletivização da terra que eles haviam ganho durante a Revolução, havia pouco mais de uma década. Mas o que torna esses projetos muito mais pseudofáusticos que propriamente fáusticos e bem menos tragédia que teatro do absurdo e da crueldade é o fato doloroso — com frequência esquecido no Ocidente — de que eles simplesmente não funcionam."[26]

[26] Essa passagem encontra-se entre as páginas 86 e 87 da edição brasileira citada. Mas não caberia perguntar se os projetos do "fomentador" (*developer*) Fausto realmente funcionam? Berman parece desconsiderar os versos em que o superintendente Mefisto revela que o imenso projeto fáustico está fadado ao fracasso (vv. 11.550-1).

No prefácio à edição da Penguin de 1988, "The Broad and Open Way", Marshall Berman relata suas impressões da "fáustica" Brasília, que conheceu em agosto de 1987 durante a turnê de apresentação da edição brasileira de seu

Mas seria mesmo procedente falar, como ocorreu acima, em significado "simbólico" no tocante ao episódio do extermínio das tílias? Ou aqui não caberia antes o conceito de "alegórico"? Essa questão é colocada no segundo capítulo do presente estudo e a ela abriu-se amplo espaço, sob o risco, entretanto, de conduzir o leitor a uma cansativa incursão pelo terreno "cinza" da teoria, parafraseando as célebres palavras de Mefistófeles: "Gris, caro amigo, é toda teoria,/ E verde a áurea árvore da vida" (vv. 2.038-9).[27] É bastante significativo, ainda no âmbito desse espinhoso campo teórico, que o próprio Goethe, em seus anos de velhice, tenha deixado de mobilizar a contraposição entre "símbolo" e "alegoria". Numa carta de 3 de novembro de 1826, em cujo contexto talvez coubesse empregar um desses termos (ou mesmo a junção de ambos, como "alegórico-simbólico"), ele se caracteriza perante o jovem Johann Sulpiz Boisserée como "matemático ético-estético" em busca daquelas "últimas fórmulas, mediante as quais o mundo ainda se me torna apreensível e suportável". Em consonância com essas palavras, o presente trabalho, após ter adentrado pelo árduo terreno da teoria do símbolo e da alegoria, passou a operar com a ideia de "fórmulas ético-estéticas", ainda que obrigado a prescindir de uma definição ou sistematização um pouco mais rigorosa por parte do poeta. Por outro lado, valioso apoio para essa decisão metodológica adveio das *Vorbemerkungen* (Observações preliminares) e dos comentários de Albrecht Schöne para sua edição do *Fausto* publicada originalmente em 1994 (a 8ª edição, revisada e amplamente atualizada, saiu em 2017). Deixando de lado os ter-

---

livro, assim como a polêmica travada com Oscar Niemeyer, que lhe valeu pesados ataques. Esse prefácio foi publicado no Brasil em 2007 na edição de bolso de *Tudo o que é sólido desmancha no ar* (São Paulo, Companhia das Letras, pp. 11-20).

[27] Palavras pronunciadas no episódio, transbordante de ironia e verve, de "orientação vocacional" (segunda cena "Quarto de trabalho"), o qual encontra seu congenial contraponto na cena "Quarto gótico", do *Fausto II*. O desempenho de Mefisto em ambas as cenas alinha-se entre as passagens que o revelam, para além do papel satânico, como uma das personagens mais camaleônicas, desconcertantes, espirituosas, filosóficas etc. da literatura mundial.

mini "símbolo" e "alegoria", que considera já demasiado desbotados e sobrecarregados, Schöne encontra na expressão "fórmula ético-estética" um acesso privilegiado para os procedimentos dramatúrgicos postos em movimento na obra magna da literatura alemã. E o efeito que Goethe, na citada passagem epistolar, constata em relação a si mesmo (tornar a marcha do mundo mais apreensível e suportável), seria extensível também à posterior recepção do leitor, que vislumbraria a prefiguração de suas próprias experiências nas "fórmulas" elaboradas pelo velho "matemático ético-estético", ressaltando-se que "suportável" de forma alguma decorre de uma estetização atenuante dos acontecimentos e processos sociais dramatizados. Se o leitor apreende as palavras de ódio que Fausto dirige à esfera de Filemon e Baucis ("espinho" para os olhos e para a planta do pé; na tradução de Jenny K. Segall, o já citado verso "Aflige a mente, aflige o olhar"[28]) como fórmula ético-estética para a antiquíssima — e ainda atual — história de desapropriações violentas e expurgos étnicos; ou ainda, entre outros exemplos arrolados por Schöne, "se ele entende o projeto do ancião Fausto, no último ato da tragédia, de conquistar novas terras ao mar como fórmula ético-estética para a tentativa humana de submeter a terra e dominar a natureza — ele [o leitor] não está sendo de maneira alguma confrontado com transfigurações poéticas". Pelo contrário: na medida em que a marcha do mundo, em seu movimento por vezes circular e espiralado (na visão goethiana), apresenta-se de modo mais apreensível, ela pode se tornar mais suportável também para o leitor.[29]

---

[28] Conhecedor profundo da Bíblia, Goethe faz o colonizador aludir nesse verso à passagem do Antigo Testamento (Números, 33: 50-56) em que Iahweh ordena aos israelitas tomar a terra de Canaã, expulsar os habitantes e destruir suas imagens de culto; se não fizerem isso, os cananeus remanescentes se converterão em "espinhos para os vossos olhos e aguilhões nas vossas ilhargas" (na tradução da Bíblia de Jerusalém). E perceba-se que, indiretamente, também essa passagem bíblica cai sob a crítica do dramaturgo.

[29] *Faust: Kommentare*, Berlim, Deutscher Klassiker Verlag, 2017 (8ª ed.), pp. 61-2. A caracterização da marcha mundana como "circular e espiralada"

O presente estudo sobre o *Fausto* almejou dar um passo adiante na direção descortinada por Albrecht Schöne (no fundo, já pelo próprio Goethe na mencionada carta de novembro de 1826) e desentranhar das imagens e sequências cênicas da "tragédia da colonização" também uma fórmula ético-estética para a destruição da natureza, enquanto corolário do progresso econômico e industrial. Pois se houve procedência em afirmar, como se lê no expressivo discurso proferido por Albert Schweitzer em Frankfurt durante as comemorações, em 1932, do primeiro centenário da morte de Goethe, que a cabana de Filemon e Baucis começava a arder "em mil chamas" e que "em milhares de assassínios uma mentalidade desumanizada" dava início a seus crimes, então também a dizimação das tílias e toda a colossal intervenção tecnológica sobre a região aberta passariam a se multiplicar, em escala planetária, por milhares e mesmo milhões de vezes nas décadas subsequentes à morte de Goethe.

Em seu "teor de verdade", grandes obras de arte podem atuar como "historiografia não consciente" de sua época, conforme formula Adorno em sua *Teoria estética*. Não seria essa a percepção que entra em vigor quando, por exemplo, enxergamos em *O processo* ou em outras narrativas de Franz Kafka uma espécie de antecipação "sismográfica" de estruturas sociais que se imporiam, alguns anos após o desaparecimento do escritor, com a ascensão de regimes totalitários?[30] Também o *Fausto* pode ser visto retros-

---

(*kreis- und spiralartig*) aparece numa carta sobre o ciclo de poemas (inspirados, sobretudo, pelo persa Hafiz) *Divã ocidental-oriental*, dirigida em 11 de maio de 1820 a Carl Friedrich Zelter.

[30] Logo a primeira frase do *Processo* ("Alguém devia ter caluniado Josef K., pois foi detido numa manhã sem que tivesse feito mal algum") delineia uma experiência pela qual passariam milhões de seres humanos não só durante o nacional-socialismo, mas também no stalinismo e em outros regimes totalitários ou ditatoriais (como no Brasil, durante o Estado Novo e, depois, durante o governo militar). "Detenção" intitulou Kafka esse primeiro capítulo, o mesmo título com que Soljenítsin abrirá meio século depois *O arquipélago Gulag*. As surpreendentes semelhanças entre os capítulos iniciais dos dois romances são discutidas pelo eslavista russo-canadense Harry Loewen no ensaio "Solzhe-

pectivamente em chave semelhante, ainda que de modo algum se pretenda atribuir ao dramaturgo uma clarividência mais precisa em relação aos desdobramentos que enformariam os posteriores "horizontes de compreensão" (*Verständnishorizonte*, no termo da vertente teórica fundada por Hans Robert Jauß) atuantes na história da recepção do drama (como, nos tempos atuais, para voltar às palavras de I. Fetscher, os desafios decorrentes da "crise ecológica da sociedade industrial", os quais nos sinalizariam, em toda a sua extensão, o "realismo" e a "perspicácia" de Goethe).

Mas se a experiência estética que emana da incomensurabilidade "amazônica" do *Fausto* pôde ser aproximada por um leitor como Adorno à "sensação de respirar ao ar livre", isso significa que a natureza não é figurada nessa obra tão somente sob o aspecto da destruição. Já o quadro que se desvela ao protagonista e ao leitor na "região amena" (abertura da Segunda Parte) traz consigo, na imagem do sol nascente, das águas que se precipitam em catarata e, sobretudo, do decorrente arco-íris (v. 4.722) a alta revelação de que a Vida só pode ser apreendida no "reflexo colorido" (*am farbigem Abglanz*) dos fenômenos. Toda essa cena abobadada pelo oximoro da "constância cambiante [*Wechseldauer*] do arco multicor" dá notícia da profunda regeneração física e espiritual do herói após a tragédia de Gretchen (para Walter Benjamin, "uma das mais sombrias criações de Goethe");[31] por isso, o monólogo em tercinas com que Fausto a conclui pode ser comparado ao seu não menos grandioso monólogo de agradecimento às forças revigorantes da natureza na cena "Floresta e gruta", divisor de águas na tragédia amorosa da Primeira Parte.

Contudo, as imagens (florestas, cachoeiras, rochedos, furnas montanhosas etc.) sobre as quais este trabalho se debruçará em seus passos conclusivos encontram-se subtraídas, ao contrário do que se passa nas duas cenas mencionadas, ao plano da imanência,

---

nitsyn's Kafkaesque Narrative Art in *The Gulag Archipelago*", *Germano-Slavica*, nº 3, pp. 5-15, 1979.

[31] Walter Benjamin, "Goethe", in *Ensaios reunidos: escritos sobre Goethe*, São Paulo, Duas Cidades/Editora 34, 2009, p. 172.

pois emolduram a ascensão da "parte imortal" do protagonista empuxado pelo Eterno Feminino. Se aqui não se trata mais de uma natureza "perecível" ou "transitória" ("Todo transitório é apenas um símile", para lembrar o famoso verso do *Chorus Mysticus*), é importante assinalar que também as matas, dunas, praias e tudo o que cai sob as engrenagens da empresa colonizadora de Fausto, no foco concentrado da "região aberta", possuía para o espinosista Goethe a aura do mais elevado, em consonância com a expressão panteísta *deus sive natura* (deus, ou seja, a natureza). Nesse sentido, a diferenciação entre imanência e transcendência talvez se revele ociosa, uma vez que, no concreto *medium* da linguagem, o desfecho místico da *opera della vita* goethiana se reveste de uma imanência radicada na história da língua alemã, como se procurará fundamentar mediante a análise dos recursos estilísticos mobilizados pelo velho dramaturgo — começando com a "mata que bamboleia para diante" (*Waldung, sie schwankt heran*) no verso de abertura — e também por meio de uma comparação com a lírica do jovem Goethe que desentranha seus motivos da natureza.

"O homem mais feliz é aquele que consegue relacionar o fim de sua vida ao início", formulou Goethe em uma de suas *Máximas e reflexões*, e essa sentença talvez valha igualmente para sua produção lírica. A imagem da natureza que se mostra em canções da juventude, como "Festa de maio" ou "Boas-vindas e despedida" (ambas de 1771), ou ainda "À lua" e várias outras — mas, em primeiro lugar, a "Canção noturna do peregrino", que será contemplada com maior atenção —, retorna com força indiminuta nos versos em que, mais de meio século depois, o "matemático ético-estético" resgata da degradação o que o vigia Linceu viu soçobrar no inferno dos "olhares ígneos" serpenteando em meio a uma fatídica "noite profunda". As figurações da destruição, com tão forte presença na "tragédia do desenvolvimento" (na expressão de Marshall Berman), encontram assim seu contraponto em versos que serão examinados nas últimas páginas deste livro — versos tomados em primeiro lugar às "Furnas montanhosas", mas também à "Noite de Valpúrgis clássica", como aqueles em que o poeta octogenário, e a somente alguns meses da morte, celebra o ad-

Prefácio

vento da vida orgânica no planeta Terra, levantando exuberante hino aos "suaves ventos etéreos", à "gruta e seu mistério", ao "fogo" assim como ao "mar" e às "ondas", ou seja, à água em que terá germinado a semente da árvore da vida, origem da "rara aventura" da criação: "Glória aos quatro e seus portentos,/ Consagrados elementos!".[32]

---

[32] Também João Barrento, em sua monografia *Goethe: o eterno amador* (Lisboa, Bertrand Editora, 2018), faz uma aproximação entre a lírica goethiana da juventude e a da velhice mediante a imagem do "Ouroboros" (serpente ou dragão mordendo a própria cauda): "O amplo arco da obra lírica de Goethe, que o Ouroboros bem poderia simbolizar (na verdade a poesia da velhice testemunha um regresso à simplicidade e ingenuidade da lírica da juventude), começa e acaba, assim, por coincidência, mas talvez não por acaso, com versos que comemoram, e rememoram, ocasiões festivas" (capítulo "Poesia: a glorificação do sensível", pp. 169-79; texto reproduzido no dossiê sobre Goethe publicado pela *Revista Estudos Avançados*, nº 96, 2019).

1.

Atualidade de um clássico

A ideia de "literatura mundial" (*Weltliteratur*) é fruto dos anos de velhice de Goethe e foi esboçada em cartas, resenhas, ensaios e também em algumas das conversas anotadas por Johann Peter Eckermann. Entre essas anotações, que na avaliação de Walter Benjamin produziram em seu conjunto "um dos melhores livros em prosa do século XIX", a que vem datada de 31 de janeiro de 1827 revela com especial amplitude a percepção goethiana da emergente literatura mundial. A conversação desse dia enfoca de início um romance chinês que, na leitura do poeta, não era impenetravelmente exótico, mas revelava antes surpreendente semelhança "com meu *Hermann e Dorothea* assim como com os romances ingleses de Richardson".[33] Goethe elogia a graciosidade e a impregnação ética da obra chinesa, algo muito diferente daquilo que observava nas irreverentes canções de seu contemporâneo

---

[33] Goethe leu esse romance anônimo do século XVII na tradução francesa (1826) de Abel-Rémusat: *Iu-kiao-li ou Les deux cousines* [Iu-kiao-li ou As duas primas]. Tratar-se-ia, pergunta Eckermann, de um romance muito excepcional? "'De maneira alguma', disse Goethe, 'os chineses possuem milhares destes e já os tinham quando nossos antepassados viviam nas florestas'", in *Conversações com Goethe nos últimos anos de sua vida, 1823-1832*, de J. P. Eckermann, que está disponível para o leitor brasileiro na excelente tradução de Mario Luiz Frungillo, São Paulo, Editora Unesp, 2016.

Goethe atribuía aos tradutores, como aqui a Abel-Rémusat, papel de grande relevo na constituição da *Weltliteratur* e não por acaso duas das cartas que a comentam são dirigidas a Adolf Carl Streckfuß, tradutor alemão da *Divina Comédia*, e a Thomas Carlyle, que traduzira *Os anos de aprendizado de Wilhelm Meister* para o inglês. (Acerca dessas cartas ver o ensaio, de minha autoria, "'O humano que jamais nos abandona': a obra epistolar de Goethe", publicado no dossiê sobre Goethe citado na nota anterior.)

francês Pierre Jean de Béranger (1790-1857), pelas quais, no entanto, não deixa de expressar admiração. Em seguida afloram na conversa canções sérvias, Calderón de la Barca, os *Nibelungos*; depois, "os antigos gregos" Sófocles, Ésquilo e Eurípedes são mais uma vez enaltecidos como modelos imorredouros; e o velho poeta fala ainda de Shakespeare, Manzoni e Walter Scott. Posição central nas "elucidativas exposições" reconstituídas por Eckermann, as quais se movimentam com grande soberania por várias literaturas e épocas, ocupam as palavras:

> "Mas a verdade é que se nós, alemães, não olharmos para além do estreito círculo de nossas relações, cairemos facilmente em pedante presunção. Por isso gosto de ver o que se passa nas nações estrangeiras e aconselho a cada um a fazer o mesmo. Literatura nacional não quer dizer muita coisa nos dias de hoje; chegou a época da literatura mundial e cada um deve atuar agora no sentido de acelerar essa época."[34]

Apenas uma década mais tarde, Marx e Engels iriam apoiar-se nessas formulações goethianas para postularem no *Manifesto*

---

[34] A amplitude que a ideia de "literatura mundial" tinha para Goethe (de forma alguma restrita apenas a nações europeias) transparece também nesses versos da velhice em que celebra salmos de Davi, poemas persas (sob o símbolo do *bulbul*, rouxinol, presente nos gazais de Hafiz e seus conterrâneos) e mesmo uma canção tupi que o poeta desentranhou do ensaio "Dos canibais" de Montaigne, transcriando-a para o alemão com o título "Liebeslied eines Wilden" ("Canção de amor de um selvagem") e subtítulo "Brasilianisch": "Como Davi entoou a harpa e o canto principesco,/ A canção da viticultora soou docemente junto ao trono,/ O bulbul do persa envolve o canteiro de rosas/ E pele de serpente esplandece como cinto indígena,/ De polo a polo, canções se renovam,/ Uma dança das esferas, harmônica no tumulto;/ Deixai que todos os povos sob o mesmo céu/ Animados se regozijem nas mesmas dádivas".
Teci alguns comentários sobre este e um outro poema "brasileiro" de Goethe ("Canção de morte de um cativo") no ensaio "Natureza ou Deus: afinidades panteístas entre Goethe e o 'brasileiro' Martius" (*Revista Estudos Avançados*, nº 69, 2010).

42   A dupla noite das tílias

comunista, porém deslocando a ênfase para o processo produtivo, que os "produtos intelectuais das nações isoladas" se convertiam em "patrimônio comum": "E o que se dá com a produção material, dá-se também com a produção intelectual. [...] A unilateralidade e estreiteza nacionais tornam-se cada vez mais impossíveis, e das muitas literaturas nacionais e locais vai se formando uma literatura mundial".[35] Quanto a essa passagem do capítulo "Burgueses e proletários" vale assinalar que, se os autores estabelecem um paralelo entre a produção e circulação global de mercadorias (cujos "preços módicos" são metaforizados em "artilharia pesada com que ela [a burguesia] põe abaixo todas as muralhas da China") e de "produtos intelectuais", o próprio Goethe já comentara o advento da *Weltliteratur* com imagens tomadas à esfera do comércio internacional — por exemplo, na carta de 20 de julho de 1827 a Thomas Carlyle, em que se refere ao emergente mercado mundial no qual as nações ofereciam seus produtos e, ao mesmo tempo, ao "amplo comércio espiritual" em que o tradutor deve atuar como mediador, tomando a si a incumbência de fomentar o intercâmbio geral: "Pois não importa o que se possa dizer das insuficiências da tradução, esta é e permanecerá um dos negócios mais importantes e dignos na movimentação geral do mundo".

Pode-se dizer assim que, com o *Manifesto comunista*, tem início o processo de recepção de uma ideia que, em tempos recentes, recebeu aportes de teóricos como Edward Said ou Homi K. Bhabha.[36] Contudo, ainda mais importante do que o pioneirismo de Goethe na cunhagem conceitual e na propagação do projeto de uma literatura mundial, que como mero termo (*Weltliteratur*) já havia

[35] *Manifesto comunista, op. cit.*, p. 62.

[36] Em seu livro *Die Idee der Weltliteratur* [A ideia de literatura mundial] (Stuttgart, Kröner Verlag, 2010), Dieter Lamping reproduz e comenta as posições de Said (*Humanism and Democratic Criticism* [2004]) e Bhabha (*The Location of Culture* [1994]), entre outros teóricos, no capítulo *Weltliteratur im Zeitalter der Globalisierung* (Literatura mundial na era da globalização, pp. 130-5). Estudo clássico sobre o assunto é o de Fritz Strich: *Goethe und die Weltliteratur* (Berna, Francke Verlag, 1946).

Atualidade de um clássico

despontado em textos de Herder, Wieland e dos irmãos Schlegel (e, ainda antes, no livro de 1773, *Isländische Litteratur und Geschichte* [Literatura e história islandesa], de August Ludwig Schlözer), será a expressiva contribuição que o próprio poeta lhe presta com obras que irradiaram sua influência para muito além das fronteiras da língua alemã, como os romances *Os sofrimentos do jovem Werther* e *Os anos de aprendizado de Wilhelm Meister*, ou o *Fausto*, a única de suas criações designada explicitamente como "tragédia". Esta, todavia, divide-se em duas partes, e se a primeira vem a lume em 1808, o *Fausto II* — produto *d'un être collectif* e uma das mais altas realizações do espírito humano — foi reservado por vontade estrita do poeta à publicação póstuma, podendo ser considerado assim seu maior legado à literatura mundial.[37]

Introduzindo o herói pactário na esfera dos negócios estatais do Palatinado Imperial, principal palco do primeiro ato do *Fausto II*, Goethe nos descortina o "grande mundo" também prometido por Mefistófeles no limiar das aventuras pelo *piccolo mondo* que se constituiu, na primeira parte da tragédia, ao redor da figura de Margarida. E no quinto ato da Segunda Parte, quando se abre a derradeira etapa na trajetória terrena de Fausto em meio ao desabrochar de uma nova civilização em espaços conquistados ao mar, questões que haviam sido lançadas no início da tragédia (em especial as apostas de Mefisto com Deus e com Fausto, delineadas no "Prólogo no céu" e na primeira cena "Quarto de trabalho") são levadas a um desfecho, concluindo-se assim o grande clássico da literatura alemã. "Desfecho" ou "conclusão", contudo, não signi-

---

[37] Goethe teria se caracterizado como un *être collectif* na conversa em francês (citada e traduzida no Prefácio) que teve com o genebrino Frédéric Soret (1795-1865) em 17 de fevereiro de 1832, cerca de um mês após ter feito um último adendo ao manuscrito do *Fausto II* (e também a pouco mais de um mês da morte): *"Qu'ai-je fait? J'ai recueilli, utilisé tout ce que j'ai entendu, observé. Mes œuvres sont nourries par des milliers d'individus divers, des ignorants et des sages, des gens d'esprit et des sots. L'enfance, l'âge mûr, la vieillesse, tous sont venus m'offrir leurs pensées, leurs facultés, leur manière d'être, j'ai recueilli souvent la moisson que d'autres avaient semée. Mon œuvre est celle d'un être collectif et elle porte le nom de Goethe".*

44   A dupla noite das tílias

Na cena "Palatinado Imperial — Sala do trono", primeiro ato do *Fausto II*, quando o país mergulha no caos, Mefistófeles propõe ao Imperador um plano econômico baseado na invenção do papel-moeda.

ficam resolução inequívoca de tais questões, uma vez que no *Fausto II*, "à semelhança da história do mundo e dos homens" — conforme escrevia Goethe a Carl Friedrich Reinhard em 7 de setembro de 1831 — "o último problema solucionado sempre desvenda um novo problema a ser solucionado".

Formulações como essa não são raras em cartas goethianas e nelas podemos vislumbrar a antecipação de posições críticas que, de diferentes perspectivas, articulam-se em torno da ideia de inesgotabilidade da obra artística, seja a concepção de *opera aperta* e de "ambiguidade produtiva", de Umberto Eco, a hermenêutica de Hans-Georg Gadamer, com seu postulado de que o sentido de um texto sempre (e não apenas ocasionalmente) ultrapassa a consciência de seu autor, também o posicionamento anti-hermenêutico de Roland Barthes que, questionando a existência de "sentido" no texto literário, propõe a "morte do autor" (*la naissance du lecteur doit se payer de la mort de l'auteur* — o nascimento do leitor deve ser pago com a morte do autor), ou ainda a caracterização que Italo Calvino deu de um "clássico" enquanto "livro que nunca terminou de dizer aquilo que tinha a dizer". Outro exemplo de grande envergadura nesse contexto pode ser encontrado na teoria estética de Adorno, com sua observação sobre o "duplo caráter" da obra artística enquanto "autonomia e *fait social*", sobre sua dimensão enigmática que, se por um lado não se deixa traduzir em linguagem conceitual, pelo outro depende desta para liberar e fazer veicular o seu teor: "Solver o enigma equivale a indicar a razão de sua insolubilidade: o olhar com que as obras de arte miram aquele que as contempla".[38]

Goethe procurou aproximar-se por vezes desse dilema da "insolubilidade", ou do olhar enigmático que a grande obra artística dirige de volta àqueles que a contemplam, mobilizando o adjetivo "incomensurável", e na extraordinária conversa com Eckermann datada de 6 de maio de 1827, após negar com veemência ter trabalhado no *Fausto* seguindo qualquer ideia sobredeterminante, diz:

[38] *Ästhetische Theorie* [Teoria estética], Frankfurt a.M, Suhrkamp, 1970, p. 185.

"quanto mais incomensurável for uma produção poética, quanto mais inapreensível para o entendimento, tanto melhor".[39] Seria legítimo sustentar assim que, com a publicação póstuma da segunda parte da tragédia, não só a literatura alemã, mas também a *Weltliteratur* ganha seu clássico mais ambivalente e "incomensurável" (ou também "insolúvel"), pois vem a lume uma obra que, trazendo consigo "problemas o suficiente", oferece ao leitor, em vez de elucidação, apenas "gestos, acenos e leves alusões", que o convidam a encontrar na obra muito mais coisas do que o próprio poeta pôde colocar de maneira consciente.[40] Neste ponto não estaríamos distantes da observação de Erich Auerbach, no capítulo 14 de *Mimesis*, sobre a tendência, sobretudo a partir do romantismo, a extrair do grande clássico da literatura espanhola coisas que Cervantes nem sequer podia pressentir: "Tais reinterpretações e hiperinterpretações de um texto antigo são frequentemente produtivas: um livro como o *Dom Quixote* desprende-se da intenção de seu autor e leva sua própria vida; mostra a cada período que nele encontra prazer um rosto novo".

---

[39] *Gespräche mit Goethe*, Stuttgart, Philipp Reclam Verlag, 1994. Eckermann inseriu essas palavras na terceira seção de seu livro, redigida apenas em 1848 (doze anos após a publicação das duas primeiras partes e com o apoio de anotações de conversas com Goethe que lhe foram disponibilizadas por Frédéric Jacob Soret). Por ocasião de uma conversa sobre a tradução francesa do *Fausto* por Gérard de Nerval, datada de 3 de janeiro de 1830 e que Eckermann dispôs na segunda parte do livro (pp. 396-7), o poeta teria dito: "O *Fausto* é algo inteiramente incomensurável e todas as tentativas de aproximá-lo do entendimento são vãs".

[40] Carta de 8 de setembro de 1831 a Johann Sulpiz Boisserée, anunciando a conclusão da segunda parte do *Fausto*, após um esforço de várias décadas: "Aqui está ele então, tal como me foi possível realizá-lo. E se ele ainda contém problemas o suficiente, se de modo algum proporciona toda elucidação necessária, mesmo assim irá alegrar o leitor que sabe entender-se com gestos, acenos e leves alusões. Esse leitor encontrará até mesmo mais coisas do que eu pude oferecer". Uma excelente seleção da correspondência ativa e passiva de Goethe encontra-se em *Goethes Briefe und Briefe an Goethe* (org. Karl Robert Mandelkow), Munique, Deutscher Taschenbuch Verlag, 1988 (seis volumes).

Atualidade de um clássico

Se, portanto, o termo "clássico", na acepção que aqui se delineia, caracteriza uma obra que permanece significativa nos mais variados contextos históricos e culturais, submetida a uma recepção contínua e sempre apresentando novas fisionomias às sucessivas gerações de leitores, então talvez se possa efetivamente dizer que a tragédia na qual Goethe trabalhou ao longo de seis décadas merece esse qualificativo mais do que qualquer outro "clássico" da literatura ocidental.[41]

Não surpreende assim que, numa abordagem da tragédia sob o ponto de vista da moderna economia globalizada e de suas crises, o renomado economista suíço H. C. Binswanger se lance logo de início à afirmação: "O *Fausto* de Goethe é de uma atualidade quase que inimaginável. De todos os dramas escritos até hoje ele é o mais moderno. Ele coloca em primeiro plano um tema que, mais do que qualquer outro, domina os tempos atuais: o fascínio que emana da economia. [...] Ele explica a economia como um processo alquímico: como a busca pelo ouro artificial, uma busca que rapidamente se converte em obsessão para aquele que se consagra a ela. Quem não entende a alquimia da economia, eis a mensagem do *Fausto* goethiano, não consegue captar a colossal dimensão da economia moderna".[42]

---

[41] Definição um tanto inusitada de "clássico" é apresentada pelo historiador Reinhart Kosellek em seu ensaio "A história extemporânea de Goethe". Comentando as diferentes posições do também historiador Friedrich Meineke, que postulava um retorno a Goethe após a catástrofe nacional-socialista, e de Karl Löwith, para quem não seria mais possível retornar ao autor do *Fausto* e tampouco ultrapassá-lo, Kosellek arrisca as seguintes palavras: "A propósito, a definição momentânea de um clássico: impossível retornar a ele e igualmente impossível ir além dele". In *Vom Sinn und Unsinn der Geschichte: Aufsätze und Vorträge aus vier Jahrzehnten* [Sobre o sentido e não sentido da história: ensaios e palestras de quatro décadas], Berlim, Suhrkamp, 2010.

[42] Hans Christoph Binswanger: *Geld und Magie: Eine ökonomische Deutung von Goethes Faust*, Hamburgo, Murmann Verlag, 2009 (edição inteiramente revista). A edição brasileira, traduzida por Maria Luiza de Borges (versos de Goethe por M. V. Mazzari), foi realizada, porém, a partir da edição norte-americana de 1994 (*Money and Magic: A Critique of the Modern Economy in the Light of Goethe's Faust*), que se baseia na 1ª edição alemã de 1985, e

O bobo da corte chama o dinheiro de *Zauberblätter*, "papéis mágicos", e indaga a Mefistófeles: "Mas no papel há o que o valor garanta?", e ouve como resposta: "Regas com ele à vontade a garganta".

Essa "colossal dimensão" culmina, segundo a perspectiva do autor, no quinto ato da Segunda Parte, uma vez que o projeto colonizador que se desdobra nessas cenas estaria sendo financiado pelo plano econômico (esteado na criação do papel-moeda) do primeiro ato e, por conseguinte, por uma espécie de poderosa instituição bancária que, nas palavras do intérprete, poderia chamar-se "Fausto & Mefistófeles S.A.".

Embora os vínculos entre a criação do papel-moeda nas primeiras cenas ambientadas no Palatinado Imperial e a expansão do império fáustico no último ato de modo algum estejam manifestos no texto goethiano, a interpretação não deixa de ser pertinente, pois ao proceder a essa leitura do *Fausto* à luz da economia moderna, o intérprete não faz senão corresponder àquela expectativa goethiana de que futuros leitores pudessem encontrar no texto muito mais coisas do que ele mesmo foi capaz de oferecer. Binswanger constrói assim sua própria coerência interpretativa e ao leitor do estudo se abre, por meio da via econômica, uma nova visada para as riquezas inesgotáveis do texto, entre as quais está justamente a configuração, em cenas do primeiro e quinto atos da Segunda Parte, de tendências históricas e sociais ainda incipientes no tempo de Goethe, mas que começam a se intensificar sobremaneira nos decênios posteriores à sua morte em março de 1832 e parecem atingir, com os desdobramentos contemporâneos da globalização, níveis que se superam continuamente.

Nas três primeiras cenas do quinto ato o poeta nos apresenta, numa "Região aberta" (título da primeira), o pequeno espaço habitado pelo casal de anciãos Filemon e Baucis; mostra-nos ainda o seu progressivo estrangulamento pela ampliação do domínio fáustico e, por fim, as chamas que consomem os corpos dos an-

---

publicada com o título *Dinheiro e magia: uma crítica da economia moderna à luz do Fausto de Goethe* (Rio de Janeiro, Zahar, 2011). Acompanham essa edição dois longos textos de Gustavo H. B. Franco, à guisa de prefácio ("Uma introdução à economia do *Fausto* de Goethe") e posfácio ("Fausto e a tragédia do desenvolvimento brasileiro").

ciãos assim como de um visitante (e hóspede) que recebe apenas a designação de Peregrino. Mas também três outros atributos dessa esfera outrora idílica sucumbem ao fogo: uma cabana, uma capela e um par de tílias. O que representa essa devastação na última etapa terrena do drama goethiano? Ou, mais particularmente, que significado se poderia atribuir à destruição das árvores mencionadas logo no primeiro verso do quinto ato, quando o Peregrino, retornando a essa região aberta em que muitos anos atrás fora resgatado de um naufrágio por Filemon e Baucis, galga uma duna para regozijar-se novamente com a visão de seus troncos ainda escuros e vigorosos?

O Peregrino chega no final da tarde, pouco antes do último "olhar do sol" (*Sonnenblick*), como dirá sugestivamente Filemon, e o reconhecimento da região é propiciado pelas árvores, o que se exprime em suas primeiras palavras: "São as velhas tílias, sim,/ No esplendor da anciã ramagem./ Torno a achá-las, pois, no fim/ De anos de peregrinagem!".[43] Tão logo os anciãos — primeiro Baucis, em seguida o marido — saem da cabana e o avistam, o Peregrino volta a usufruir de uma hospitalidade incondicional, que certamente reverbera aquela dispensada, num passado mítico, pelas personagens homônimas de Ovídio aos incógnitos Júpiter e Mercúrio (livro VIII das *Metamorfoses*). A felicidade do reencontro, todavia, irá transmutar-se poucas horas depois em quadro sinistro. Encontramo-nos então na terceira cena do ato, cujo títu-

---

[43] Os versos do *Fausto* serão citados, como já acontece aqui, segundo a tradução de Jenny Klabin Segall, na edição bilíngue e ilustrada (Eugène Delacroix e Max Beckmann) com apresentação e notas de M. V. Mazzari: Primeira Parte, São Paulo, Editora 34, 2016 (6ª edição, revista e ampliada); Segunda Parte, São Paulo, Editora 34, 2017 (5ª edição, revista e ampliada). Embora admiravelmente fiel ao sentido do original, essa tradução se permite por vezes liberdades condicionadas por necessidades de métrica, rima ou ritmo. Em alguns desses casos se apresentará aqui uma tradução literal, que possa subsidiar com mais propriedade a argumentação crítica em andamento. Nesse sentido, cumpre já assinalar que no original o Peregrino caracteriza as tílias como "escuras" e na "força da velhice", o que ecoará depois na expressão de Linceu "dupla noite das tílias".

Atualidade de um clássico

lo "Noite profunda" sugere como plano de contraste um negror diante do qual as chamas destacam-se de maneira tanto mais vívida. A destruição é apresentada mediante a técnica da *teichoscopia* (o relato do alto de uma muralha, como aparece de maneira prototípica no canto III, vv. 121-244, da *Ilíada*), precisamente da perspectiva do vigia Linceu, que do alto de sua torre de observação no palácio de Fausto vê as chamas — os olhares de chispas ou ígneos (*Funkenblicke*), conforme se expressa — faiscarem em meio à "dupla noite das tílias".

Terá Goethe se orientado, ao dar configuração definitiva a essas cenas por volta de 1830, também por acontecimentos que então se processavam, sobretudo, na Inglaterra, mas que a seus olhos estavam destinados a desdobrar-se em escala planetária, ou seja, expansão industrial, crescimento econômico, mas também destruição da natureza e de antigas tradições culturais enquanto corolário inevitável do "progresso"?[44] Se tal hipótese for razoável, caberia levantar a possibilidade de proceder a uma nova leitura atualizadora dessas imagens esboçadas no último ato do drama e, à semelhança do que faz Binswanger em relação à economia moderna, relacioná-las a projetos "fáusticos" como — exemplifican-

---

[44] Costuma-se localizar o início simbólico da Revolução Industrial entre 1765 e 1780, período em que James Watt inventa e aperfeiçoa a máquina a vapor (à qual Goethe faz sua Baucis aludir, de maneira muito cifrada, logo no início do quinto ato). Valeria assinalar nesse contexto que a última leitura feita por Goethe, conforme o registro de 27 de fevereiro de 1832 em seu diário, constitui expressivo testemunho do interesse com que acompanhava os desdobramentos da Revolução Industrial: trata-se da descrição de uma viagem de trem de Liverpool a Manchester.

Célebres, no tocante à marcha avassaladora da industrialização, são aquelas palavras (citadas no Prefácio) sobre a aproximação de uma "tempestade" que Goethe colocou na boca de uma tecelã do romance *Os anos de peregrinação de Wilhelm Meister* (livro III, capítulo 13). Poucos anos depois Marx e Engels constatariam, no *Manifesto comunista*, o colapso definitivo da manufatura, do sistema artesanal: "Mas os mercados continuavam a crescer, continuava a aumentar a necessidade de produtos. Também a manufatura já não bastava mais. Então o vapor e a maquinaria revolucionaram a produção industrial. A grande indústria moderna tomou o lugar da manufatura".

do apenas no âmbito da geração de energia — Itaipú, Três Gargantas, no rio Yang-Tsé, ou Belo Monte, com seus extraordinários benefícios, mas também custos ambientais e humanos cuja real extensão talvez ainda esteja por se revelar.[45] Essa correlação obviamente não está no texto goethiano, mas a um leitor do século XXI não seria permitido atualizá-lo à luz de experiências históricas e, assim, de conquistas materiais e tecnológicas de seu tempo? O velho dramaturgo esperava, como assinalado acima, que futuros leitores pudessem vislumbrar no texto muito mais coisas do que ele pôde articular conscientemente.

De uma perspectiva hermenêutica o enfrentamento de tais questões no interior do drama goethiano deve processar-se em consonância com o círculo de correspondências entre as partes e o todo, o que significa ter presente, no decorrer do trabalho interpretativo, o contexto mais amplo da "tragédia do colonizador", como se costuma designar na filologia fáustica o complexo dramático plasmado entre a primeira e a quinta cenas do último ato, mas que já se delineia em certos momentos do quarto ato. Nesse esforço exegético se incluiria igualmente a tentativa de apreender a maneira pela qual as imagens esboçadas na etapa final da tragédia, quer as consideremos alegóricas ou simbólicas (ou ainda no âmbito de "fórmulas ético-estéticas", como será proposto adiante), se refra-

---

[45] O paradigma de um projeto "fáustico" seria aquele que o próprio Goethe apresenta no último ato da tragédia, ou seja, o empenho do protagonista em conquistar terras ao mar por meio de gigantescas obras hidráulicas, baseadas sobretudo em densa rede de pôlderes e diques. Foram, em primeiro lugar, os Países Baixos que ofereceram ao poeta o modelo histórico para essa aspiração fáustica, seguidos de regiões no norte da Alemanha, como a Frísia. Outras referências factuais podem ser extraídas do imenso interesse com que o velho Goethe acompanhou os primeiros planos para a construção dos canais do Panamá e de Suez assim como os escritos e projetos de Saint-Simon e seus discípulos, para os quais obras de engenharia hidráulica, em especial de aterramento marítimo, representavam o mais alto conceito de dominação da natureza. Ver, sobre esta questão, o capítulo "O modelo fáustico e a protossociologia produtivista de Saint-Simon", no ensaio de Alfredo Bosi "Lendo o Segundo *Fausto* de Goethe", in *Fausto e a América Latina* (org. Helmut Galle e M. V. Mazzari), São Paulo, Humanitas, 2010, pp. 51-71.

Atualidade de um clássico

tam e prismatizam entre si, pois por meio do procedimento de mútuos espelhamentos Goethe se empenhava, conforme o testemunho de uma carta dirigida a Carl J. L. Iken em 27 de setembro de 1827, em desvendar aos leitores as camadas mais profundas de sua produção literária: "Como muita coisa em nossa experiência não pode ser pronunciada de forma acabada e nem comunicada diretamente, há muito tempo elegi o procedimento de revelar o sentido mais profundo ao leitor atento por meio de configurações que se contrapõem umas às outras e ao mesmo tempo se espelham umas nas outras".

Antes, porém, de proceder a essa incursão crítica, valeria indagar o porquê de se atribuírem nomes carregados de associações mitológicas a personagens que povoam um drama moderno, como os mencionados Baucis, Filemon e Linceu — ou ainda Helena, Eufórion e os lêmures, que surgem no momento da morte do herói pactuário. Ou então por que nos deparamos com a mera designação de Peregrino, que ecoa de maneira tão significativa na obra de Goethe?[46] E, do lado dos perpetradores da destruição, chama a

[46] Conforme o relato autobiográfico de *Poesia e verdade* (parte III, livro 12), *Wanderer* (peregrino, viandante, caminhante) era o apelido granjeado pelo próprio Goethe em seus tempos de estudante, em virtude de suas andanças entre Frankfurt e Darmstadt assim como Homburg e Wetzlar — ver p. 624 da edição brasileira da autobiografia, com tradução de Maurício M. Cardozo (São Paulo, Editora Unesp, 2017). *Wanderer* é também o epíteto que o jovem Goethe, reforçando assim os laços de afinidade, dispensou a Shakespeare no arrebatado discurso de outubro de 1771, *Zum Shakespeares-Tag* [Por ocasião do dia de Shakespeare].

A figura do peregrino e o motivo do caminhar ou peregrinar atravessam toda a sua obra, desde poemas de juventude (entre os quais a célebre "Canção noturna do peregrino") até o romance *Os anos de peregrinação de Wilhelm Meister* e a aparição do Peregrino no quinto ato do *Fausto*. É justamente essa personagem, massacrada ao lado de Filemon e Baucis, que ocupa posição central no livro de Michael Jaeger *Wanderers Verstummen, Goethes Schweigen, Fausts Tragödie* [O emudecer do Peregrino, o silêncio de Goethe, a tragédia de Fausto], publicado no final de 2014 (Würzburg, Königshausen & Neumann). Importante apoio para o relevo que Jaeger confere ao Peregrino, que emudece subitamente, adveio do ensaio de Josef Pieper *Über das Schweigen Goethes* [Sobre o silêncio de Goethe], publicado em 1951. Outras obras importantes

atenção que os três violentos sicários de Mefistófeles atendam por nomes que podem ser traduzidos literalmente por "Fanfarrão" (*Raufebold*), "Pega-Já" (*Habebald*) e "Agarra-Firme" (*Haltefest*). Mediante a indicação cênica 2 Samuel, 23: 8 (após o v. 10.322) Goethe deixa explícito que está se apoiando na passagem bíblica sobre os três valentes do rei Davi, mas ao mesmo tempo encaminhando o paralelo — de modo algo semelhante à reconfiguração negativa dispensada ao livro VIII das *Metamorfoses* de Ovídio — para uma dimensão marcada pelo paroxismo da agressividade, ganância e avareza, encarnadas respectivamente no jovem Fanfarrão, no adulto Pega-Já e em Agarra-Firme, já entrado nos anos.

Clássicos ou truculentamente prosaicos, esses nomes sugerem que estamos diante do processo alegórico, que o próprio Goethe, no período de sua convivência com Schiller, empenhou-se em condenar e banir dos domínios da arte. Mas por que então o poeta, em sua alta velhice, desconsidera o juízo estético proferido três décadas antes e recorre ao procedimento que associara à redução do horizonte interpretativo e às delimitações impostas pelo "conceito", quando o "particular" (tome-se o jovem brutamontes Fanfarrão, que não ostenta nenhum traço mais individualizado) pouco significa em si mesmo e só vale enquanto exemplo ou ilustração para o "geral"?

Sob o ensejo de semelhantes indagações, os passos subsequentes deste estudo, abrindo um excurso antes da efetiva abordagem da "tragédia do colonizador", propõem-se a enfocar inicialmente o contexto no qual Goethe elaborou suas concepções de símbolo e alegoria; em seguida buscará comentar alguns momentos da insólita recepção que, justamente em virtude de uma estrutura que foi associada então ao excesso alegórico, coube ao *Fausto II*; por fim, estará em pauta a mudança de paradigma ocorrida com a exegese marxista que Heinz Schlaffer dedicou à segunda parte do dra-

---

para o estudo de Jaeger são *The Great Transformation* [A Grande Transformação] (1944), do sociólogo húngaro-austríaco Karl Polanyi, e *N'oublie pas de vivre: Goethe et la tradition des exercices spirituels* [Não te esqueças de viver: Goethe e a tradição dos exercícios espirituais] (2008), de Pierre Hadot.

Atualidade de um clássico

ma goethiano enquanto "alegoria do século XIX". Esse excurso confrontará o leitor, especialmente em sua terceira etapa, com uma discussão que talvez possa se lhe afigurar demasiado árida e "cinza", retomando a advertência já feita no Prefácio. Todavia, ela é importante na medida em que prepara uma abordagem da tragédia que se articulará em torno da ideia, esboçada por Goethe em seus anos de velhice, de "fórmula ético-estética" enquanto alternativa à leitura cerradamente alegórica de Schlaffer. Todavia, ao leitor que quiser contornar essa parte mais teórica e entrar diretamente na interpretação do complexo dramático que culmina na metáfora dos "olhares ígneos" serpenteando entre a "dupla noite das tílias", abre-se a possibilidade de saltar para o quinto capítulo, posto sob a égide do vigia Linceu.

2.

Símbolo e Alegoria
na concepção clássica de Goethe

Quando Walter Benjamin, em seu estudo sobre a *Origem do drama barroco alemão* (finalizado em 1925 e publicado três anos depois), se lança à árdua tarefa de desfazer os preconceitos classicistas que pesavam sobre a alegoria e alçá-la ao mesmo patamar que se reservava então à dignidade estética do símbolo, ele não deixa de observar que essa visão depreciativa do procedimento alegórico derivava da "reconstrução negativa" esboçada numa carta de Goethe a Schiller. Ter-se-ia constituído assim uma linha de pensamento que pouco depois seria retomada e aprofundada, no tocante à condenação crassa da técnica alegórica, por Schopenhauer, como evidencia a longa passagem de *O mundo como vontade e representação* citada pelo estudioso do drama barroco.[47]

Posição muito diferente da benjaminiana é assumida por Georg Lukács no capítulo de sua *Estética* em que se debruça minuciosamente sobre essa mesma questão da alegoria e do símbolo, desde suas raízes históricas nas antigas formas ornamentais e, ainda mais remotamente, na pintura rupestre.[48] Mas se esta, conforme observa o filósofo húngaro, não pode ser pensada fora das fi-

---

[47] *Ursprung des deutschen Trauerspiels* (*Gesammelte Schriften*, Band I, 1), Frankfurt a.M., Suhrkamp, 1991 (capítulo "Allegorie und Trauerspiel", pp. 336-65). Na edição brasileira: *Origem do drama barroco alemão*, tradução de Sergio Paulo Rouanet, São Paulo, Brasiliense, 1984 (capítulo "Alegoria e drama barroco", pp. 181-211).

[48] *Ästhetik* (parte I, capítulo XVI: "Der Befreiungskampf der Kunst" [A luta de libertação da arte]), Munique, Luchterhand, 1963 (segmento "Allegorie und Symbol", pp. 727-75).

nalidades mágicas (ligadas, sobretudo, à caça) que lhe deram origem, a partir do momento em que a arte conquista para si o impulso mimético autônomo, a alegoria é compelida a associar-se, de maneira inextricável, a tendências desantropomorfizantes, as quais a alienam da imanência histórica e acabam por engendrar sua subserviência à religião, que nas vanguardas do século XX seria substituída pela transcendência do "Nada". Por outro lado, à arte simbólica (o que significa, para Lukács, também "realista") não teria restado senão empreender ao longo dos séculos uma "tática de guerrilha" para emancipar-se desses domínios alheios à esfera estética, segundo se revelaria com mais clareza no movimento que conduz da Idade Média — representada nesse capítulo "Alegoria e símbolo" pelas obras de Dionísio Areopagita, Joaquim de Fiori e Dante — ao Renascimento. Nessa polêmica linha argumentativa, pouco resta do momento de protesto que Benjamin vislumbrou na *facies hippocratica* da alegoria, interpretada enquanto denúncia de tudo aquilo que a história tem desde o início de "extemporâneo, sofrido, fracassado".

Longe, portanto, de compartilhar a concepção benjaminiana, Lukács vê a alegoria sempre restrita aos limites da alienação e do fetichismo: apresenta-nos assim, na longa história da reflexão teórica sobre o procedimento alegórico (que remonta, pelo menos, a Quintiliano), sua condenação mais crassa e inconciliável. Mas haveria legitimidade em erigir a figura de Goethe, como faz o autor de *A destruição da razão*, enquanto patrono dessa cruzada antialegórica, a qual se estende, nas últimas páginas do estudo, às obras de Stéphane Mallarmé, James Joyce, Gottfried Benn e de outros adeptos do "*divertissement* do melancólico", de acordo com a expressão que Lukács tomou ao próprio Benjamin?

De qualquer modo vale assinalar que, embora Goethe ocupe posição fulcral na argumentação de ambos os teóricos, nenhum deles se deu o trabalho de problematizar a condenação goethiana da alegoria à luz de procedimentos literários mobilizados no *Fausto II*. Ou será que não nos encontramos propriamente no terreno alegórico quando Mefistófeles, municiando-se para entrar na guerra civil do quarto ato, refere-se aos seus três sequazes, recrutados de domínios abstratos e quiméricos para lutar ao lado das forças imperiais, como "turba alegórica" (v. 10.329)? Ou quando o Mancebo-Guia, quase cinco mil versos antes, não somente se refere a si e a seu acompanhante Pluto (disfarce de Fausto) enquanto "alegorias", mas também exige serem reconhecidos como tais (v. 5.531)? Se no primeiro caso o significado das personagens já se revela nos nomes (*nomen est omen* [nome é presságio] parece vigorar em larga medida para figuras alegóricas), no último deparamo-nos com a alegoria da poesia, conforme explicita conceitualmente o próprio Mancebo-Guia ("Eu sou o Pródigo, a Poesia,/ Meus bens esbanjo; sou o Poeta,/ Que em derramar dons se completa", v. 5.573), preparando assim, numa referência antecipatória que causou perplexidade a Eckermann, a aparição igualmente alegórica de Eufórion na última cena do terceiro ato.[49]

Ao conceber essas personagens, e ainda outras que povoam o *Fausto II*, não terá Goethe procedido em consonância com o modo alegórico, ou seja, não terá buscado o "particular" apenas para expressar o "geral", no caso a prodigalidade da poesia ou — no tocante aos esbirros de Mefistófeles — a violência que acompanhará *pari passu* o projeto fáustico de colonizar espaços conquistados ao mar? Pois dificilmente se poderá dizer, quanto a essas passagens, que o poeta tenha vislumbrado ou "enxergado" de maneira intuitiva — Goethe emprega nesse contexto o verbo *schauen*, afim a *intueri* em latim (e ao substantivo *intuitio*) — o geral no particular, como se pode ler na sentença de número 751 no volume *Máximas e reflexões*:[50]

---

[49] Numa conversa datada de 20 de dezembro de 1829, Goethe identificou o Mancebo-Guia (*Knabe Lenker*) à personagem de Eufórion, que faz sua aparição mais de quatro mil versos adiante. Ao espanto de Eckermann diante dessa incongruência, Goethe acrescenta ser isso possível por tratar-se de uma figura alegórica: "Nele encontra-se personificada a Poesia, a qual não está presa a nenhum tempo, a nenhum lugar e a nenhuma pessoa".

[50] Sigo aqui a numeração estabelecida em 1907 por Max Hecker em sua edição de referência do volume *Máximas e reflexões*.

"Faz uma grande diferença se o poeta busca o particular para expressar o geral ou se ele enxerga o geral no particular. Naquele caso origina-se a alegoria, quando o particular só vale como ilustração, como exemplo do geral; o último caso, porém, constitui a verdadeira natureza da poesia: ela exprime um particular sem pensar no geral ou sem indicá-lo. Contudo, aquele que capta de maneira viva esse particular, apreende ao mesmo tempo o geral, sem se dar conta disso ou só mais tarde se dando conta."

Conceber uma personagem, um objeto, algo particular apenas com a finalidade de ilustrar um conceito geral leva, na perspectiva do Goethe clássico, a uma limitação drástica das possibilidades interpretativas em relação à imagem, segundo a formulação da sentença anterior (750):

"A alegoria converte o fenômeno em um conceito, converte o conceito em uma imagem, de tal modo que o conceito, na imagem, será sempre apreendido de maneira limitada, completa e será sempre expresso nos limites dessa imagem."

E no polo oposto teríamos o símbolo, celebrado por Goethe na sentença 749 enquanto "verdadeira natureza da poesia":

"A simbólica [*Symbolik*] converte o fenômeno em ideia, a ideia em uma imagem, e de tal modo que a ideia, na imagem, permanece sempre infinitamente ativa e inatingível, e mesmo pronunciada em todas as línguas, permanece, contudo, inexprimível."[51]

---

[51] A essas sentenças goethianas que associam "ideia" ao procedimento simbólico e "conceito" ao alegórico subjaz o postulado de maior plasticidade (*Anschauung*) e dinamicidade que a filosofia idealista alemã atribuía à "ideia".

Se é verdade que essas sentenças foram publicadas somente em 1824 na revista *Über Kunst und Altertum* [Sobre Arte e Antiguidade] — numa época, portanto, em que o poeta parecia inclinar-se cada vez mais para o procedimento alegórico — a sua redação deu-se muito provavelmente por volta de 1797, remontando às intensas discussões estéticas que travava então com Friedrich Schiller. É o que se depreende das palavras que abrem a sentença 751 e contextualizam a diferenciação acima citada:

> "Minha relação com Schiller se baseava na orientação decidida de ambos para uma meta; nossa atividade comum, na diversidade dos meios através dos quais aspirávamos alcançar aquela meta.
>
> Por ocasião de uma delicada diferença que certa vez aflorou entre nós e à qual sou novamente remetido agora por um trecho de sua carta, desenvolvi as considerações que vêm a seguir."

Não seria o caso de tentar esmiuçar agora essa "delicada diferença" (*zarte Differenz*), à qual Goethe alude de maneira algo diplomática.[52] De todo modo, a diferença também se faz sentir no

---

Bastante expressivo nesse sentido é o capítulo "A ideia do belo" nas *Preleções sobre a Estética*, em que Hegel concebe a "ideia" como o objetivamente verdadeiro, o Ser verdadeiro (a realidade, portanto, como a própria ideia que se desdobra no processo dialético), lançando a célebre definição do "belo" enquanto "o luzir sensível da ideia" (*das sinnliche Scheinen der Idee*). E Fichte, em seus "Discursos à nação alemã": "A ideia, onde quer que ela abra caminho para a vida, proporciona força e energia imensas, e tão somente da ideia jorra energia". Embora imprescindível para o conhecimento, o "conceito", em sua univocidade e constância intelectiva mais rigorosa, conjugar-se-ia, na visão do Goethe clássico, com o caráter mais delimitado e fechado da imagem alegórica.

[52] Bengt Algot Sørensen dedicou a essa questão o excelente ensaio "Die 'zarte Differenz': Symbol und Allegorie in der ästhetischen Diskussion zwischen Schiller und Goethe" [A "delicada diferença": símbolo e alegoria na discussão estética entre Schiller e Goethe], in Walter Haug (org.), *Formen und Funktio-*

estudo sobre *Poesia ingênua e sentimental* que Schiller publica em 1795 e no qual Goethe é associado em larga escala ao tipo "ingênuo", que não *busca*, mas já é a natureza, enquanto o próprio autor se compreendia no polo "sentimental", com sua tendência filosofante e dedutiva, partindo do "geral" para o "particular" e percorrendo assim trajetória inversa à do poeta ingênuo. Todavia, ao contrário da concepção goethiana de símbolo e alegoria, a tipologia de Schiller não estabelece hierarquia entre as atitudes ingênua e sentimental, pois ambas seriam igualmente válidas para se alcançar a meta perseguida pelo poeta. No caso de se querer forçar uma aproximação entre as tipologias dos dois clássicos alemães, talvez se possa dizer que o "simbólico" tende a estar próximo do "ingênuo" enquanto o "alegórico" encontra suas afinidades antes com o "sentimental". Seria, no entanto, um passo temerário, pois o que se tem de fato é que Schiller, com toda a sua inclinação a pensar em termos antitéticos, como se evidencia já no título do estudo, jamais empregou em seus escritos a diferenciação goethiana entre símbolo e alegoria, o que pode ser indício de alguma discordância.[53] E, por outro lado, uma das razões que podem ter levado Goethe a publicar as sentenças sobre símbolo e alegoria em 1824, cerca de três décadas após as discussões com o amigo falecido em 1804 e, sobretudo, num momento em que sua própria práxis poética aparentemente já não correspondia mais àquelas formulações, foi o impulso de contrapor-se a tendências românticas que tinham no pensamento de Schiller e, em especial, no tratado sobre *Poesia ingênua e sentimental* um significativo ponto de apoio.[54]

---

nen der Allegorie [Formas e funções da alegoria], Stuttgart, Metzler Verlag, 1979, pp. 632-41.

[53] Essa tendência schilleriana para o pensamento antitético também pode ser observada numa carta a Goethe datada de 23 de agosto de 1794, na qual as diferenças entre ambos são trabalhadas à luz da oposição "intuição-análise".

[54] Bengt Algot Sørensen observa, no ensaio mencionado, que o tratado de Schiller teria estabelecido o primeiro fundamento para a estética romântica e que, além disso, toda a sua obra teórica teria contribuído de modo expressivo para a valorização do pensamento abstrato e da filosofia, reforçando-se as-

Contudo, para além dessa longa defasagem entre a concepção e a publicação das sentenças sobre símbolo e alegoria, não deixa de ser surpreendente verificar que o trecho mais alegórico do *Fausto I* date justamente do ano de 1797, quando Goethe formula sua drástica condenação desse mesmo procedimento e o correspondente encômio do simbólico. Trata-se da cena "Sonho da Noite de Valpúrgis ou As Bodas de Ouro de Oberon e Titânia", que entra na tragédia como um *intermezzo* que de certa maneira veio ocupar o lugar da segunda parte da "Noite de Valpúrgis", o culto orgiástico a Satã suprimido da versão canônica.[55] Redigida com intermitências entre 1797 e 1805, a própria "Noite de Valpúrgis" está povoada por não poucas personagens alegóricas, a exemplo dos nostálgicos representantes do *Ancien Régime* que Mefisto encontra reunidos em torno de "brasas meio extintas": figuras designadas tão somente como "General", "Ministro", "Parvenu", "Autor". No *intermezzo*, todavia, a alegoria experimenta tal intensificação e prevalece de maneira tão irrestrita que o leitor (ou espectador) pode legitimamente sentir-se incomodado em ter de ouvir semelhante profusão de mensagens cifradas, proclamadas por figuras apresentadas como "Viajante curioso", "Cata-vento", "Gênio em via de formação", "Estrela-cadente" etc. Não por acaso, foi de Friedrich Theodor Vischer, que já em sua *Estética* (1846-57) insiste no caráter escalvado e gélido da alegoria ("ligação gélida de elementos do belo") e com muita mordacidade parodiou em 1862 a estrutura alegórica do *Fausto II*, que partiu a condenação mais veemente do "Sonho da Noite de Valpúrgis": "O conjunto é uma interpolação de palha satírica num poema eterno, um ato que se deve considerar como leviandade irresponsável", observava Vischer em 1875 nos "Novos subsídios para a crítica do poema".

sim uma tendência que Goethe considerava característica de uma "época dos talentos forçados" (*Epoche der forcierten Talente*).

[55] Ver, na mencionada edição brasileira do *Fausto I*, o apêndice de minha autoria "Uma autocensura de Goethe: a missa satânica da 'Noite de Valpúrgis'" (*op. cit.*, pp. 527-43).

Símbolo e Alegoria na concepção clássica de Goethe

Seja como for, essa incômoda "interpolação" constitui uma exceção na primeira parte da tragédia e, fora da ominosa montanha (*Brocken*) na região do Harz, que oferece o palco para a "Noite de Valpúrgis" e seu "Sonho", a alegoria se manifesta de maneira mais concentrada apenas na "Cozinha da bruxa", também um espaço demoníaco carregado de sugestões absurdas e irracionais. Vemos aqui, entre abstrusidades como a famosa "tabuada da bruxa", cercopitecos brincando com uma bola (na verdade, uma frágil esfera de barro) de inequívoco significado alegórico: "É assim o mundo;/ Sobe e cai, fundo,/ Sem pausar, rola;/ Qual vidro soa,/ Que quebra à toa!". Logo em seguida, é o próprio Mefisto que, com os olhos voltados aos acontecimentos que se processavam na França revolucionária, entra no jogo alegórico: senta-se numa poltrona caracterizada como "trono real", designa de "cetro" o abano que tem em mãos e exprime o desejo pela "coroa", a qual é providenciada de imediato pelos macacos — mas ela já vem rachada e, assim o exige a lógica alegórica, não demora a se partir de vez (como, metaforicamente, a coroa de Luís XVI).

Considerando que a cena em questão foi redigida em 1788, durante a estada de Goethe em Roma, e os versos alusivos aos acontecimentos parisienses do ano seguinte (também estes outros de Mefisto: "Num trono estou, como o rei em pessoa;/ O cetro tenho aqui, só me falta a coroa") constituem um adendo para a publicação, em 1790, de *Faust. Ein Fragment*, evidencia-se que Goethe buscou inserir a Revolução Francesa na atmosfera de desvario que reina nessa "Cozinha da bruxa".[56] Desse modo, a cena pode

---

[56] Desde o começo Goethe assumiu um posicionamento crítico perante a Revolução Francesa, ao contrário do entusiasmo inicial de Schiller (que em agosto de 1792 recebeu o título de "cidadão honorário" da República Francesa) ou, entre vários outros contemporâneos, de Hegel, que ainda em 1802 (*Die Verfassung Deutschlands* [A Constituição da Alemanha]) escreve que a Revolução Francesa havia depurado o conceito de liberdade de seu "vazio e indeterminação" (*Leerheit und Unbestimmtheit*). Já a visão goethiana da "liberdade" praticada durante a Revolução é bastante diferente e, nessa cena "Cozinha da bruxa", ela se mostra igualmente submetida ao "espírito da história", absurdo e irracional, que parece encarnar-se alegoricamente na bruxa. Vejam-se também

ser interpretada, em seu conjunto, enquanto alegorização das forças irracionais que, aos olhos do poeta, manifestam-se no processo histórico, incluindo-se o acontecimento capital da era burguesa — numa perspectiva, portanto, que se pode considerar muito distante daquela oferecida pela filosofia hegeliana da história, em que a "marcha do mundo" (*Weltlauf*) aparece governada pela razão e, por conseguinte, racionalmente compreensível.[57]

"A história, mesmo a melhor de todas, sempre tem algo de cadavérico, o odor de criptas", lê-se numa nota redigida para a autobiografia *Poesia e verdade*, e em 1829 o octogenário dizia as seguintes palavras a seu amigo (e chanceler do Grão-Ducado Saxônia-Weimar-Eisenach) Friedrich von Müller: "Eu não cheguei a idade tão avançada para me preocupar com a história do mundo, que é a coisa mais absurda que existe; para mim é indiferente se fulano ou sicrano morre, se desaparece esse ou aquele povo; eu seria um tolo se fosse me importar com isso". No entanto, há também não poucas declarações de Goethe que revelam intensa, exasperada preocupação com a "história do mundo", como se depreende, por exemplo, das palavras registradas mais uma vez pelo chanceler Von Müller pouco depois da eclosão da revolução parisiense de julho de 1830: "A impressão que essa revolução-relâmpago causou por aqui é indescritível. Não tivemos nenhuma crise maior

---

esses versos acrescentados à cena "Taverna de Auerbach" após os acontecimentos de 1789: "Todos (cantam): Canibalmente bem estamos/ Que nem quinhentos suínos!/ Mefistófeles: Vê como o povo está *livre* (grifo meu) e à vontade!". Nas palavras que Eckermann registra em suas *Conversações* sob a data de 4 de janeiro de 1824 se encontra expressiva síntese da relação de Goethe com a Revolução Francesa.

[57] Em seu ensaio *Vom Sinn und Unsinn der Geschichte* [Sobre o sentido e não sentido da história], *op. cit.*, escreve Kosellek: "Se Hegel pôde compreender toda a história do mundo enquanto fenomenologia do espírito sempre a caminho para chegar a si mesmo, então Goethe realizou esse trabalho para si próprio, excluindo a história do mundo. [...] Se Schiller, e com ele Hegel, enxergava na história do mundo (*Weltgeschichte*) o tribunal do mundo (*Weltgericht*), Goethe o entendia de maneira diferente: 'Para que todos possam assassinar uns aos outros/ O Juízo Final foi postergado'".

Símbolo e Alegoria na concepção clássica de Goethe

do que esta. Goethe diz que ele só consegue acalmar-se mediante a consideração de que ela representa o maior exercício de reflexão [*größte Denkübung*] que lhe coube no final da vida".

Vista em conjunto, a relação de Goethe com a história mostra-se demasiado complexa para ser reduzida apenas à encenação de indiferentismo ou à postura exasperada que se observam nas declarações acima. O mais expressivo testemunho dessa complexidade oferece-nos a segunda parte da tragédia, sobretudo as cenas do quinto ato cuja estrutura, aparentemente alicerçada sobre procedimentos alegóricos, faz o conceito de progresso, de utopia social, aparecer sob o signo de inextricável ambivalência. Mas no geral essa percepção não foi possível às primeiras gerações de leitores do *Fausto II* e só começou a articular-se muito tempo após sua publicação póstuma no final de 1832.

3.

Pedra de escândalo alegórica

Posteriormente a Goethe a matéria fáustica foi retomada não apenas na literatura alemã, mas também em várias outras, inclusive nas literaturas de língua portuguesa, com Fernando Pessoa (*Fausto: tragédia subjetiva*)[58] e Guimarães Rosa (*Grande sertão: veredas*). No entanto, a segunda parte da tragédia raras vezes ingressou nesse diálogo intertextual. Entre as exceções estão a peça de Anatóli Lunatcharski *Fausto e a cidade* (escrita de 1906 a 1916), que tem em seu centro a conquista fáustica de novas terras e a fundação de uma cidade socialista (Trotzburg: algo como "fortaleza da obstinação ou resistência"), e o romance *O mestre e Margarida* (publicado integralmente na União Soviética em 1973, mas redigido entre 1928 e 1940), em que Mikhail Bulgákov, entre outros episódios que se apoiam alegoricamente no *Fausto II*, transpõe para a Moscou stalinista (capítulo "A magia negra e sua revelação") a invenção mefistofélica do papel-moeda sem lastro.[59]

---

[58] Fernando Pessoa trabalhou nesse poema dramático de modo intervalado entre 1908 e 1933, deixando-o em estado inacabado e fragmentário. O texto foi estabelecido por Teresa Sobral Cunha e publicado pela Editorial Presença, de Lisboa, em 1988.

[59] Excelente estudo sobre a extensa e intrincada tradição fáustica (no qual também essas duas obras russas estão representadas) oferece-nos André Dabezies em *Le Mythe de Faust* (Paris, Librairie Armand Colin, 1972). Obra congênere não só mais completa (já por razões cronológicas), mas também teoricamente mais rigorosa e sistemática foi publicada em 2018 por Manuel Bauer: *Der literarische Faust-Mythos* [O mito literário de Fausto], Stuttgart, J. B. Metzler. Após o capítulo de abertura sobre os pressupostos terminológicos e conceituais do estudo ("assunto", "motivo", "tema", "mito" e "mito literário"), o manual recua, no capítulo subsequente, aos primeiros pactuários co-

Ainda no âmbito da literatura russa, mencionemos a novela epistolar *Fausto* (1856) de Ivan Turguêniev, que traz como epígrafe o verso pronunciado pelo doutor pouco antes do pacto com Mefisto: "Deves privar-te, só privar-te!" (v. 1.549). Na quarta das nove cartas que compõem a obra russa, o narrador reconstitui as circunstâncias em torno da leitura da primeira parte da tragédia goethiana que fez a um pequeno círculo de pessoas. "Eu lia apenas para Vera Nikolaevna", escreve o narrador a um amigo: "Uma voz interior dizia-me que o *Fausto* lhe causava funda impressão". Contudo, para não enfraquecer o impacto da leitura, o narrador diz também ter omitido o *intermezzo* do "Sonho da Noite de Valpúrgis", pois "em sua estrutura essa cena já pertence à Segunda Parte; e também deixei de lado alguns dos trechos noturnos no monte Brocken".

Não é difícil perceber que a exclusão operada pelo narrador atingiu justamente as passagens mais alegóricas do *Fausto I* e que, portanto, nem sequer terá entrado em sua cogitação apresentar à mulher amada qualquer cena da continuação da tragédia. Subjaz assim à novela fáustica de Turguêniev (também ela uma trágica história de amor, como indiciado pela epígrafe) um ponto de vista que concede irrestrita primazia à obra de 1808, considerada no geral mais acessível e comovente do que os "gracejos muito sérios" da Segunda Parte, que Goethe não quis ver publicados em vida.

nhecidos, como o lendário Teófilo (segunda metade do século VII), o "Fausto da Idade Média". Os nove capítulos seguintes, lançando um arco que vai do Johann Fausto do livro anônimo de 1587 até o drama *O doutor Fausto de Hitler* (2000), de Rolf Hochhuth, enfocam inúmeras manifestações do motivo do pacto e do "mito literário Fausto", entre as quais romances como *A pele de onagro*, de Balzac (*La Peau de chagrin*, 1831: considerado uma "intensificação capitalista do pacto demoníaco"), ou *Doutor Fausto*, de Thomas Mann. No último capítulo ("Fausto na literatura contemporânea"), o estudo incursiona então por nove obras do século XXI, buscando evidenciar assim que "o trabalho literário no e com o mito de Fausto está longe de ser considerado concluído". (Como ocorria já no estudo de Dabezies, também no manual de Bauer o romance de Guimarães Rosa está ausente, embora preencha os critérios estabelecidos pelo autor para ser acolhido entre as obras que participam da escritura do "mito literário Fausto".)

Quando estes vieram a lume alguns meses após a morte do poeta, um de seus primeiros críticos, Karl Rosenkranz (discípulo e primeiro biógrafo de Hegel, também sucessor de Kant em sua cátedra de Königsberg), prognosticou com extraordinária acuidade que o *Fausto II* "jamais alcançará a popularidade da Primeira Parte, jamais encantará, do mesmo modo como esta, a nação", uma vez que atinge muito mais a "reflexão" do que o "sentimento". Todavia essa resenha pioneira de Rosenkranz avulta como notável exceção entre as posições que constituíram a recepção contemporânea da tragédia, marcada principalmente por recusas, condenações e até mesmo pilhérias. Lembrem-se, por exemplo, das escarnecedoras palavras que o crítico Wolfgang Menzel (possivelmente o mais contumaz detrator de Goethe) pronunciou sobre a cena final do *Fausto II*, cuja coreografia em torno da Virgem Maria, de Gretchen e de três outras célebres penitentes é comparada com "a corte de uma alegre rainha", tal como a "sociável Maria Antonieta": "Vemos ao seu redor apenas damas da corte e pajens como anjos mais e menos graduados; na entrada, alguns místicos em adoração como porteiros devotos [alusão aos *patres Ecstaticus, Profundus* e *Seraphicus*]. E então o velho pecador é introduzido [...] é bonito, uma jovem dama da corte [Gretchen] intercede em seu favor, a rainha celestial sorri e — a sinecura no céu é toda sua. Onde fica Deus? Será que não há mais nenhum homem no céu?". Já o acima mencionado Friedrich Theodor Vischer, após esboçar num texto de 1861 o que seria um enredo mais substancial — e, no seu entender, mais "digno" — para o desdobramento da tragédia (que englobava a aliança de Fausto com camponeses sublevados), parodia a estrutura alegórica do *Fausto II* numa peça publicada no ano seguinte, *A Terceira Parte da Tragédia*: ao lado de outras abstrusidades elucubradas por Vischer, o Fausto *post mortem* recebe no céu a incumbência punitiva de explicar justamente a segunda parte do drama goethiano a uma "colônia de infantes bem-aventurados", lançando mão para isso de "pelo menos" dez doutos comentários, que todavia não o livram do fracasso.[60]

[60] Essa peça vem acrescida do subtítulo *Poetizada fielmente no espírito*

Mas também artistas do nível de Franz Grillparzer ou Heinrich Heine — de resto, grandes admiradores de Goethe — manifestaram-se nesse mesmo diapasão. Enquanto o poeta e dramaturgo austríaco observava que a segunda parte do *Fausto* teria sido muito mais "redigida" com o intelecto do que "poetizada", Heine se refere a ela, no posfácio ao seu *Doutor Fausto: um poema coreográfico* (1851), como *lendenlahm* (literalmente, "paralítica das coxas", também com a conotação de "impotente", pois *Lende* significa a região das coxas e partes sexuais). Somente o ato em torno da união erótica entre Fausto e Helena mostra-se digno de louvor para Heine, pois Goethe teria tratado *con amore* a bela representante da Antiguidade grega: "É o que há de melhor, ou antes, é a única coisa boa nessa Segunda Parte, nesse tremedal labiríntico e alegórico, onde, entretanto, levanta-se de repente, sobre sublime pedestal, uma imagem grega maravilhosamente consumada em mármore, a qual nos mira com seus alvos olhos de maneira tão encantadora, tão divinamente pagã que por pouco a melancolia não nos domina por completo. Trata-se da estátua mais deliciosa que jamais saiu do ateliê goethiano e custa a acreditar que tenha sido talhada pelas mãos de um ancião".

Heine parece desconhecer, ou pelo menos não explicita, que a parte inicial do complexo dramático em torno de Helena (os primeiros 265 versos) fora redigida já em 1800, portanto não propriamente "talhada pelas mãos de um ancião". Se ele, todavia, deixou fora de sua mordacidade esse terceiro ato, que o próprio Goethe caracterizou como "fantasmagoria clássico-romântica", o dramaturgo e poeta Friedrich Hebbel não abriu nenhuma exceção na drástica condenação que registra em seu diário em setembro de

---

da segunda parte do Fausto goethiano por Deutobold Symbolizetti Allegoriowitsch Mystifizinsky. No pseudônimo macarrônico construído por Vischer, Deutobold se constitui de uma referência ao verbo *deuten* (interpretar, fazer a exegese) ou ao substantivo *Deutung* (exegese, interpretação) e da desinência *bold*, remetendo a uma pessoa que pratica com frequência a ação indiciada na primeira parte da palavra (*Raufbold*, nome que Goethe dá a um dos ajudantes de Mefisto, é um praticante contumaz de violências, agressões, arruaças — alguém que gosta de brigar, *raufen*).

1845: "Na segunda parte do *Fausto*, Goethe faz tão somente suas necessidades fisiológicas".

Fora da Alemanha as reações não foram muito diferentes e nem de longe a insólita continuação da tragédia aproximou-se do prestígio alcançado pela Primeira Parte, como delineado à luz da novela epistolar de Ivan Turguêniev. Machado de Assis oferece expressivo testemunho dessa recepção, pois é exclusivamente do texto publicado por Goethe em 1808 que retirou a totalidade de suas inúmeras alusões e referências a Fausto e Mefistófeles, "o espírito que nega" (como se lê no conto "A Igreja do Diabo", de 1884). Ainda no âmbito linguístico do português, vale lembrar as drásticas palavras com que Antonio Feliciano de Castilho, cuja tradução do *Fausto I* deflagraria em Portugal a célebre e virulentíssima "Questão do Fausto", fundamenta sua decisão de não aventurar-se pela Segunda Parte, o que seria "um trabalho ainda mais fragoso", pois "tantos e tão crespos são no último *Fausto* os enigmas filosóficos, tão abstruso o senso das ficções, e as ficções mesmas tão desnaturais, tão inverossímeis, tão impossíveis (ia-me quase escapando tão absurdas) que o bom gosto e o bom senso, que tão benévolos perdoaram e receberam a lenda velha do Dr. Fausto, não sei como se haveriam com o *Fausto* último. O primeiro, o nosso, foi um gigante; o último figura-se ao espírito da nossa consciência o *homúnculo*, um produto abusivo das forças da arte".[61]

Essa apreciação contaria certamente com o respaldo de Wolfgang Menzel, Friedrich Theodor Vischer, Friedrich Hebbel assim como de outros nomes acima citados. Para não ter de ouvir semelhantes julgamentos e ver-se exposto à incompreensão e mesmo às zombarias de seus contemporâneos, o velho poeta permaneceu firme no propósito de não publicar em vida os "gracejos muito sé-

---

[61] Castilho fecha com essas palavras a "Advertência do tradutor" que precede sua insólita tradução do *Fausto I* (muito provavelmente a mais curiosa que se possa encontrar em qualquer idioma). Sobre as relações de Machado com a tragédia goethiana, ver o ensaio de Hélio de Seixas Guimarães "Machado de Assis, leitor do *Fausto*", in *Fausto e a América Latina* (org. Helmut Galle e M. V. Mazzari), São Paulo, Humanitas, 2010, pp. 339-51.

Pedra de escândalo alegórica

rios" do *Fausto II*, conforme se exprimiu, cinco dias antes da morte, na célebre carta a Wilhelm von Humboldt. Não queria ver os esforços despendidos ao longo de décadas em prol de sua "insólita construção" poética, ainda citando as metáforas que assomam na carta, desmembrados e "arrastados à praia, onde ficariam como destroços de naufrágio para logo serem soterrados pelas dunas das horas".[62]

Considerando que o prognóstico goethiano se revelou de fato procedente, de onde o poeta terá extraído a convicção de que o horizonte de expectativa contemporâneo não dispensaria ao *Fausto II* a acolhida que coube à Primeira Parte — ou ainda ao romance *Os anos de aprendizado de Wilhelm Meister* (de imediato saudado por Friedrich Schlegel como uma das três grandes tendências da época), para não falar do *Werther*, talvez o maior sucesso literário de todos os tempos? De certa maneira a resposta a isso tem a ver com a questão do "símbolo e alegoria"; e se considerarmos, por exemplo, que Hegel proferiu rigorosa condenação do procedimento alegórico em sua *Estética*, mas saudou o "fragmento" fáustico publicado em 1790 como "tragédia filosófica absoluta", então podemos talvez relacionar aquele prognóstico goethiano à percepção de que o *Fausto II* de modo algum corresponderia à então hegemônica estética do símbolo.[63] E já que esta encontrava

---

[62] Uma extraordinária análise dessa última carta de Goethe nos oferece Albrecht Schöne no nono capítulo ("'Geheimnisse des Lebens' — An Wilhelm von Humboldt, 17 März 1832" ['Segredos da vida' — A Wilhelm von Humboldt, 17 de março de 1832) de seu livro *Der Briefschreiber Goethe* [O escritor de cartas Goethe], Munique, C. H. Beck, 2015, pp. 365-94. Fruto de um trabalho de várias décadas com a epistolografia de Goethe (estima-se que o poeta possa ter escrito cerca de 25 mil cartas, das quais 15 mil estão depositadas no Arquivo Goethe e Schiller de Weimar), esse livro enfeixa nove estudos de cartas redigidas num arco temporal de 68 anos e três excursos dedicados ao sistema postal no ducado de Weimar, à prática goethiana de ditar cartas e, por fim, aos pronomes de tratamento mobilizados, que de modo algum se limitavam aos que se aproximam dos nossos "Você" e "Senhor" (*Du* e *Sie*).

[63] No segmento "Die Allegorie" da *Estética* hegeliana (terceiro capítulo da segunda parte: "Desenvolvimento do Ideal até as formas específicas do belo

sólidos alicerces justamente em concepções elaboradas durante o Classicismo de Weimar, pode-se inferir que pressupostos decisivos para a constituição de um horizonte de recepção desfavorável à segunda parte da tragédia foram fornecidos paradoxalmente pelo próprio Goethe.

artístico"), leem-se, por exemplo, as seguintes palavras: "Um ser alegórico, por mais que se possa dar-lhe configuração humana, não alcança nem a individualidade concreta de um deus grego, nem a de um santo ou de qualquer outro sujeito real: porque ele [o ser alegórico], para tornar a subjetividade congruente com a abstração de seu significado, tem de esvaziá-la de tal maneira que leva ao desaparecimento de toda individualidade mais determinada. Por isso se diz com razão que a alegoria é gélida e escalvada [...], uma coisa ligada antes ao entendimento do que à contemplação concreta e à profundidade emocional da fantasia. Poetas como Virgílio têm a ver mais com seres alegóricos porque não sabem criar deuses individualizados, como os homéricos".

Pedra de escândalo alegórica

O episódio da "mascarada carnavalesca" no *Fausto II*, aqui tratado por Max Beckmann, é fundamental para a interpretação alegórica de Heinz Schlaffer e sua leitura das relações entre Marx e Goethe.

4.

Mascherate carnascialesche:
no reino das alegorias

"Pois que somos alegorias e assim tens de nos reconhecer." Com estas palavras o Mancebo-Guia exorta o Arauto, na longa cena do desfile carnavalesco no Palatinado Imperial (início do *Fausto II*), a anunciar de modo apropriado a aparição da fantasmagórica carruagem que, puxada por quatro animais alados e trazendo no alto duas alegorias (Pluto, o deus da riqueza, e a Avareza), irrompe na sala do entrudo em "tempestuoso assalto". Até então haviam desfilado máscaras conhecidas do Arauto, sejam as do carnaval florentino no tempo de Lorenzo de Medici — que Goethe extraiu, sobretudo, da obra de Anton Francesco Grazzini (1505-1584) *Tutti i Trionfi, carri, mascherate o Canti carnascialeschi* — ou da mitologia grega (Graças, Parcas, Fúrias), ou ainda fantasias passíveis de desvendamento, como a Sagacidade que surge sobre um elefante (alegoria do trabalho físico) flanqueado pelas máscaras do Medo e da Esperança — estas, todavia, devidamente "acorrentadas", pois em seu todo o bloco alegoriza o poder estatal governado pela razão. Mas agora entram em cena figuras não previstas no roteiro carnavalesco, as quais reagem à perplexidade do Arauto com a exigência, explicitada pelo condutor da carruagem, de serem compreendidas enquanto *alegorias*.

Na filologia goethiana ao longo dos séculos XIX e XX ninguém correspondeu com tanto empenho a essa reivindicação quanto Heinz Schlaffer, que em 1981 publicou um denso estudo sobre a segunda parte da tragédia enquanto "alegoria do século XIX", conforme a formulação do subtítulo.[64] Mas logo nas primeiras pá-

---

[64] H. Schlaffer, *Faust Zweiter Teil: Die Allegorie des 19. Jahrhunderts* [A

ginas do estudo, o autor rende tributo ao trabalho precursor (e que logo caiu no esquecimento) de Christian Hermann Weisse, discípulo de Hegel e professor de filosofia em Leipzig, que no terceiro capítulo de sua *Kritik und Erläuterung des Goethe'schen Faust* (1837) [Crítica e elucidação do *Fausto* de Goethe] abordou essa Segunda Parte como um "tecido de alegorias mutuamente entremeadas", as quais destinam a obra muito mais à reflexão e exegese do que à fruição estética, ao contrário, portanto, do que se passaria com o *Fausto I* (analisado no primeiro capítulo) e demais criações goethianas.

Ao lado da mencionada resenha do também hegeliano K. Rosenkranz, o trabalho de Weisse apresenta-se assim como proeminente exceção na recepção imediata do *Fausto II*, o que permite assinalar que o menosprezo do mestre (Hegel morrera já em 1831) pela alegoria não turvou aqui a visão crítica desses dois discípulos. Apesar, contudo, da acuidade dessa percepção da alegoria enquanto procedimento constitutivo do *Fausto II*, o estudo de Weisse envereda, na apreciação de Schlaffer, por um caminho improdutivo ao subordinar o princípio alegórico a uma "ideia do ético" que teria se manifestado com grande força no velho Goethe. A análise de Heinz Schlaffer, por seu turno, irá desenvolver-se numa direção diferente, aberta pelo pensamento de Karl Marx (já por razões cronológicas vedada a Weisse) e alheia à ideia do ético. Consequentemente o passo inicial em sua análise consiste em submeter a mascarada carnavalesca do primeiro ato a uma cerrada interpretação marxista para, na sequência, estender os resultados aí alcançados ao conjunto do *Fausto II*, uma vez que nessa cena particular ("Sala vasta com aposentos contíguos") se anunciariam, de seu ponto de vista, os temas que irão dominar os quatro atos subsequentes. Ao lado da mencionada exortação do Mancebo-Guia ao reconhecimento alegórico, a interpretação privilegia o verso em que o Arauto, assustando-se com a multidão que avança sobre as rique-

---

segunda parte do *Fausto*: uma alegoria do século XIX], Stuttgart, Metzler Verlag, 1981.

76   A dupla noite das tílias

zas que jorram da carruagem, solicita a intervenção de Pluto, chamando-o de "embuçado" e "herói mascarado" (v. 5.737).

Estas palavras possibilitariam, na perspectiva do intérprete, o estabelecimento de uma relação com a análise da sociedade capitalista empreendida por Karl Marx no *Capital*, de maneira mais particular com a constatação, formulada no segundo capítulo ("O processo de troca"), de que as "máscaras de personagem" (*Charaktermasken*) assumidas pelos indivíduos que integram essa sociedade não seriam outra coisa senão personificações de relações econômicas e de interesses de classe. E uma vez que a análise de Marx também se vale de uma linguagem fortemente imagética, que envereda não raro por personificações alegóricas (por exemplo, na passagem em que fala do encontro fecundante entre *Monsieur le Capital* e *Madame la Terre*) — esse fato apenas reforçaria, na visão de Schlaffer, os vínculos entre a segunda parte do *Fausto* e *O Capital*.[65]

Desse modo, seria justamente a forma literária da alegoria que enseja tal aproximação, pois suas estruturas significativas corresponderiam, já na percepção do velho Goethe, às determinações

---

[65] A passagem com *Monsieur le Capital* e *Madame la Terre* encontra-se no capítulo 48 do terceiro volume, "A fórmula trinitária" ("Die trinitarische Formel"), p. 838 (Frankfurt a.M., Verlag Marxistische Blätter GmbH, 1972; edição idêntica ao volume 25 da Edição Marx-Engels, MEGA). Do segundo capítulo sobre o "processo de troca" cite-se a passagem: "As pessoas só existem aqui, umas para as outras, enquanto representantes de mercadoria e, por conseguinte, enquanto proprietárias de mercadoria. No decurso da investigação veremos, de modo geral, que as máscaras de personagem assumidas pelas pessoas são tão somente personificações de relações econômicas, sendo que as pessoas se confrontam entre si enquanto portadores dessas relações". (Já no prefácio à primeira edição do *Capital*, Marx anuncia esse processo de reificação econômica de pessoas e relações sociais, analisado no segundo capítulo.) Citando apenas mais um exemplo desse estilo por vezes fortemente alegórico e imagético: no capítulo inicial sobre o "caráter fetichista da mercadoria", fala-se da metamorfose da madeira em mesa e desta numa "coisa natural-sobrenatural" que, na condição de mercadoria, "vai tirando de sua cabeça de madeira toda sorte de caprichos, coisa mais maravilhosa do que se ela começasse espontaneamente a dançar".

Mascherate carnascialesche: no reino das alegorias   77

essenciais da moderna sociedade burguesa: suspensão de todo elemento concreto-sensorial, dissolução de contextos naturais, criação de um mundo artificial, incongruência entre forma aparente e significado, conversão funcional de objetos em meros atributos, enfraquecimento da individualidade, predomínio de abstrações.[66]

Na filologia fáustica, o estudo de Schlaffer sobre a dimensão "alegórica" da segunda parte do *Fausto* veio contrapor-se a uma alentada obra publicada originalmente em 1943, mas que em versões retrabalhadas alcançou imenso prestígio nas primeiras décadas do período pós-guerra, chegando à sua quinta edição em 1981, mesmo ano em que surge o livro de Schlaffer: *Die Symbolik von Faust II. Sinn und Vorformen* [A simbólica do *Fausto II*: sentido e pré-formas], de Wilhelm Emrich. Tributária em larga medida da filosofia de Martin Heidegger, essa exegese move-se invariavelmente no sentido de reduzir todos os elementos do enredo dramático a uma dimensão ontológica, eclipsando qualquer outra perspectiva de leitura. Desse modo, o *Fausto II* se converte numa espécie de redoma ou estufa *a-histórica*, transforma-se num cosmos estético envolto por densa rede de "símbolos" que estabelecem unicamente relações e remissões mútuas, impermeáveis a qualquer influxo da realidade exterior à obra de arte e igualmente desprovidos (tais símbolos) da possibilidade de interagir com o mundo do leitor e, por extensão, das sucessivas gerações de leitores. Wilhelm Emrich oferece assim, é verdade que em elevado nível teórico e esteado em profundo conhecimento de toda a obra goethiana, um exemplo notável de interpretação rigorosamente "imanente", em oposição diametral aos princípios da Estética da Recepção. Uma concepção sobremaneira expansiva do conceito de "símbolo" — e, portanto, também tributária do Classicismo de Weimar — faz com que o intérprete subsuma à "simbólica" do *Fausto II* praticamente todos os procedimentos dramáticos, todos os tropos, imagens, figuras

---

[66] Essa síntese das "determinações essenciais da moderna sociedade burguesa" e das estruturas da forma alegórica fecha o capítulo "A gênese das relações alegóricas", do livro de Heinz Schlaffer, *Faust Zweiter Teil: Die Allegorie des 19. Jahrhunderts, op. cit.*, p. 98.

etc. mobilizados por Goethe, incluindo-se aqueles que, em consonância com as mencionadas sentenças 750 e 751 de *Máximas e reflexões*, deveriam ser remetidos antes ao campo alegórico.

É bastante significativo que o confronto de Schlaffer com a leitura genético-simbólica de Wilhelm Emrich se dê justamente à luz da aparição do Mancebo-Guia, "incompreensível" para o Arauto encarregado de anunciar as várias etapas do desfile carnavalesco. Essa "incompreensibilidade" é associada, na avaliação de Emrich, à profundidade irracional do símbolo e, a seu ver, logo se esclarece por meio da minuciosa descrição plástica do Mancebo: "Apenas 'descrição' desvenda seu ser inescrutável", assinala o autor no segmento do terceiro capítulo ("A estratificação do 1º ato e suas pré-formas") que apresenta geneticamente a personagem Mignon, do romance *Os anos de aprendizado de Wilhelm Meister*, como "forma prévia" do Mancebo-Guia. Na crítica de Schlaffer à exegese imanentista de Emrich, também nesse passo os traços "alegóricos" do drama goethiano teriam sido desfigurados e invertidos em "simbólicos", e isso a despeito da inequívoca autodefinição da personagem mediante o "conceito": "Eu sou o Pródigo, a Poesia,/ Meus bens esbanjo; sou o Poeta,/ Que em derramar dons se completa". Considerando ainda que pouco antes o Mancebo-Guia se apresentara de chofre como "alegoria" (assim como a seus acompanhantes), infere-se, nessa abordagem da segunda parte da tragédia enquanto "alegoria do século XIX", que Goethe teria anunciado não apenas o princípio estético que rege todo o *Fausto II*, mas também, de modo geral, a metamorfose sofrida pela poesia no século em que o capitalismo atinge seu apogeu — século em que Baudelaire escreve seu grande poema "O Cisne", com o verso "*tout pour moi devient allégorie*" (tudo para mim torna-se alegoria).

Para Schlaffer um primeiro lampejo, ainda inteiramente intuitivo, da nova configuração social teria ocorrido a Goethe durante a visita que fez à sua cidade natal em 1797, conforme se exprime na carta que dirige a Schiller no dia 16 de agosto. Surpreendentemente os objetos de sua percepção durante a estada em Frankfurt lhe infundem "uma espécie de sentimentalidade" (*eine Art von Sentimentalität*), como observa em alusão à categoria teorizada

Mascherate carnascialesche: no reino das alegorias

pelo amigo no tratado sobre *Poesia ingênua e sentimental*, e pergunta em seguida se não se trataria de uma "disposição poética" provocada, de modo paradoxal, por coisas e objetos não inteiramente poéticos. Após tê-los observado mais detidamente, continua Goethe, ele acredita poder afirmar que tais coisas e objetos "são simbólicos, ou seja, são casos eminentes que surgem, em característica variedade, como representantes de muitíssimos outros, abarcam em si uma certa totalidade, requerem uma sequência, suscitam em meu espírito sensações afins e dessemelhantes e, desse modo, levantam a reivindicação interior e exterior por uma determinada unidade e completude". As considerações teóricas são exemplificadas à luz da antiga casa de seu avô, mais exatamente da valorização que, com seu pátio e jardim, experimentara após ter sofrido o impacto de bombardeios franceses. O espaço patriarcal e limitado em que vivera outrora um velho alcaide de Frankfurt — isto é, o seu avô materno Johann Wolfgang Textor (1693-1771) — converte-se então, graças à ação de homens astutos e empreendedores, num centro em que se compra e vende toda sorte de mercadorias e produtos; um centro, portanto, sobremaneira útil para a cidade, como assinala o visitante. E a seus olhos parece tratar-se de um processo em contínuo desdobramento:

> "O estabelecimento foi arrasado por singular acaso durante o bombardeio e vale agora, em grande parte como um amontoado de escombros, o dobro da quantia que há onze anos foi paga pelos atuais proprietários aos meus parentes. Considerando-se que o conjunto possa ser mais uma vez comprado e reformado por um novo empreendedor, você percebe então facilmente que em mais de um sentido ele tem de surgir perante minha visão, de modo especial, como símbolo de muitos milhares de outros casos nessa cidade tão rica em comércio e negócios."[67]

[67] O bombardeio referido por Goethe aconteceu nos dias 13 e 14 de ju-

Não obstante a palavra "símbolo", na acepção de representante de incontáveis "outros casos", despontar de modo explícito duas vezes na carta, toda a argumentação de Schlaffer se desenvolve no sentido de demonstrar que o conceito que corresponderia de fato ao espanto de Goethe diante da paradoxal valorização da antiga propriedade familiar seria antes o de "alegoria". Pois o que estaria em jogo na observação comunicada a Schiller é, antes de tudo, um fenômeno abstrato, ou seja, fundamentado muito mais na dissociação e incongruência entre aparência sensível (a casa bombardeada e em ruínas) e significado (a valorização imobiliária) do que na concretude simbólica que estabeleceria laços coerentes e mais "naturais" entre esses dois polos, mantendo-os numa correlação viva e interativa. Sendo assim, a carta de Goethe destaca-se, na cerrada leitura de Schlaffer, precisamente por uma curiosa "lacuna" — a lacuna da *alegoria*, que só começaria a ser preenchida muitos anos depois, já em pleno século de Baudelaire.

Mas será mesmo lícito enxergar no fenômeno imobiliário constatado por Goethe um potencial alegórico de tal alcance que se possa considerar o *Fausto II* como a concretização tardia da possibilidade estética (isto é, alegórica) surgida — e não percebida então — em 1797? Deixando em aberto essa questão, o que se pode afirmar é que Heinz Schlaffer se utiliza dessa carta para apertar as malhas de uma rede exegética que é lançada sobre a totalidade da obra, forçando-a dessa maneira a entrar *en bloc* num espartilho teórico que começa a ser urdido, na primeira parte do estudo ("Pressupostos"), mediante a discussão — aprofundada e competente, deve-se assinalar — de reflexões sobre a alegoria desenvolvidas por nomes como Hegel, Herder, Lessing, Moritz e Schopenhauer, ao que se segue um último subcapítulo enfocando o emprego de personificações e expressões alegóricas no *Capital*.

Uma vez estabelecidos esses "pressupostos" teóricos, a análise passa a dissecar então a estrutura compactamente alegórica, conforme entende o autor, do texto goethiano, e não apenas a par-

nho de 1796, ordenado pelo general francês Jean Baptiste Kléber com o intuito de obrigar à rendição as tropas austríacas que então ocupavam a cidade.

Mascherate carnascialesche: no reino das alegorias

tir do desfile das alegorias carnavalescas na "Sala vasta", mas começando já com a cena "Região amena", o prólogo que mostra a recuperação de Fausto, depois da tragédia de Margarida, em meio a um majestoso quadro da natureza. Qual seria o teor efetivo dessa cena de abertura? Após a regeneração física e espiritual proporcionada pelo sono sob influxos benfazejos, Fausto desperta e logo fixa o olhar no sol nascente; todavia, o ofuscamento o leva a desviar a vista para o arco-íris que se desprende de uma queda-d'água. Isso é relatado por meio de um monólogo na estrutura rímica de tercinas (a *terza rima* dantesca, que para Goethe deveria revestir assuntos elevados), o qual se fecha com a proposta de enxergar no arco-íris a refração ou o reflexo (*Abglanz*) de toda aspiração humana: "Vês a ânsia humana nele refletida;/ Medita, e hás de perceber-lhe o teor:/ Temos, no reflexo colorido, a vida". Essas imagens reverberam, além de elementos da teoria óptica de Goethe (que concebe as cores como "ações e padecimentos da luz", no seu encontro com a escuridão), também a concepção de que ao ser humano só é possível um conhecimento indireto do "verdadeiro", sob a mediação, portanto, do "reflexo", da refração — ou ainda, como dizem os dois primeiros versos do *Chorus Mysticus*, do "símile" (*Gleichnis*): "Todo efêmero é apenas um símile".

Em sua "devoção mundana" (*Weltfrömmigkeit*, neologismo de inspiração panteísta cunhado no romance *Os anos de peregrinação de Wilhelm Meister*), Goethe aproximou por vezes esse "verdadeiro" ao que transcende a existência terrena, e num texto de 1825 (*Versuch einer Witterungslehre* [Ensaio de uma teoria meteorológica]) leem-se as palavras: "Nós o contemplamos [o verdadeiro] apenas como reflexo, como exemplo, símbolo, em fenômenos particulares e afins. Nós o percebemos como vida incompreensível e, contudo, não podemos renunciar ao desejo de compreendê-lo. Isto vale para todos os fenômenos do mundo apreensível". Mesmo que essa concepção goethiana possa parecer abstrusa a não poucos leitores, ela desempenha aqui um papel fundamental e não seria lícito negligenciá-la se o objetivo é atingir uma compreensão adequada da cena "Região amena". No entanto, Schlaffer enxerga nas imagens de abertura do *Fausto II* tão somente o anúncio de um programa estético que, ao contrário do que ocorre na primeira parte da tragédia, irá privilegiar maciçamente a representação indireta por meio de enigmas e conceitos (portanto, em chave alegórica), de tal modo que o verso conclusivo do monólogo — "Temos, no reflexo colorido, a vida" — poderia ser colocado, com a ênfase recaindo sobre "reflexo", como epígrafe à obra toda:

> "Assim é mostrado ao espectador, de modo exemplar, como ele deve comportar-se perante os fenômenos enigmáticos que a obra manipula no mais alto grau. Da mesma maneira como sol, cascata e arco-íris refletem aqui a 'aspiração humana', todas as imagens subsequentes são dispostas em função de significados e mostram-se carentes de exegese. [...] Numa tal dissociação poética e relação abstrata entre construção imagética e interpretação conceitual está exposta a estrutura da alegoria, ainda antes de se iniciar o efetivo desfile das alegorias."[68]

Mas haveria outro aspecto a ponderar. A imagem do arco-íris enquanto "reflexo colorido" de um astro que não pode ser contemplado diretamente mostra-se, no contexto da cena em questão, muito mais simbólica do que alegórica, ainda que venha acompanhada de um comentário explicitando o seu significado. Se o intérprete entende esses versos apenas como programa estético ou espécie de arquitrave conceitual das alegorias que começam então a desfilar em sucessão ininterrupta pelos mais de sete mil versos subsequentes, não estará ele partindo de uma premissa altamente discutível, construindo um *proton pseudos* (para usar o termo da lógica aristotélica) com implicações para o conjunto do estudo? Uma das consequências dessa perspectiva exegética é colocar lado a lado, na suposta série alegórica que atravessa todos os atos da tragédia, elementos que dificilmente poderiam ser nivelados, conforme se verifica na observação — em si procedente, mas não na subsequente equiparação — de que "quase tudo que acontece e

[68] H. Schlaffer, *op. cit.*, p. 68.

Mascherate carnascialesche: no reino das alegorias

entra em cena nessa obra é apresentado expressamente como invenção artificial e técnica: máscaras, flores artificiais, papel-moeda, Helena, Homúnculo, vitórias militares, novas terras". Hipertrofia-se desse modo o motivo das flores artificiais apregoadas pelas jardineiras que compõem o primeiro bloco carnavalesco (motivo que, de resto, Goethe encontrou já na mencionada obra de Grazzini sobre o carnaval florentino) e esse detalhe, como outras máscaras carnavalescas que se exibem na cena "Sala vasta" (inclusive as próprias jardineiras), assoma indevidamente em pé de igualdade com o projeto econômico, engendrado por Mefistófeles, de implementação do papel-moeda ou com o complexo dramático da colonização que domina as cinco primeiras cenas do quinto ato.

Distanciar-se, contudo, desse nivelamento operado pela interpretação de Schlaffer não significa reduzir a importância da cena "Sala vasta", que comporta outras possibilidades de leitura que mal entram em seu campo de visão, fixado cerradamente na representação alegórica. Uma dessas possibilidades seria vislumbrar nas imagens carnavalescas a configuração típica (ou uma espécie de "fórmula ético-estética", expressão que em certos momentos substitui os termos "símbolo" e "alegoria" na linguagem goethiana de velhice) de um estado social imerso em grave crise, mas cuja elite se compraz em executar a chamada "dança sobre o vulcão", como se costuma dizer da corte francesa em torno de Maria Antonieta às vésperas da Revolução. Pois Goethe faz o *divertissement* carnavalesco configurar-se também como espécie de evasão ou recalque de uma situação caracterizada na cena imediatamente anterior: estagnação econômica, corrupção generalizada, justiça arbitrária e venal, prevalência dos interesses particulares, dilapidação dos recursos públicos, motins e desordens que já anunciam a guerra civil que engolfará o país no quarto ato. Em face desse sinistro quadro o Imperador e os cortesãos anseiam entregar-se com ímpeto tanto maior aos festejos do entrudo, ensejando o sagaz comentário de Mefistófeles (que fecha quase todas as cenas desse ato com tiradas desconcertantes): "Que o mérito e a fortuna se entretecem,/ Em tontos desses é ideia que não medra;/ E se a pedra filosofal tivessem,/ Ainda o filósofo faltava à pedra".

Mas enveredar por essa alternativa de leitura da cena "Sala vasta" significaria reconhecer-lhe um significado mais autônomo, que seria pouco compatível com uma abordagem que tende a nivelar os diversos elementos do enredo dramático por força daquela constatação de que quase tudo no *Fausto II* "é apresentado expressamente como invenção artificial e técnica", ou seja, submetido às estruturas da forma alegórica. Nesse sentido, outro questionável nivelamento operado pela perspectiva de Schlaffer envolve a aparição, à qual se abrirá amplo espaço adiante, das "quatro mulheres grisalhas" que se autodenominam Penúria, Insolvência, Privação e Apreensão, das quais apenas a última consegue penetrar no suntuoso palácio de Fausto. Temos aqui uma das cenas mais impressionantes de toda a tragédia, mas que no estudo em questão é constrangida ao mesmo patamar de certos momentos do carnaval. Como se dá essa equivalência? Seu ponto de partida reside na constatação de que as performances e relações alegóricas deflagradas no entrudo significam ao mesmo tempo o fim do mundo feudal e o advento do sistema capitalista. A afirmação mostra-se em si plenamente convincente e o crítico a desdobra em expressivas formulações: "Com a licença do carnaval a corte encena aquilo que virá depois dela. O entrudo carnavalesco é o sonho que uma época que chega ao fim tem da época vindoura". Mas, em seguida, dá-se o questionável salto, por cima de mais de seis mil versos, para a cena "Meia-noite", e precisamente por meio de uma abordagem das alegorias "negativas" do desfile na sala vasta (Parcas, Fúrias, Avareza, Zoilo-Tersites, Poeta satírico e algumas outras), às quais Goethe teria delegado a função de indigitar desde logo os limites e crises das potências burguesas emergentes, como papel-moeda, lucro, mercado etc. Desse modo, elas manteriam presente tudo aquilo que se subtrai às promessas de felicidade da "prosperidade econômica", o que se manifesta no decurso do desfile carnavalesco enquanto discórdia, insatisfação, remorso ou destruição, como o incêndio que, atingindo a barba postiça do Imperador fantasiado de Pã, põe fim ao divertimento montado pela corte em meio à desastrosa conjuntura econômica e política do reino. Justamente essa função seria assumida mais tarde pelas quatro mu-

Mascherate carnascialesche: no reino das alegorias

lheres grisalhas da cena "Meia-noite", em especial pela Apreensão que inflige a cegueira ao centenário Fausto, titanicamente empenhado na expansão de seu império. O naufrágio do projeto colonizador que se desdobra no quinto ato se mostra assim, na leitura de Schlaffer, como que prefigurado "nas contradições do entrudo carnavalesco", precisamente pelas alegorias da negatividade que apontariam para o caráter vão dos empreendimentos econômicos surgidos com a derrocada das relações feudais.

Graças a procedimentos estéticos como tais antecipações crípticas, Goethe teria resgatado a alegoria da depreciação a que fora submetida por muitos de seus contemporâneos, a exemplo do que se observa também nesse severo veredito de Herder: "Um drama alegórico é o mais gélido jogo de sombras, no qual em contradição ininterrupta nulidades falam, nulidades agem".[69] Naquilo em que Herder, Hegel e tantos outros acusavam grave deficiência, o autor dos "gracejos muito sérios" do *Fausto II* (citando novamente palavras do próprio dramaturgo) reconheceu uma faceta genuína da contradição social, de tal modo que as "nulidades" que, na visão herderiana, promoveriam ao longo da cena carnavalesca um "gélido jogo de sombras" também trazem em si, postula Schlaffer, a negação à qual todo elemento concreto sucumbe sob o domínio das abstrações. A forma alegórica, portanto, sempre se manifesta nesse drama enquanto conteúdo social.

Mas se for mesmo assim como pretende o sofisticado estudo de Heinz Schlaffer, se Goethe de fato lançou mão de filigranas cifradas para anunciar — por intermédio das Parcas, Fúrias, Avareza, Medo e outras máscaras "negativas" do entrudo na corte imperial — a posterior entrada em cena das mulheres grisalhas, não estaria também ele fazendo seu "*Ragout*" alegórico (para usar a imagem que o Diretor apresenta ao Poeta no "Prólogo no Teatro", v. 100) ferver até o completo transbordamento e se revelando as-

---

[69] Essa sentença de Herder encontra-se na terceira parte do volume *Kalligone* (capítulo "O belo contemplado como símbolo"), *Schriften zu Literatur und Philosophie, 1792-1800* [Escritos sobre literatura e filosofia], Frankfurt a.M., Deutscher Klassiker Verlag, 1998, vol. 8, p. 959.

sim um adepto do *divertissement* do alegorista, para lembrar a crítica estético-ideológica de Lukács ao procedimento que se designa a partir do verbo grego *allegorein* ("falar de maneira diferente")? Entre as cenas "Sala vasta" e "Meia-noite" medeiam afinal seis mil versos, no decorrer dos quais o enredo dramático experimenta a inflexão que leva à tragédia do colonizador, em cujo contexto a Apreensão se reveste de uma grandiosidade que, como se verá adiante, dificilmente poderia ser constrangida ao nível das aparições alegóricas do carnaval encenado no primeiro ato.[70]

Em que pesem, no entanto, as ressalvas que se possam fazer à perspectiva crítica de Heinz Schlaffer em seu estudo sobre a segunda parte da tragédia goethiana enquanto "alegoria do século XIX", trata-se inquestionavelmente de uma contribuição extraordinária para a filologia fáustica à medida que, com sólidos fundamentos teóricos, aguça o olhar do leitor para a dimensão histórico-social da obra. Mas ao generalizar as ilações extraídas, à luz do marxismo, da autodenominação do Mancebo-Guia enquanto "alegoria" e do epíteto "herói mascarado" que o Arauto dirige ao desfilante fantasiado de deus da riqueza, Schlaffer é levado a atribuir ao *Fausto II*, forçando nivelamentos bastante questionáveis, o significado dominante de iluminar *avant la lettre* os "conceitos fundamentais da economia política" desenvolvidos por Marx em

---

[70] Como o longo carnaval da corte imperial (922 versos), a única cena que o ultrapassa em extensão ("Noite de Valpúrgis clássica", com seus 1.483 versos) também constitui fonte privilegiada para interpretações alegóricas. Entre os acontecimentos que o poeta localiza às margens do rio Peneu, na penúltima etapa dessa cena mais longa, há a queda de um meteoro sobre a montanha levantada pouco antes por Seismo, esmagando os Pigmeus (que pouco antes haviam massacrado as garças) e os Grous que vieram em demanda de vingança. Na fortuna crítica do *Fausto* esse episódio já foi interpretado como alegoria direta dos desdobramentos da Revolução Francesa: os Pigmeus associados aos insurgentes, os Grous ("parentes próximos" das garças, isto é, a nobreza deposta) às tropas contrarrevolucionárias que tentaram invadir a França, o meteoro alegorizando o "consulado" de 1799 presidido por Napoleão Bonaparte. (Pode-se dizer que *alegoreses* desse tipo buscam solver não apenas o enigma, mas também a própria "insolubilidade" ou "incomensurabilidade" da obra de arte, para voltar aos termos de Adorno e Goethe.)

Mascherate carnascialesche: no reino das alegorias

seu *Magnum opus*, o qual por sua vez "poderia funcionar como direção cênica para algumas partes do *Fausto II*, em especial para o entrudo carnavalesco". E, na sequência, vem a constatação: "Se Marx ilustra a relação entre economia e sujeito com expressões e imagens alegóricas, e se as alegorias de Goethe tematizam por seu turno as condições econômicas dos papéis cênicos [*Rollenspiele*] — então o *Capital* e o *Fausto II* passam a comentar-se mutuamente".[71]

Decorre dessa abordagem que o leitor é cumulado com um número espantosamente alto de alegorias, ao passo que o poeta emprega o termo, de forma explícita, em apenas duas passagens, a primeira designando as figuras ao redor da carruagem alada (e não a totalidade dos participantes do entrudo, como Schlaffer dá a entender) e a segunda referindo-se aos "valentões" recrutados por Mefistófeles para a guerra civil. Além dessas personagens, também poderiam ser consideradas como alegóricas, num sentido mais tradicional, as mulheres grisalhas que surgem ao velho colonizador na cena "Meia-noite" ou, na última cena do terceiro ato, Eufórion, alegoria da poesia que Goethe considerava a "mais recente" e, particularmente, de Lord Byron ("o maior talento do século"), nascido da união entre o cavaleiro medieval Fausto e Helena e que — em magistral condensação alegórica em pouco mais de duzentos versos — cresce, atinge o seu apogeu e salta ao encontro da morte.

E quanto a tantas outras personagens que povoam os cinco atos do drama, como o Imperador e os dignitários do Estado, o Homúnculo e toda a legião de participantes e figurinos da "Noite de Valpúrgis clássica"; Helena e Fórquias, Linceu, o Peregrino ou ainda Filemon e Baucis, depois os lêmures, por fim os demônios da cena "Inumação" e, antes dos versos finais do *Chorus Mysticus*, os anjos, *patres* e pecadoras penitentes tomados à "mitologia católica": será que nos encontramos também aqui perante alegorias? Para Schlaffer, fundamentalmente sim, uma vez que o processo de construção estética de tais figuras pressupõe a renúncia à expressão individual e, em decorrência, a constituição da genera-

---

[71] H. Schlaffer, *op. cit.*, p. 54.

lidade de "campos alegóricos", que são as "menores unidades de sentido" do *Fausto II* e surgem à medida que gêneros tradicionais, que em si podem prescindir inteiramente da estrutura alegórica, são submetidos por Goethe aos princípios formais dessa sua obra de velhice. Por conseguinte, enquanto a Helena do terceiro ato se constituiria enquanto "alegoria de si mesma", ou seja, do significado e imagem que possui na Antiguidade grega, as personagens de Baucis e Filemon assim como a esfera vital que as cerca seriam alegóricas porque supostamente possuem o seu sentido *fora* de si, à medida que remetem ao antigo gênero do "idílio", conforme configurado no livro VIII das *Metamorfoses* de Ovídio, que narra a história do casal homônimo de anciãos.[72] Ter-se-ia aqui, portanto, uma dimensão que Goethe contrapõe à moderna técnica colonizadora vigente nas terras conquistadas ao mar, de tal modo que essas personagens, desprovidas da imanência do símbolo, tão somente *significariam* abstratamente uma forma de vida e de economia pré-capitalista, constituindo-se assim, sob o pano de fundo do antigo idílio, uma moldura para o "sonho poético de uma singela felicidade".

O episódio de Filemon e Baucis — narrado em versos cuja expressividade encontra poucos paralelos na literatura mundial, mas que na exegese de Schlaffer parece não assomar com relevância maior do que a passagem com as jardineiras apregoando sua mercadoria (flores artificiais) — é reduzido a uma dimensão abstrata e intelectualista, que se instaura por meio de uma operação "parasitária", já que seu significado teria sido extraído de algo exterior a si, isto é, do antigo gênero "idílio".

---

[72] Na leitura marxista de Schlaffer, os atos de Helena e de Filemon e Baucis se entrelaçam também por meio do conceito de "imperialismo" tematizado no *Fausto II*: "No imperialismo cultural do terceiro ato anunciam-se o imperialismo político do quarto e o econômico do quinto. Do mesmo modo que Fausto conquistou Helena outrora, ele quer por fim apropriar-se do resto idílico de antigas formas de vida; mas com Filemon e Baucis o jogo é rápido: ele ordena o seu assassinato" (*op. cit.*, p. 121).

Nessa perspectiva pode-se inferir que também o par de tílias que sucumbe ao atentado orquestrado por Mefistófeles seria igualmente alegórico, pois remete ao campo idílico em torno dos anciãos de Ovídio, mais precisamente ao par de árvores (carvalho e tília) em que Filemon e Baucis se metamorfoseiam no momento da morte comum. E assim também Linceu, que apontaria para o integrante homônimo da mítica expedição dos argonautas, ou o Peregrino que, significando porventura o próprio Zeus acolhido por aqueles anciãos sob o disfarce de um simples andarilho, desempenha papel essencial no pequeno quadro que abre o último ato da tragédia.

Ao longo do *Fausto II* deparamo-nos sem dúvida com personagens e eventos alegóricos no sentido tradicional do termo. Mas também muito do que parece renunciar à expressão individualizada e, por conseguinte, tender ao abstrato e genérico poderá ser visto numa chave interpretativa não necessariamente comprometida com a antítese entre símbolo e alegoria esboçada pelas sentenças clássicas de Goethe. Desse novo ângulo crítico se delinearia a possibilidade de redimensionar a tese de que a alegoria tenha sido, por excelência, o procedimento artístico que o velho poeta, já em pleno século de Baudelaire e Marx, redescobriu para enfrentar uma realidade que a seus olhos ia se tornando cada vez mais abstrata, artificial e virtual. Do mesmo modo se relativizaria a afirmação de que o *Fausto II*, ao fazer com que conceitos fundamentais da economia política tomassem alegoricamente o palco no entrudo carnavalesco do primeiro ato, tenha antecipado na dimensão estética a crítica da sociedade capitalista desenvolvida no *Capital*. Se o significado maior do texto goethiano residisse na capacidade de prefigurar e sustentar *avant la lettre* uma relação de comentário mútuo com a obra de Marx, isso certamente não seria pouco. Mas o alcance dessa proeminente obra da literatura alemã e mundial vai muito além da dimensão que lhe atribuiu a acurada abordagem de Heinz Schlaffer, e seu potencial crítico talvez possa ser atualizado hoje por meio de uma leitura que, ultrapassando o campo teórico da alegoria (concebido em oposição diametral ao simbólico), busque aproximar-se do que Goethe chamou, em sua velhice, de fórmulas "ético-estéticas", em especial as que se terão constituído em torno da aspiração fáustica de subjugar a natureza, suprimir antigas tradições culturais e levantar um novo modelo de civilização em espaços ocupados anteriormente pelo mar. Essa nova leitura poderá mostrar então que a "atualidade quase que inimaginável" que Hans Christoph Binswanger atribuiu ao *Fausto* em seu estudo *Dinheiro e magia* não se restringe apenas à esfera da economia moderna.

Linceu, Fausto e Helena retratados por Max Beckmann na cena "Pátio interior de uma fortaleza", terceiro ato do *Fausto II*.

5.

"Nascido para ver, a enxergar destinado":
o vigia Linceu

Embora abstratamente esboçada e desprovida de qualquer expressão individualizada (afora o atributo da visão), a figura de Linceu assoma como uma extraordinária construção estética de Goethe, cumprindo papel emblemático no último ato do *Fausto II*. Mas não é somente aqui, no complexo dramático da colonização, que nos deparamos com o sugestivo nome, pois ele já despontara no segundo ato, pronunciado pelo centauro Quíron ao apresentar a Fausto um relato sobre a função dos principais argonautas: enquanto Orfeu, com sua lira, cadenciava o movimento dos remadores e apaziguava as ondas revoltas, Linceu, de visão acuradíssima, conduzia a "nave sagrada" dia e noite, "por mil escolhos" (v. 7.378). Encontramo-nos então na "Noite de Valpúrgis clássica", e Fausto deposita no sábio centauro a esperança de encontrar a mais bela mulher de todos os tempos. Quando Helena, na "fantasmagoria clássico-romântica" do ato subsequente, adentra a fortaleza do cavaleiro medieval Fausto, o vigia da torre chama-se igualmente Linceu, mobilizando Goethe pela segunda vez esse nome. Paralisado pela beleza de Helena (para Heine, a "estátua mais deliciosa que jamais saiu do ateliê goethiano"), o vigia revela-se incapaz de cumprir seu dever e anunciar a aproximação da formosa mulher, conforme expõe em versos impregnados de reminiscências da lírica amorosa medieval (*Minnedichtung*) e petrarquista. Nos 98 versos que Goethe lhe atribui nesse terceiro ato da tragédia o aspecto da visão e do olhar ocupa lugar de destaque, o que não surpreende em se tratando de uma personagem à qual foi concedida acuidade visual semelhante à do "lince na árvore mais alta", em suas próprias palavras (v. 9.231).

No último ato, por fim, o nome migra para a sentinela que guarda o palácio do colonizador Fausto. Mas estaria porventura o leitor ou o espectador diante da mesma personagem? Qualquer que seja a resposta, pode-se dizer que o processo alegórico contribui para afirmar uma semelhança ou identidade que se alicerça na mera função exercida do alto das torres e que "não está presa a nenhum tempo, a nenhum lugar e a nenhuma pessoa", nos termos explicitados por Goethe ao estabelecer perante Eckermann a identidade entre o Mancebo-Guia do primeiro ato e o Eufórion do terceiro (atrás do qual estaria ainda Lord Byron), apresentados ambos enquanto alegoria da Poesia. Do ponto de vista de Heinz Schlaffer, subjazeria à construção estética da sentinela que atua em dois complexos dramáticos inteiramente distintos uma operação "parasitária", uma vez que a personagem extrai o seu significado de algo exterior a si, ou seja, do papel desempenhado pelo mítico Linceu na expedição dos argonautas sob o comando de Jasão. No entanto, em vez de enfocar essa personagem sob um prisma lapidado exclusivamente no campo teórico da alegoria talvez seja mais produtivo contemplá-la à luz do procedimento goethiano de buscar oferecer "o sentido mais profundo ao leitor atento por meio de configurações que se contrapõem umas às outras e ao mesmo tempo se espelham umas nas outras". Desse ângulo se poderá observar ainda de que modo a figura de Linceu participa da elaboração de "fórmulas ético-estéticas" presentes no quinto ato da tragédia.

O principal atributo desse último vigia desdobra seu significado mais amplo se referido — no âmbito de um jogo de espelhamentos, contrastes e refrações — ao motivo do olhar e da visão, tal como se manifesta em vários momentos da "tragédia da colonização", derradeira etapa na trajetória terrena de Fausto. Esse complexo dramático, começando a articular-se na cena "Alta região montanhosa" do quarto ato (vv. 10.219 ss.), patenteia-se nas cinco primeiras cenas do quinto ato e em seu centro se encontra justamente a célebre "Canção de Linceu", composta por Goethe em abril de 1831 e largamente considerada a quinta-essência de sua religiosidade mundana.

"Nascido para ver/ A enxergar destinado". Linceu toma a palavra na cena "Noite profunda" com essa diferenciação tão cara ao poeta que se concebia como um "ser da visão" (*Augenmensch*), que tinha nos olhos, conforme declaração feita no sexto livro da autobiografia *Poesia e verdade*, "o órgão com o qual eu apreendia o mundo" — ou seja, a personagem toma a palavra explicitando a distinção goethiana entre a percepção neutra do "ver" (*sehen*) e a percepção que procura penetrar na essência dos seres e fenômenos (*schauen*, correlato, como já observado no contexto da sentença 751 de *Máximas e reflexões*, ao verbo latino *intueri*). Vinculado à torre, Linceu tem olhos para o distante ("o luar e as estrelas") e o próximo ("a floresta e o cervo"), enxerga o belo na totalidade da criação e assim apresenta ao leitor a imagem de uma interação harmônica entre sujeito e objeto, pois na medida em que frui o observado, o vigia identifica-se com o cosmos e se encontra a si mesmo: "Felizes meus olhos,/ O que heis percebido,/ Lá seja o que for,/ Tão belo tem sido!".[73]

Intensamente marcada pelo motivo do "olhar", a canção de Linceu soa, conforme indicia o título da cena, numa "noite profunda" (daí também a referência à lua e às estrelas), e com admirável maestria Goethe espelha retroativamente o "emblema" do vigia — sua visão de lince, capaz de devassar mesmo as trevas mais espessas — no olhar das personagens que atuam na primeira cena, que se abre no final da tarde, com a luz em declínio.

Um Peregrino, de quem até então nada ouvíramos, adentra o palco e exprime sua alegria ao avistar as "escuras tílias" que conhecera muitos anos antes, após ter sido socorrido de um naufrágio por um casal de idosos, que conheceremos em seguida. Os versos que Goethe coloca em sua boca estão seguramente, como outros desse quinto ato, entre os mais belos da literatura ocidental,

---

[73] Note-se que com esses versos de Linceu, sobretudo o último (literalmente "Foi, sim, tão belo": *Es war doch so schön*), Goethe cria expressivo contraponto à postura de Fausto, que na cena da aposta com Mefistófeles afirmara que jamais viveria um instante ao qual pudesse dizer "Sim, detém-te! és tão belo! (*Verweile doch! du bist so schön!*).

podendo figurar, por exemplo, ao lado dos versos que Dante empresta a Francesca da Rimini, ao conde Ugolino ou ao seu antepassado Cacciaguida, no canto XV do *Paraíso*. É uma beleza que aflora também nos septissílabos em que Jenny Klabin Segall traduziu o original alemão de quatro acentos:

> "São as velhas tílias, sim,
> No esplendor da anciã ramagem.
> Torno a achá-las, pois, no fim
> De anos de peregrinagem!
> [...]
> Gente cândida e feliz!
> Bato? chamo? — Eu vos saúdo!
> Se a ventura sempre fruís,
> De fazer o bem em tudo."

Quando Baucis e, em seguida, o esposo saem da cabana ao encontro do Peregrino, o seu primeiro pensamento é com a hospitalidade, e nisso evocam o casal mítico que, segundo a narração de Ovídio, acolheu Júpiter e Mercúrio quando peregrinavam incógnitos pelo país. Recordando-se do salvamento de outrora (os esforços de Filemon em levar orientação ao náufrago mediante o brilho de fogueiras e o "som argentino do sininho", o empenho de Baucis em restaurar vida à "boca semi-inanimada"), o Peregrino é tomado por profundo, transbordante sentimento de gratidão e afasta-se para contemplar o oceano — elemento que, em sua grandiosidade ilimitada transcende-nos infinitamente e, conforme observou Kant em sua teoria do sublime, converte "nossa capacidade de resistir, comparada à sua potência, em pequenez insignificante".[74] Nos versos do Peregrino, aos quais subjaz essa experiência do sublime: "Mas, deixai que eu vá mirar/ Do mar vasto o

---

[74] Essas considerações kantianas encontram-se na seção B ("Do dinâmico-sublime na natureza"), § 28 ("Da natureza como uma potência") do segundo livro da *Crítica da faculdade do juízo*.

arco indistinto;/ Quero prosternar-me, orar,/ Tão opresso o peito sinto".

Mas então é revelado, por aquilo que ele irá avistar e pelo depoimento dos anciãos, que a natureza sofreu nessa "região aberta" a intervenção colossal de um projeto de desenvolvimento baseado, segundo sugestões veladas do dramaturgo, na técnica hidráulica. Filemon sabe que o visitante, dirigindo-se à extremidade da duna para contemplar o espaço dominado outrora pelas águas, não acreditará em seus olhos e, por isso, apressa-se em passar-lhe uma visão de certo modo "benevolente" dessa transformação sem precedentes: comandados sabiamente por seus chefes, "servos ousados" diminuíram os "direitos do mar", podendo-se admirar agora, onde o Peregrino fora terrivelmente fustigado pelas ondas, uma terra "paradisíaca", tomada por "denso povoamento humano".

De que maneira o poeta configura o espanto do Peregrino perante o que se descortina a seus olhos? Pelo seu total emudecimento, pois após expressar o desejo de agradecer e orar contemplando o oceano ele não pronunciará mais nenhuma palavra — um procedimento cênico do velho Goethe que se inclui, observa Michael Jaeger em seu estudo *O emudecer do Peregrino, o silêncio de Goethe, a tragédia de Fausto*, "entre as imagens mais enigmáticas e perturbadoras, mas também entre as mais significativas e modernas do conjunto de sua obra". Se, contudo, a "boca sequiosa" por explicações (*verlechzter Mund*, v. 11.108) do Peregrino não volta a abrir-se na tragédia, ouvem-se, por outro lado, os relatos do casal: o temor de Baucis perante a empresa colonizadora de Fausto — cujo nome, como espécie de "Não-sei-que-diga" (na expressão do narrador de *Grande sertão: veredas*) é sugestivamente evitado — e o esforço de Filemon em atenuar a desconfiança da mulher, a qual introduz sua versão dos fatos com os seguintes versos (na tradução que apreende com admirável musicalidade o sentido da estrofe): "Foi portento, com certeza!/ Não me deixa ainda hoje em paz;/ Já que em toda aquela empresa/ Certo que nada me apraz" (vv. 11.111-4).[75] Na sequência, Baucis se reporta às "mil luzinhas"

---

[75] Nos dois últimos versos Baucis diz que tudo o que vê desenrolar-se

que via enxamear durante as madrugadas "frias", em pontos da praia onde pela manhã estariam construídos novos diques ("Diques vias no outro dia"). O contraste entre escuridão noturna e fulguração ígnea (o enxameamento das luzinhas), que Goethe colocará pouco depois nos olhos e na fala de Linceu, reitera-se nas palavras subsequentes da anciã sobre a torrente de lava que, em meio aos gemidos dos operários ("Carne humana ao luar sangrava"), escorria ao mar durante a construção do canal que também se avistaria na manhã seguinte. Não há dúvida: essas imagens sugerem ao leitor e ao espectador o advento de uma nova era na história da humanidade, impulsionada pela máquina a vapor (*steam engine*) patenteada por James Watt em 1781. Em outros contextos Goethe articulou uma visão positiva dos avanços propiciados pela Revolução Industrial; no complexo cênico em questão o dramaturgo ressaltou, porém, sua dimensão destrutiva, "mefistofélica", tal como acontecera no primeiro ato com o plano econômico baseado na invenção do papel-moeda — embora em perspectiva um tanto burlesca, dada a atuação do bobo da corte. A magnitude do projeto modernizador de Fausto, que se assenta sobre a pretensão de domínio irrestrito sobre a natureza, é cercada de sombras que tomarão forma nas quatro alegorias que surgem na cena "Meia--noite". Pois se trata aqui, como ainda se verá, de uma aparição engendrada precisamente pelo extermínio do mundo ancestral de Filemon e Baucis, que se despedem do leitor, no final da cena "Região aberta", rumando à capela no alto da duna para de lá con-

---

nessa "região aberta" vai por caminhos espúrios, valendo-se da expressão "*es geht mit rechten Dingen nicht zu*" (por isso nada na empresa de Fausto lhe apraz). Essa desconfiança feminina em relação ao elemento mefistofélico já manifestara Margarida, mais de oito mil versos antes, ao dizer do estojo com o colar que Mefisto introduzira secretamente em seu quarto a fim de seduzi-la para os braços de Fausto: "*Es geht nicht zu mit rechten Dingen!*", que Jenny K. Segall traduz então como "Por modo certo, isso não vai!". Exceptuando-se a posição do prefixo *zu* no verbo *zugehen*, é exatamente a mesma expressão utilizada por Baucis na cena "Região aberta".

templar o "último olhar do sol", badalar a sineta, orar e confiar-se "ao velho Deus".[76]

A ação dramática se desloca então ao palácio imperial, de cuja torre o atalaia Linceu anuncia através de um megafone as manobras dos "últimos navios" para atracar no porto. Antes de tudo, porém, ele se refere ao declínio da luz, ecoando palavras anteriores de Filemon, não apenas aquelas sobre o pôr do sol, mas também sua exortação ao Peregrino para contemplar o retorno das naves à segurança do porto, do mesmo modo que ao anoitecer os pássaros voltam ao ninho (v. 11.100). O símile mobilizado por Filemon é expressivo de profunda identificação com a natureza, manifesta igualmente nas palavras com que justifica perante o hóspede não ter podido juntar-se ao exército operário de Fausto na luta contra o mar, pois à medida que refluíam as ondas, declinavam suas forças (vv. 11.089-90).

Descortina-se assim novo segmento no enredo trágico, já que logo após o anúncio de Linceu e o dobre do pequeno sino que no fecho da cena "Região aberta" iria celebrar o "último olhar do sol" — ou planger a morte do dia, para lembrar a bela metáfora no canto VIII do *Purgatório* dantesco — entra em cena Fausto na mais avançada idade, e suas primeiras palavras de maldição contrastam fortemente com a fala do Peregrino, que se abrira com um "Sim!" dirigido às velhas tílias.[77] "Maldito badalar!", vocifera o

---

[76] Se pouco antes o Peregrino, subjugado pela emoção, dirigiu-se à extremidade da duna para prosternar-se e orar na contemplação do oceano, Baucis e Filemon tomam agora o rumo da capela para de lá, em meio a orações preludiadas pelo pequeno sino, contemplar o "último olhar do sol" (*letzten Sonnenblick*). À religiosidade sincrética que impregna essa cena, Goethe entremeia sugestões panteístas, nas quais é possível vislumbrar a expressão espinosista *Deus sive Natura* (Deus, ou seja, a Natureza).

[77] Segundo uma anotação de Eckermann datada de 6 de junho de 1831, o colonizador Fausto teria então cem anos de idade e Goethe hesitava "se não seria bom indicar isso com toda a clareza em algum lugar". Mas acabou não o fazendo, movido muito provavelmente pelo princípio estético que norteou seu trabalho no *Fausto II*, isto é, esfumar toda referência mais precisa (cem anos) numa dimensão geral ("a mais avançada idade": "bíblica", na tradução de Jen-

"Nascido para ver, a enxergar destinado"

neurastênico colonizador, em sua primeira aparição no quinto ato, contra a sineta que o fere de maneira demasiado infame (*allzuschändlich*), como "tiro pérfido" — e é mais uma vez mediante o motivo do olhar que Goethe desdobra o contraste com as personagens anteriormente mencionadas: "Diante dos olhos meu reino é infinito,/ Pelas costas o desgosto me espezinha".

De imediato o poeta lança uma característica central do olhar que Fausto dirige ao império que vem sendo conquistado ao mar e que, segundo sua vontade, deve transmitir à vista a impressão do "infinito" (*ins Unendliche schaun*). Mas esse império deve ser também, conforme se lê na sequência, "puro" (ou "limpo": *rein*, v. 11.156), termo em que se pode vislumbrar uma antevisão de expurgos étnicos que marcariam a história do século XX, como um Paul Celan ou um Albert Schweitzer leram essas cenas. A exasperação incontrolável do colonizador vem sendo provocada pela sineta apostrofada como "invejosa", anunciando-lhe cotidianamente que sua ambição por domínio ilimitado e monolítico é questionada pela mera existência da esfera de vida de Filemon e Baucis, "tão intolerável ao senhor das novas terras submetidas aos homens como é intolerável a toda racionalidade ligada à dominação sobre a natureza tudo que não lhe seja semelhante".

Tomado ao ensaio de Theodor Adorno sobre a cena final do *Fausto*,[78] esse comentário pode corroborar a afirmação de que Goethe exprimiu, com o olhar fáustico sobre a pequena propriedade do casal de idosos, um fenômeno político que se tornaria característico, sobretudo, de totalitarismos do século XX. O anseio por uniformização absoluta nos próprios domínios, o impulso a não tolerar nada que seja diferente da própria efígie, reverbera, por exemplo, numa passagem do romance *Anos de cão*, de Günter

ny Klabin Segall). À luz desse princípio entende-se também por que a figura histórica do imperador Maximiliano (1459-1519), que originalmente deveria atuar no primeiro ato da Segunda Parte, tornou-se tão somente "Imperador".

[78] "Zur Schlussszene des *Faust*" [Sobre a cena final do *Fausto*], in *Noten zur Literatur* (org. Rolf Tiedemann), Frankfurt a.M., Suhrkamp, 1990, p. 137.

Grass, em que o narrador rememora a viagem que fizera ao lado do pai para encontrar-se com o chanceler e Führer Adolf Hitler quando de sua visita (no plano da ficção) à cidade de Danzig, recém-incorporada ao Terceiro Reich. Em meio a um mar de suásticas que tremulam de todas as janelas, a atenção do narrador recai sobre a janela vazia de seu professor Oswald Brunies: "Esqueci-me de falar das bandeiras nas ruas: já na nossa rua Else viam-se dependuradas bandeiras maiores e menores com a suástica. [...] Um suporte de bandeira estava vazio, questionava todos os suportes com bandeiras e pertencia ao professor Brunies". (Também essa "diferença" é intolerável ao regime totalitário e na sequência do enredo a personagem irá desaparecer num campo de concentração.)

Além, contudo, dessa ilação que se pode tirar do ensaio de Adorno, seria possível avançar um pouco mais na interpretação das sombrias imagens goethianas e sustentar que o poeta tinha também diante dos olhos fenômenos políticos de desenraizamento, desapropriação violenta, expurgo étnico e assassínio, buscando elaborar dessa perspectiva uma correspondente "fórmula ético-estética", para recorrer de novo à expressão que desponta na carta dirigida ao jovem amigo Johann Sulpiz Boisserée em 3 de novembro de 1826: "Como matemático ético-estético tenho de avançar sempre, em meus anos provectos, até àquelas últimas fórmulas, mediante as quais o mundo ainda se me torna apreensível e suportável". Vale assinalar que essa expressão cunhada na velhice parece remeter sob certos aspectos a procedimentos que na estética goethiana clássica teriam sido designados, sobretudo, de "alegóricos". Contudo, a concepção tardia de "fórmula ético-estética" pressupõe uma articulação bem mais ampla do que aquela vinculada ao processo alegórico; incorpora também as potencialidades do símbolo e deve ser relacionada ainda ao mencionado empenho em fazer desfilar perante o leitor "configurações que se contrapõem umas às outras e ao mesmo tempo se espelham umas nas outras". Além disso, é muito significativo que Goethe tenha integrado a essa concepção tardia, de modo explícito, a dimensão do "ético", o que alguns anos depois se reiterou no vínculo estabelecido por

"Nascido para ver, a enxergar destinado"

Christian Hermann Weisse, no estudo citado no quarto capítulo, entre as "alegorias" do *Fausto II* e uma "ideia do ético".[79]

O complexo imagético de contrastes e espelhamentos mútuos, desdobrado por Goethe no quinto ato, leva Mefistófeles a ocupar o palco na condição de "braço direito" do colonizador, acompanhado de seus três violentos subordinados que nas cenas anteriores da guerra civil proporcionaram a vitória ao imperador, constituindo-se desse modo os pressupostos para o quinto ato, isto é, a doação da região costeira do reino a Fausto, que se perfilara como líder da sinistra "turba alegórica" (v. 10.329). Mefisto surge primeiramente no papel de comandante da frota de seu "patrão" (*Patron*, que tinha então o significado de "proprietário de navio") e sua concepção de empresa marítima, de "máquina mercante" — citando a metonímia que alude ao mercantilismo no soneto "À Bahia", de Gregório de Matos —, escancara-se logo na primeira estrofe, escandida numa dicção cínica e fanfarronesca: "Conhece-se a navegação!/ Comércio, piratagem, guerra,/ Trindade inseparável são". Partiu-se com apenas dois navios e agora são vinte que atracam no porto recém-construído; no convés da rica galé transbordante de "produtos variados de regiões exóticas" (segundo a rubrica cênica que remete à nau avistada por Linceu),[80]

---

[79] Também Friedrich Schiller concebia os conceitos do estético e do ético-moral em estreito vínculo. No dia 2 de março de 1798, ele escrevia a Goethe: "É efetivamente digno de nota que a frouxidão em questões estéticas sempre se apresenta ligada à frouxidão moral, e que a aspiração rigorosa, pura, pelo belo elevado, com toda a liberalidade perante tudo o que seja natureza, sempre conduzirá consigo o rigorismo no âmbito moral".

[80] No *Fausto* de Christopher Marlowe, que Goethe afirmou ter lido apenas em 1818 na tradução feita pelo poeta Wilhelm Müller (autor do ciclo de poemas "Viagem de inverno", musicado por Schubert), o protagonista também exprime o desejo de explorar "regiões exóticas" através da magia: "Vou mandá-los [os espíritos] buscar ouro na Índia/ Saquear oceanos por suas pérolas./ Buscar no mundo recém-descoberto/ Frutos doces, prazeres principescos" (cena I, vv. 111-4). Esse desejo é reforçado em seguida pelo seu discípulo Valdez: "De Veneza virão grandes argósias/ Velocino de ouro da América,/ Que enche o tesouro anual de Filipe [rei de Espanha]/ Estando o sábio Fausto resolvido",

Mefisto explicita outros princípios que norteiam a expansão da colônia fáustica: quem dispõe da força, do poder institucionalizado (Goethe explora aqui a ambiguidade do substantivo *Gewalt*, que tem igualmente o sentido de "violência"), detém também o direito: "Tens força, tens, pois, o direito"; ou ainda: deve-se perguntar somente pelo "que" (por aquilo que é abocanhado, pelo butim da pilhagem), jamais pelo "como" — versão mefistofélica da sentença "*il fine giustifica i mezzi*", que se convencionou atribuir a Maquiavel (embora não provenha literalmente de sua pena).

"A força [*Gewalt*] é a parteira de toda velha sociedade grávida de uma nova", postula Marx no capítulo 24 do *Capital* ("A chamada acumulação primitiva") e, na sequência: "ela própria [*Gewalt*] é uma potência [*Potenz*] econômica".[81] Os versos que Mefistófeles estrondeia nessa cena, referentes ao sistema colonial ao qual empresta seus serviços, poderiam figurar como epígrafe às descrições feitas por Marx no mencionado capítulo, por exemplo:

> "A descoberta das reservas de ouro e prata na América, o extermínio, escravização e soterramento da população local nas minas, a incipiente conquista e exploração das Índias Orientais, a transformação da África num viveiro para a caça comercial por peles negras assinalam a aurora da era de produção capitalista. Esses

conforme a tradução de Barbara Heliodora, *A trágica história do doutor Fausto*, in *Dramaturgia elisabetana*, São Paulo, Perspectiva, 2015. No original: "*I'll have them fly to India for gold,/ Ransack the ocean for orient pearl,/ And search all corners of the new-found world/ For pleasant fruits and princely delicates. Valdez: From Venice shall they [os espíritos de todos os elementos] drag huge argosies,/ And from America the golden fleece/ That early stuffs old Philip's treasury;/ If learned Faustus will be resolute*". Christopher Marlowe, *The Tragical History of Doctor Faustus*, com introdução de J. A. Symonds, organização de Havelock Ellis, Londres, Ernest Benn, 1951.

[81] *Das Kapital*, volume 1, capítulo 24: "Die sogenannte ursprüngliche Akkumulation", citação à p. 779. Frankfurt a.M., Verlag Marxistische Blätter GmbH, 1972 (edição idêntica ao volume 23 da Edição Marx-Engels [MEGA]).

processos idílicos constituem momentos capitais da acumulação primitiva."

Ouro e prata fazem parte da carga proveniente de "regiões exóticas" (Mefisto diz "preciosidades" e ordena a seus asseclas empilhá-las para o olhar do "patrão"); o extermínio está prestes a recair sobre o casal de anciãos e todos os valores e tradições encarnados em seu entorno; a escravização das massas humanas delineou-se no relato de Baucis e reitera-se na cena "Grande átrio do palácio" (v. 11.503); e se Marx fala, na passagem acima, em "aurora" (*Morgenröte*) de uma nova época, sua descrição pode oferecer eloquente comentário às imagens trabalhadas por Goethe nesse complexo dramático que tem por teor factual também o fenômeno histórico da colonização. Trata-se de imagens que se apoiam não apenas no motivo do olhar, mas também em indicações precisas de relações de escuridão e luz. A presumível "aurora" do império fáustico se contrapõe assim ao "poente", ao ocaso do velho mundo de Baucis e Filemon, cujas palavras de despedida dirigem-se justamente ao "último olhar do sol". Em seguida, os anciãos serão massacrados, ao lado do Peregrino, na cena intitulada "Noite profunda", episódio que em seu significado paradigmático não estaria deslocado entre aqueles arrolados por Marx para exemplificar a dinâmica do "sistema colonial" praticado por Espanha, Portugal, França, Inglaterra e Holanda, esta última caracterizada como "nação capitalista modelar" do século XVII, a qual pintou "um quadro inexcedível de traição, corrupção, assassínio pelas costas e perfídia".[82]

---

[82] Marx cita aqui o governador geral da ilha de Java, Sir Thomas Stamford Raffles, que parece aludir sutilmente, com o termo "quadro", ao prodigioso desenvolvimento da pintura holandesa. Um dos vários exemplos com que Marx ilustra o "quadro inexcedível" (*unübertreffbares Gemälde*) desdobrado pela política colonial holandesa: "Para apoderar-se de Malaca [na atual Malásia], os holandeses subornaram o governador português. Este os deixou entrar na cidade em 1641. Correram de imediato à sua casa e o assassinaram perfidamente a fim de 'renunciar' ao pagamento de 21.875 libras esterlinas, a quantia do suborno". Mas também os feitos da Companhia Britânica das Índias Orien-

104   A dupla noite das tílias

Se nos albores da Era Moderna as nações colonialistas, em especial Espanha e Portugal, começam — metaforicamente falando — a assenhorear-se de novas terras tomadas ao mar, os Países Baixos também o fizeram num sentido concreto, através de técnicas hidráulicas direcionadas à formação e drenagem de imensos pôlderes. Tem-se aqui outro componente do teor factual desse quinto ato, que reverberará ainda no derradeiro discurso de Fausto, ao falar da luta interminável de seu povo ("a multidão ativa-intrépida") contra as investidas da maré: "E, se para invadi-la à força, lambe a terra,/ Comum esforço acode e a brecha aberta cerra".

Um notável testemunho, em língua portuguesa, do esforço "fáustico" do povo batavo em arrancar seu país às águas encontra-se no relato de viagem *A Holanda*, publicado por Ramalho Ortigão em 1883. Várias passagens desse livro poderiam oferecer exemplificação plástica e vívida a versos ligados à derradeira aspiração de Fausto, a qual se esboça inicialmente na "Alta região montanhosa" do quarto ato: "O poder vão do indômito elemento! [...] Criei plano após plano então na mente,/ Por conquistar o gozo soberano/ De dominar, eu, o orgulhoso oceano,/ De ao lençol áqueo impor nova barreira,/ E ao longe, em si, repelir-lhe a fronteira" (vv. 10.219 ss.). Cite-se, sob o ensejo dessa aspiração técnica por domínio sobre o oceano, o seguinte trecho de Ortigão:

> "Seria impossível à mais arrojada imaginação oratória conceber um tropo tão fantástico como a realidade do dique para exprimir a tenacidade incomparável e o arrojo único da nação holandesa. [...]

tais de modo algum se mostram inexpressivos na exposição de Marx: "Mas a navegação costeira da Índia e entre as ilhas assim como o comércio no interior da Índia tornaram-se monopólio dos altos funcionários da Companhia. Os monopólios do sal, ópio, bétele e outras mercadorias constituíam minas inesgotáveis de riqueza. Os próprios funcionários fixavam os preços e esfolavam, a seu bel-prazer, o infeliz hindu. O governador-geral participava desse comércio privado. Seus protegidos ganhavam contratos sob condições por meio das quais eles, mais inteligentes do que os alquimistas, faziam ouro do nada" (citações à p. 780).

"Nascido para ver, a enxergar destinado"

É preciso estar aqui, no *país côncavo*, côncavo de três metros abaixo do nível do mar, e ir passear por meia hora junto do dique, de noite, no silêncio profundo desta região do silêncio, e ouvir rugir a vaga, do outro lado, a quatro metros acima da altura da nossa cabeça, para compreender de repente, num só calafrio intraduzível por palavras, quanto pode a audácia. [...]

Do lado de lá, a massa enorme do mar temeroso, bate às marradas no muro, e bate certo como bate o machado no lenho, dilacerando-lhe uma fibra a cada golpe."[83]

Se a liberdade de seu povo, como idealizará Fausto nos últimos instantes de vida, condiciona-se pela consciência dos perigos que devem ser enfrentados a cada dia ("À liberdade e à vida só faz jus,/ Quem tem de conquistá-las diariamente"), a sanção dessa liberdade é a mesma que Ortigão apresenta em relação a um povo cuja história vem marcada por sucessivas inundações, que deixaram dezenas de milhares de mortos — 100 mil em 1236, 80 mil em 1287, arrolando dois marcos iniciais (e, ainda em 1953, um saldo de 2 mil vidas no sudoeste do país) — e essa sanção é o *dam*: "O dique é para o holandês a contingência eterna de ter juízo, ou de morrer inundado". Por meio do dique os holandeses extraíram do mar vastíssimas extensões de terra, edificaram o núcleo da futura Amsterdã sobre "espinhas de arenque" e desse lugar, "de dique em dique, o pequeno burgo espraiou para o mar, a onda de gente cobriu a da água, e fez-se a vasta cidade que é hoje a capital da Holanda". Ortigão poderia ter inserido em seu relato as palavras atribuídas a René Descartes, que visita a Holanda pela primeira vez em 1618: *Dieu créa le monde, mais les hollandais créèrent la Hollande* ("Deus criou o mundo, mas os holandeses criaram a Holanda"). Ele cita, entretanto, o depoimento do pintor (e con-

---

[83] Ramalho Ortigão, *A Holanda*, tomo I, Lisboa, Livraria Clássica Editora, 1955 (citações tomadas às pp. 45-51).

temporâneo do filósofo francês) Adriaen van Ostade (1610-1685) sobre as edificações da "bela" cidade de Haarlem: "Neste lugar, onde hoje vedes elevar-se uma aldeia, navegavam — há apenas vinte anos — navios de alto bordo".

Palavras semelhantes de enaltecimento do núcleo inicial de conquistas sobre o mar Mefistófeles dirige a Fausto ao perceber--lhe o "olhar sombrio" com que surge na cena "Palácio" (olhar expresso com extraordinária força por Max Beckmann em sua ilustração para esta cena). Mefisto lembra-lhe os primeiros passos em seu gigantesco projeto hidráulico, o primeiro barracão "aqui" construído, o primeiro fosso "aqui" cavado, as primeiras vitórias sobre o "indômito elemento" que se deram "neste lugar" (*dieser Stelle*). Ao contrário, contudo, das palavras de Van Ostade reproduzidas por Ortigão, temos no drama versos sutilmente mordazes, pois o diabólico encomiasta sabe de antemão, como segredará pouco adiante "à parte", que todas as realizações enumeradas estão fadadas ao aniquilamento. Nessa chave, o verbo "reconciliar", que Mefisto voltará a usar logo em seguida em relação a Filemon e Baucis, reveste-se já aqui de especial cinismo: a "alta sabedoria" está sendo coroada, diz ele ao patrão, e a região costeira foi "reconciliada com o mar". Vale citar a tradução de Jenny K. Segall, em que se pode apreender com clareza o sentido de tal mensagem de "reconciliação": "Coroou-se da alta ciência a obra,/ Submisso, à terra o mar se dobra", ou seja, graças ao sistema de diques, pôlderes e canais construídos nesse espaço, o mar não só foi rechaçado para longe como também deixará de devastar as terras costeiras.

Ao colonizador irascível não é dado perceber o subtom ironicamente corrosivo da fala mefistofélica; mas mesmo assim ele reage ao panegírico com nova explosão de cólera: esse "aqui" é impuro, pois as tílias não lhe pertencem, conspurcam sua "posse do mundo" e ferem seus olhos como "espinho", na já citada expressão que Goethe pôs em sua boca pouco antes, em alusão ao episódio bíblico (Números, 33: 50-56) em que Iahweh ordena aos israelitas tomar a terra de Canaã e expulsar todos os habitantes, pois do contrário aqueles que restarem "se tornarão espinhos pa-

"Nascido para ver, a enxergar destinado" 107

ra os vossos olhos e aguilhões nas vossas ilhargas".[84] E onde estão as árvores, junto à morada de Filemon e Baucis, Fausto quer levantar ainda, após a deportação desses habitantes primevos, um mirante a fim de contemplar a ilimitada amplidão do império erigido sob a supervisão de Mefistófeles: "Abrir vasta perspectiva ao olhar/ Para ver tudo o que fiz" — e concluindo a estrofe, novamente na tradução de J. K. Segall: "E com o olhar cobrir, de cima,/ Do espírito humano a obra prima,/ Na vasta e sábia ação que os novos/ Espaços doou ao bem dos povos" (vv. 11.247-50).

A estrofe seguinte traz novo subsídio para a compreensão do estado de espírito em que se encontra o colonizador: o aroma das tílias e o som da sineta atingem-no como mensagem fúnebre, espécie de *memento mori*, na medida em que o envolvem numa atmosfera de "cripta e igreja". Essa lembrança lhe é indesejável, devendo permanecer recalcada; e se Fausto, tomado de ódio cego pelo mundo de Filemon e Baucis, vê-se não obstante enquanto benfeitor dos povos, não surpreende que logo em seguida ele ressalte seu senso de justiça e sua longanimidade perante a obstinada recusa dos anciãos em ceder-lhe o patrimônio: "A resistência, a teimosia,/ O esplendor todo me atrofia,/ E é só com ira e a muito custo/ Que me conservo ainda justo".

Onde encontrar paralelo, na literatura mundial, para a vigorosa expressividade, a terrível beleza desses versos que desvelam o mecanismo pelo qual aqueles que detêm o poder e a violência podem converter a injustiça em justiça para racionalizar seus atos? Mais uma vez em Dante, que no canto XVII do *Paraíso* faz seu antepassado Cacciaguida lhe antever o exílio, pelo qual o próprio exilado será responsabilizado, pois *"la colpa seguirà la parte ofensa/ in grido, come suol"* [a culpa seguirá a parte ofensa aos gritos, como sói]. E na sequência vêm os extraordinários versos: *"Tu lascerai ogne cosa dileta/ piú caramente; e questo è quello strale/*

---

[84] Perceba-se que, ao integrar esse episódio do Antigo Testamento na linha dramática que leva à eliminação violenta de Filemon e Baucis, Goethe também o situa nas origens da longa história (em sua visão, ainda em vigor) de massacres e expurgos étnicos.

O colonizador Fausto, de "fronte austera" e "olhar sombrio",
tal como Mefistófeles o descreve (v. 11.219) e como
Max Beckmann o retratou; em contraposição à sua figura,
o sino que é motivo de tormento para o herói.

che l'arco de lo esilio pria saetta.// Tu proverai sí come sa di sale/ lo pane altrui, e come è duro calle/ lo scendere e 'l salir per l'altrui scale".[85]

No relato que pouco depois Mefistófeles fará ao seu "patrão", que tão longa paciência teve com os idosos, a culpa pelo massacre de Baucis, Filemon e do Peregrino também recairá sobre as próprias vítimas. Mas já no diálogo desta cena situada no palácio, Mefisto dá a entender que, para fazer avançar o processo de colonização, qualquer ato se justifica *a priori*, sendo inevitáveis "pequenos" sacrifícios isolados — ou então, citando a justificativa histórico-filosófica (sobre a qual discorreremos adiante) que Georg Lukács oferece à eliminação violenta desse empecilho: "o caminho do gênero [humano] não é trágico, mas passa por inúmeras tragédias individuais, objetivamente necessárias".[86] As palavras que o "capataz" dirige ao autocrata que se declara cansado de ser justo são emblemáticas de toda dinâmica colonizadora: "Que cerimônia, ora! e até quando?/ Pois não estás colonizando?". Vem então a ordem para eliminar a presença indesejada e ela se articula no único verso solto (isto é, sem rima) pronunciado por Fausto: "Bem, vai; põe-nos enfim de lado! —". O travessão parece indiciar o momento de silêncio que se segue à ambígua incumbência, expressa no original com o mesmo verbo (*schaffen*) que Fausto empregara pouco antes ao falar da exasperação que o badalar da sineta lhe inflige: "Como livrar-me desse fardo!/ Toca a sineta, e em cólera ardo".[87]

[85] Na tradução de Italo Eugenio Mauro (São Paulo, Editora 34, 1998, vv. 55-60): "De teus mais caros bens a aventurança/ tu perderás, e essa é a flecha fatal/ que, de primeiro, o arco do exílio lança.// Tu provarás como tem gosto a sal/ o pão alheio e, descer e subir/ a alheia escada é caminho crucial". Lembrando que, com *scale*, Dante alude ao *condottiero* Cangrande della Scala, seu anfitrião em Verona.

[86] G. Lukács, "Faust-Studien" [Estudos sobre o Fausto], in *Goethe und seine Zeit* [Goethe e seu tempo], Berlim, Aufbau-Verlag, 1953, p. 191.

[87] A ordem para eliminar os anciãos, afastá-los de si, formula-se no original com o verbo *schaffen* e o complemento *zur Seite*, "de lado": *schafft sie mir zur Seite* (v. 11.275). E as palavras com que o colonizador expõe a Mefisto

É certo que, logo após a dúbia exortação a Mefisto no sentido de livrá-lo dos velhos recalcitrantes, Fausto se refere à "bela quintazinha", situada em novas terras conquistadas ao mar, que oferecera ao casal em troca da propriedade com as antigas tílias, que cobiça para si. Mas Goethe dá a entender que essa permuta já fora recusada anteriormente, em virtude tanto da desconfiança de Baucis perante o perigoso solo "aguado" (*Wasserboden*), para onde o colonizador quer remanejá-los à força, quanto do vínculo dos idosos com a propriedade ancestral — um vínculo alheio a quaisquer interesses ou objetivos econômicos, pois assentado inteiramente na ideia de *patrimonium*, à qual se contrapõe o sentido de *dominium* que norteia a relação de Fausto com suas posses.[88]

Voltando o colonizador à oferta de troca (agora, todavia, em forma de ultimato), pode-se inferir que estivesse pensando "apenas" num desenraizamento forçado? Mas ele não tem diante de si, na figura de Mefistófeles, alguém que na primeira parte da tragédia "pôs de lado" a mãe e o irmão de Margarida do modo mais drástico? Em sua resposta, Mefisto fala abertamente em "violência" (*Gewalt*), com a qual Filemon e Baucis, se sobreviverem (*nach überstandener Gewalt*: após a violência superada), haverão de *reconciliar-se* na nova morada (o mesmo verbo, *versöhnen*, com que descrevera a submissão do mar à terra, v. 11.222). E vem então a sinistra rubrica: "ele assobia estridentemente", convocando desse modo seus três violentos comparsas para a execução imediata da sentença de eliminação. Como sabido, esse detalhe da tragé-

---

seu profundo ódio ao sino, também com o verbo *schaffen*: "*Wie schaff' ich mir es vom Gemüte!*" (v. 11.257) — literalmente, "Como eliminá-lo de meu íntimo!"; na bela tradução de J. K. Segall, "Como livrar-me desse fardo!".

[88] Essa oposição entre *dominium*, institucionalizado pelo artigo 544 do Código Napoleônico ("A propriedade é o direito de usufruir e dispor das coisas de maneira a mais absoluta"), e *patrimonium* (propriedade que se herda e cultiva para evitar a devastação e transmiti-la preservada às gerações posteriores) é, como se verá no próximo capítulo, trabalhada por Hans Christoph Binswanger em seu estudo *Geld und Magie. Eine ökonomische Deutung von Goethes Faust* (Dinheiro e magia: uma crítica da economia moderna à luz do *Fausto* de Goethe, Rio de Janeiro, Zahar, 2011).

"Nascido para ver, a enxergar destinado" 111

dia goethiana foi incorporado por Paul Celan ao célebre poema sobre a *Shoah*, "Todesfuge" ("Fuga sobre a morte"):

> "ele surge diante da casa e cintilam as estrelas
> ele assobia para os seus mastins
> assobia para os seus judeus manda cavar
> [um túmulo na terra
> [...]
> um homem mora na casa teu cabelo dourado
> [Margarida
> ele atiça os seus mastins sobre nós ele nos dá
> [um túmulo nos ares
> brinca com as serpentes e sonha a morte é
> [um mestre da Alemanha.

Se com as imagens que contrapõem o império fáustico ao mundo de Filemon e Baucis, os quais também terão um "túmulo nos ares", Goethe tencionava elaborar uma fórmula ético-estética que futuros leitores pudessem estender a acontecimentos de seu próprio tempo, Paul Celan parece apontar com seu poema para a procedência dessa intenção. No caso particular do massacre perpetrado no quinto ato o poeta recua, porém, a tempos imemoriais na história da humanidade, remetendo a um texto mais antigo do que as *Metamorfoses* de Ovídio, de onde os nomes dos anciãos e o motivo da hospitalidade foram tomados. Contemplado com o profundo conhecimento que o dramaturgo tinha da Bíblia, Mefisto deixa a cena "Palácio" evocando o episódio da vinha de Nabot, narrado no capítulo 21 do livro histórico 1 Reis: "Já se deu o que aqui se dá,/ De Nabot houve a vinha já".

Não se deve perder de vista que a citação se refere ao conjunto do capítulo 21 e, portanto, não se restringe aos lances de uma história arquetípica de desapropriação forçada e assassínio, isto é: a cobiça do rei Acab pela pequena propriedade de Nabot, situada ao lado do palácio real; a recusa do vinhateiro em aceitar a troca proposta por Acab; a intriga armada pela rainha Jezabel, levando ao apedrejamento e morte do vizinho; por fim, a anexação da vi-

A dupla noite das tílias

nha aos domínios reais. É necessário considerar ainda que a parte final do episódio bíblico narra as consequências do crime cometido, com Iahweh enviando o profeta Elias a Acab para anunciar-lhe a punição: "Mataste e ainda por cima roubas! [...] farei cair sobre ti a desgraça!".[89]

Para o colonizador a punição virá duas cenas depois, já que na sequência imediata da ação dramática temos apenas o reflexo do massacre, que se desenrola por trás do palco, como muita coisa na tragédia goethiana. Esse reflexo se processa nos olhos de Linceu, mediante a antiga *teichoscopia*, e se exprime na canção acima mencionada, mais precisamente em sua segunda parte, introduzida por quatro versos que Otto Maria Carpeaux, em sua *História da literatura ocidental*,[90] apresenta como o balanço final da existência goethiana, "a conclusão de sua vida": "Felizes meus olhos,/ O que heis percebido,/ Lá seja o que for,/ Tão belo tem sido!". Pois a esses olhos até então felizes se impõem agora as imagens do aniquilamento pelo fogo das tílias, cabana, capela e do próprio casal de anciãos assim como do Peregrino que os visita, articulando-se o já mencionado contraste entre escuridão noturna e fulguração

---

[89] Em seu posfácio a uma nova edição de *Moby Dick* (também este um romance com conotações fáusticas), Bruno Gambarotto aponta para uma atualização da história de Acab e Nabot à luz da guerra americano-mexicana de 1846-48. Essa atualização é feita pelo pastor E. Edwin Hall, veemente crítico da política norte-americana na deflagração do conflito. Após comentar o episódio bíblico em seu discurso *Ahab and Naboth; or The United States and Mexico*, Hall acrescenta: "Sua vileza e insatisfação [de Acab], que não encontram lugar em um coração verdadeiramente agradecido, levaram-no a encher seu copo de maldade e trazer a si e a sua casa o justo julgamento de Deus. Se vocês agora conservarem nos pensamentos o breve relato que fiz da conduta de Acabe, repetirei o texto, com algumas alterações verbais, e vocês terão o assunto de nossas reflexões do momento. 'E o Governo dos Estados Unidos foi ao Governo do México e disse, dê-me o Texas para que eu o ocupe com plantações de algodão e cana, porque está próximo do meu território'". Ver "Modernidade e tragédia em *Moby Dick*: uma leitura", São Paulo, Editora 34, 2019, pp. 623-44.

[90] *História da literatura ocidental*, Brasília, Edições do Senado Federal, 2008, vol. II, p. 1.321.

ígnea que se estende por 32 versos — "Chispas vejo que faíscam/ Pelas tílias, lá, na treva,/ Raios fúlgidos coriscam,/ Que o ar atiça e à roda leva", para citar tão somente esses quatro versos (vv. 11.308-11), sendo que os dois primeiros dizem, numa tradução mais literal: "Olhares de chispa [ou ígneos, *Funkenblicke*] vejo faiscar/ Pela dupla noite das tílias".

Lamentando, pela primeira vez, que sua vista seja tão acurada e ele tenha de enxergar essas imagens ("a enxergar destinado", conforme se caracterizara pouco antes), Linceu fecha sua canção com dois versos separados dos demais pela indicação cênica de "longa pausa", que pode estar sinalizando, como propõe Michael Jaeger em sua monografia *Fausts Kolonie* [A colônia de Fausto], a ruptura com a milenar tradição clássica e judaico-cristã encarnada por Baucis e Filemon.[91] Os olhos do vigia não só observaram a violenta destruição do mundo de Filemon e Baucis, mas também penetraram — no sentido do verbo alemão *schauen* — o significado profundo desse acontecimento: "O que a vista deliciava/ Com os séculos se foi".

Se o Peregrino emudecera abrupta e definitivamente com o choque causado pela visão da colossal intervenção fáustica sobre esse espaço, algo semelhante ocorre agora com a sentinela, que se cala e sai em definitivo do drama após ter observado a aniquilação (incluindo-se os assassinatos) do último reduto de uma natureza primeva, em que se incrustava a esfera de vida de um casal de anciãos consagrados à "ventura", citando novamente versos que nos descortinam a região aberta, "de fazer o bem em tudo". Portanto, também no súbito emudecimento de Linceu oferece-se ao leitor a intuição do colapso de valores e tradições ainda atuantes na formação do próprio Goethe, tributária de "uma época que tão cedo não retornará", conforme lemos numa carta de 6 de junho de 1825:

[91] "No mar de chamas descrito por Linceu consomem-se os vigamentos que sustentam a edificação da cultura europeia", in *Fausts Kolonie*, Würzburg, Königshausen & Neumann, 2004, p. 414.

"Riqueza e rapidez, eis o que o mundo admira e o que todos almejam. Ferrovias, correio expresso, navios a vapor e todas as possíveis facilidades de comunicação são as coisas que o mundo culto ambiciona a fim de sofisticar sua formação e, desse modo, persistir na mediocridade. [...] Atenhamo-nos tanto quanto possível à mentalidade da qual viemos: com talvez mais alguns poucos, seremos os últimos de uma época que tão cedo não retornará."[92]

---

[92] Dirigida a seu amigo Carl Friedrich Zelter (1758-1832), essa carta fala do advento de uma nova classe de empreendedores dinâmicos ("mentes capazes, pessoas práticas e de raciocínio rápido") que haverão de prevalecer na sociedade que então se gestava, e também descreve como *ultra* o ritmo vertiginoso que Goethe via impor-se com crescente força (destruindo antigas tradições) em todas as esferas da atividade humana: "[...] mas tudo agora, caríssimo, é *ultra*, tudo se transcende ininterruptamente, em pensamento e em ações. Ninguém se conhece mais, ninguém entende o elemento em que se movimenta e atua, ninguém [conhece mais] a matéria que tem em mãos [...]. Os jovens são excitados demasiado cedo e depois arrastados ao turbilhão dos tempos". Também para Walter Benjamin, no prefácio à antologia de cartas *Deutsche Menschen* [Homens alemães] (publicada sob pseudônimo em 1936), essa carta de Goethe apreende o momento histórico em que a burguesia deixa de preservar o "espírito" que a levara às suas grandes conquistas.

O Peregrino reencontra o casal Filemon e Baucis, que o acolhera muitos anos antes, e juntos contemplam as transformações ocorridas. No alto à direita, o sino que exaspera Fausto enquanto sinal de uma vida idílica, intocada pelo progresso.

6.

"Rende obediência à força bruta":
a visão mefistofélica da história

Em seus últimos anos de vida Goethe testemunhou sinais de uma ruptura histórica que seria decorrente, a seu ver, da aspiração ilimitada por geração de riqueza e por rapidez nos transportes e comunicações. Essa ruptura, que dezesseis anos após sua morte será descrita no *Manifesto comunista* como processo de permanente pulverização (ou "evaporação", aludindo aos efeitos da máquina a vapor) de tudo o que até então estava constituído, é comentada em alguns outros momentos de sua correspondência de velhice no mesmo tom resignado que se pode observar na carta a Zelter de 6 de junho de 1825 há pouco citada. Mas ela também está presente no último ato do *Fausto II*, prismatizada por procedimentos que condensam drasticamente em alguns poucos episódios do enredo dramático processos históricos que o epistológrafo, "com seu método genético-realista-sensorial", com a "ampla liberdade de seu olhar",[93] via desdobrar-se ao longo de décadas. Entre esses procedimentos dramáticos inclui-se, como ressaltado acima, o repentino emudecimento que, após ter acometido o Peregrino, desce também sobre a sentinela que exprimira na primeira parte de sua canção a quinta-essência da experiência de vida

---

[93] Tomo essas formulações ao ensaio "O músico Miller", de Erich Auerbach (capítulo 17 de *Mimesis*). Mas é importante assinalar que Auerbach não estende essas características às obras literárias de Goethe, que a seu ver nunca teriam "representado dinamicamente a realidade da vida social contemporânea, nunca como germe de configurações futuras ou em gestação". Mas o complexo dramático da colonização, no último ato do *Fausto*, não representa vigoroso desmentido a essa constatação do grande romanista? Pelo visto o substrato histórico dessas cenas escapou a Auerbach.

goethiana, que se entrelaça nessas cenas com a religiosidade sincrética encarnada em Filemon e Baucis.

Se, contudo, Linceu se cala abrupta e definitivamente, ao colonizador são concedidos ainda alguns versos até soçobrar nos braços dos lêmures que lhe preparam a cova. Postado no balcão do palácio, ele vislumbra o serpentear das chamas no alto da duna e ouve o lamento que vem da torre. Mas a avaliação que faz do acontecido diverge inteiramente da percepção de Linceu, para quem se extingue com as árvores tudo o que por séculos deleitara o olhar. Já enxergando a nova civilização de "riqueza e rapidez", Fausto exclama: "Mas que das tílias só subsista/ Tronco semicarbonizado,/ Para uma ilimitada vista,/ Ergue-se um belveder, ao lado" (vv. 11.342-5). Enquanto os olhos daquele se dirigiam tanto ao distante quanto ao próximo (às estrelas e ao bosque) e enxergavam o vínculo profundo entre todos os seres e fenômenos do cosmos, os olhos de Fausto estão sempre fixados no ilimitado de suas possessões, e em seu íntimo ele já "vê" ou pretende estar vendo, do mirante a ser erguido no lugar das tílias, o velho casal na nova moradia em terras subtraídas ao oceano, fruindo os últimos dias com o sentimento de gratidão pela generosa condescendência do colonizador.

Não estaria Goethe antecipando sub-repticiamente nesses versos a miragem que seu inquebrantável herói terá, no momento da morte, de um povo livre numa terra livre? Mas se a ironia trágica dessa última visão lhe permanecerá oculta com o fim de sua existência terrena, no caso dos anciãos ele ouve, logo em seguida, o relato cínico e brutal de Mefistófeles e seus três sicários, que chegam a "pleno galope", sobre o modo como o casal foi "posto de lado" — ou seja: "deles livramos-te num triz".

Paradigmática mostra-se a expressão, sarcasticamente eufemística, com que Mefisto introduz o relato sobre o desfecho do conflito territorial com Baucis e Filemon, a qual diz literalmente: "Perdão! não correu de maneira amistosa". Colocando abaixo a porta corroída pelo tempo (sugestivo índice da antiguidade das tradições que são eliminadas) e invadindo a cabana "às brutas", como Riobaldo caracteriza as ações do diabo, eles levam ao casal uma morte instantânea e concomitante, no mais, porém, inteira-mente diferente daquela narrada por Ovídio, na medida em que o idílio, que culmina na metamorfose dos anciãos em carvalho e tí-lia, converte-se em terror: "Não sofreu muito o par vetusto,/ Caiu sem vida, já, com o susto./ Um forasteiro, lá pousado,/ E que lutar quis, foi prostrado".[94]

Em março de 1932, nas comemorações do primeiro centená-rio da morte do poeta (e cerca de dez meses antes de Adolf Hitler tomar o poder), Albert Schweitzer atualizava, no âmbito de um discurso pronunciado em Frankfurt, a "fórmula ético-estética" elaborada por Goethe nessas cenas: "Em mil chamas está ardendo a cabana de Filemon e Baucis! Em violências multiplicadas mil ve-zes, em milhares de assassínios uma mentalidade desumanizada põe em prática os seus negócios criminosos! Em mil caretas Me-fistófeles nos dirige seu sorriso cínico!". Onze anos depois seria a vez de Max Beckmann, exilado em Amsterdã desde 1937, mobili-zar essa fórmula em algumas das 143 ilustrações que fez para o *Fausto II*, várias das quais encontram-se reproduzidas neste li-vro.[95] Naquela que abre o quinto ato, Filemon e Baucis, postados ao lado do Peregrino diante de uma região aberta, assemelham-se pelos traços fisionômicos e vestes a um casal de velhos judeus, en-

[94] Vale lembrar que na Antiguidade, segundo o historiador Alexander Demandt, o carvalho e a tília (*Linde*, em alemão, que traz em si o adjetivo *lind*, "suave", "brando", "dúctil") estiveram associados, respectivamente, ao ele-mento masculino e feminino. Sobre o massacre perpetrado por Mefisto, escre-ve Demandt: "Goethe não incorporou a metamorfose dos anciãos em carvalho e tília, mas não quis renunciar às árvores. Elas são mais do que cenário, mais do que apetrechos — elas encarnam o mundo intacto que pertence ao passa-do. As árvores nas quais os idosos deveriam continuar vivendo pereceram com eles — vítimas do progresso insaciável". Cf. A. Demandt, *Über allen Wipfeln: Der Baum in der Kulturgeschichte* [Sobre todas as frondes: a árvore na história cultural], Colônia/Weimar/Viena, Böhlau Verlag, 2002, p. 46.

[95] Para o conjunto dos desenhos de Max Beckmann, remeto à edição bra-sileira de *Fausto II*, São Paulo, Editora 34, 2007 (5ª edição revista e ampliada, 2017).

quanto o hóspede pode estar sugerindo a figura de um cigano. Pouco adiante, na ilustração referente à destruição relatada por Linceu, o casal jaz ao lado de uma árvore semicarbonizada, porém diante de um prédio residencial (em lugar da cabana), de cujas janelas saem labaredas e volutas de fumaça — inequívoca cena de um bombardeio aéreo, como vivenciado várias vezes pelo próprio artista na cidade de seu exílio. Na representação dos três violentos subordinados de Mefistófeles, Pega-Já (*Habebald*) ostenta um bigode semelhante ao de Adolf Hitler, enquanto Mata-Sete (*Raufebold*) porta traços de Hermann Göring e Tem-Quem-Tem (*Haltefest*) parece evocar Heinrich Himmler.[96]

Não se pode negar procedência a tais atualizações da fórmula ético-estética em torno de Filemon e Baucis à luz da experiência do nacional-socialismo. Quanto ao próprio Goethe, se ele recua explicitamente até dois episódios bíblicos de expurgo étnico-religioso (Números, 33: 50-56) e de desapropriação pela violência (1 Reis, 21), é possível sustentar que ele tinha também em mente, como já despontou acima, uma tendência comum a processos colonizadores, a qual se manifestou na subjugação e no extermínio das populações indígenas na América do Sul, na violenta conquista do México ou, mais tarde, na dizimação dos autóctones norte-ameri-

---

[96] Essa observação foi feita originalmente por Ernst Beutler num texto publicado no ano de 1962 ("Beckmanns Illustrationen zum *Faust*" [Ilustrações de Beckmann para o *Fausto*]) e é retomada por Christoph Perels no ensaio "Max Beckmanns Zeichnungen zu Goethes 'Faust'" [Desenhos de Max Beckmann para o *Fausto* de Goethe], in *Faust Through Four Centuries: Retrospect and Analysis* (org. Peter Boerner e Sidney Johnson), Tübingen, Max Niemeyer Verlag, 1989 (pp. 99-132). Se for procedente especular sobre o número de capangas recrutados por Mefisto, talvez se possa destacar uma declaração que ele próprio faz na segunda cena "Quarto de trabalho" (v. 1.531), dando a entender que o número "três" goza de prestígio nos domínios do mal. Assim podemos alinhar, ao lado da trindade mefistofélica, os três animais que cortam o caminho de Dante no início da *Comédia* ou ainda as três bruxas que profetizam o futuro a Macbeth e, depois, os três assassinos que ele envia para eliminar Banquo.

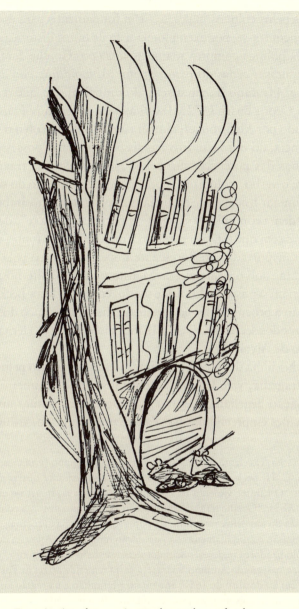

Em primeiro plano, a árvore decepada, ao fundo,
um casarão em chamas; diante da porta, dois corpos no chão.
Max Beckmann deu à morte de Filemon e Baucis
a ambientação contemporânea da Segunda Guerra Mundial.

canos pelos colonos ingleses.[97] Um fundamento para essa afirmação encontra-se, por exemplo, na lista de obras históricas e de economia política comprovadamente lidas por Goethe durante o trabalho nessas cenas do *Fausto*, como *Abhandlung von dem Geldumlauf* [Tratado da circulação do dinheiro], em que o autor Johann Georg Büsch (1728-1800) associa o verbo *kolonisieren*, escandido por Mefistófeles, também à exploração, sob o respaldo da violência, do ouro e outros metais preciosos nas possessões ultramarinas das potências europeias. No contexto da tragédia, portanto, o verbo "colonizar" pode incorporar, ao lado do significado de eliminar fisicamente os anciãos improdutivos no âmbito da nova ordem econômica (ou, num sentido mais "suave", deportá-los da terra em que estão enraizados), uma alusão às fontes das riquezas transportadas ao florescente império fáustico pela máquina mercante sob o comando de Mefisto e seus subalternos, os quais poderiam ser associados desse modo, como fez Max Beckmann em relação a proeminentes nacional-socialistas, ao elenco dos *conquistadores* dos séculos XVI e XVII: Francisco Pizarro, Hernán Cortés, Pedro de Alvarado.

Na linha desse potencial interpretativo inscrito pelo poeta em sua tragédia, vale lembrar que o filósofo norte-americano (e de formação hegeliana) Denton J. Snider, numa leitura apologética das ações empreendidas por Fausto no quinto ato, vislumbrou na

---

[97] No excelente manual sobre o *Fausto* goethiano (*Goethes Faust*, Munique, C. H. Beck, 2001), Jochen Schmidt faz a seguinte observação no segmento "O caráter violento da civilização moderna no quarto e quinto atos" (pp. 270-3): "Goethe terá se lembrado do extermínio, ligado à colonização da América do Sul pelos espanhóis, da população indígena autóctone assim como da expulsão e aniquilamento da população indígena da América do Norte pelos colonizadores ingleses". Schmidt deixa de lado o extermínio cometido no Brasil, que segundo Antônio Vieira, em carta remetida ao rei de Portugal Afonso VI em 20 de abril de 1657, atingiu no Maranhão e na região amazônica cifra superior a dois milhões (e na qual Darcy Ribeiro não vê nenhum exagero): "As injustiças e tiranias que se têm executado nos naturais destas terras excedem muito às que se fizeram na África: em espaço de quarenta anos se mataram e se destruíram por esta costa e sertões mais de dois milhões de índios, e mais de quinhentas povoações, como grandes cidades, e disto nunca se viu castigo".

122   A dupla noite das tílias

figura do colonizador uma espécie de "propagandista do mito americano", que transformou um continente selvagem num espaço civilizado e desenvolvido: "*He becomes the American, transforming a wild continent into the habitable abode of rational men*".[98]

De quantas outras atualizações, igualmente afirmativas ou numa perspectiva oposta (como a articulada por Albert Schweitzer), seria ainda passível a fórmula ético-estética em questão? Seria cabível estendê-la, por exemplo, à campanha de Canudos, que termina em setembro de 1897 — nas palavras de Mefisto: "Perdão! não correu de maneira amistosa" — com a execução sumária dos derradeiros sertanejos conselheiristas?

Nem faltaria, na reconstituição do massacre feita por Euclides da Cunha, um traço que lembra o ódio despertado no colonizador pela sineta de Filemon e Baucis: o destaque que sua narrativa dá ao bombardeio que três canhões Krupp deflagraram sobre a "igreja velha, de madeiramento já todo exposto [...] e em cujo campanário não se compreendia que ainda subisse à tarde o impávido sineiro, tangendo as notas consagradas da Ave-Maria". E, na sequência, a intensificação dos ataques — "Tens força, tens, pois, o direito", lembrando a divisa mefistofélica (que ecoa na ri-

---

[98] Denton Jacques Snider (1841-1925) publicou seus comentários ao *Fausto* no volume *A Commentary on the Literary Bibles of the Occident* (Boston, Ticknor & Co., 1886). Já Ernst Beutler oferece-nos um estudo aprofundado sobre as relações de Goethe com os Estados Unidos — e, por conseguinte, também sobre os escritos de Snider — no ensaio "Von der Ilm zur Susquehanna: Goethe und Amerika in ihren Wechselbeziehungen" [Do Ilm (pequeno rio que flui por Weimar) ao Susquehanna (maior rio no nordeste dos Estados Unidos): Goethe e a América em suas relações mútuas] (in *Essays um Goethe*, Zurique/Munique, Artemis, 1980, pp. 742-87). De especial interesse nesse contexto são as considerações sobre a recepção do *Fausto* no âmbito do chamado *Saint Louis Movement*, que colocou Goethe, sobretudo em virtude do complexo da colonização no quinto ato do drama, no mesmo patamar de Homero, Dante e Shakespeare — nas palavras de Snider, principal nome desse movimento: "*Never since has any great work of genius taken such a deep and persistent possession of the city's mind*" (Jamais antes qualquer outra grande obra de gênio apoderou-se [como o *Fausto*] com tal profundidade e persistência da mente da cidade).

"Rende obediência à força bruta"

ma inglesa *might is right*) — com o "monstruoso canhão" *Withworth 32*: "A grande peça detonou: viu-se arrebentar, com estrondo, o enorme *shrapnel* entre as paredes da igreja, esfarelando-lhe o teto, derrubando os restos do campanário e fazendo saltar pelos ares, revoluteando, estridulamento badalando, como se ainda vibrasse um alarma, o velho sino que chamava ao descer das tardes os combatentes para as rezas...".[99]

E quanto a outros massacres perpetrados no século XX, desde o genocídio armênio durante a Primeira Guerra Mundial até os acontecimentos no Camboja de Pol Pot, também em Ruanda, Burundi, Srebenica, na antiga Iugoslávia, e outros palcos "para as loucuras e os crimes das nacionalidades", nas palavras que fecham *Os Sertões* — seria possível concebê-los à luz da fórmula ético-estética goethiana, como fizeram Paul Celan, Max Beckmann e outros em relação à *Shoa*?

Em seu notável ensaio "O Fausto cego", Eberhard Lämmert esboça uma resposta positiva a essa questão ao reconhecer às sucessivas gerações de leitores, nas diversas partes do mundo, o direito de concretizar as imagens do *Fausto* a partir de seus respectivos horizontes históricos. São os leitores que, afinal, insuflam vida aos grandes textos do passado ao impregnar os complexos imagéticos que se desenrolam perante seus olhos com as próprias experiências e lembranças, as quais ganham por seu turno ampla validade humana por meio do confronto com os textos. Ficamos, assim, "alarmados" ao ler as cenas do quinto ato da tragédia goethiana, propõe Lämmert, porque o que acontece aqui a Filemon e Baucis aconteceu no século XX, em grande escala, no Congo, na Polônia, em Amselfeld etc.[100]

---

[99] *Os Sertões*, edição crítica organizada por Walnice Nogueira Galvão, São Paulo, Ubu Editora, 4ª ed., 2016, p. 459 (capítulo "Quarta expedição").

[100] "Der blinde Faust", publicado num volume em homenagem a T. J. Reed por ocasião de sua aposentadoria: *Bejahende Erkenntnis: Festschrift für Terence J. Reed zu seiner Emeritierung am 30. September 2004* (org. Kevin F. Hilliard), Tübingen, Niemeyer, 2004, pp. 75-90. Cabe lembrar que Amselfeld (literalmente, "campo dos melros") é a designação alemã para uma região do

Mas evidentemente há também limites para semelhantes atualizações e, no tocante ao *Fausto*, um valioso procedimento heurístico para evitar abusos interpretativos seria não perder de vista a descomunal assimetria que Goethe cria entre o poderio mefistofélico, que no ato anterior já saíra vitorioso da guerra civil, e o frágil mundo de Filemon e Baucis, defendido apenas pelo Peregrino ("Um forasteiro, lá pousado,/ E que lutar quis, foi prostrado"). Uma tal desproporção pode ser efetivamente constatada na Campanha de Canudos (sobretudo no âmbito de sua quarta e última expedição) e subjaz também ao processo colonizador brasileiro, desde o primeiro contato entre o cristão europeu e o autóctone praticante de cultos animistas — "As flechas do sagrado cruzaram-se", na expressão tomada ao ensaio de Alfredo Bosi sobre José de Anchieta; e ainda: "Infelizmente para os povos nativos, a religião dos descobridores vinha municiada de cavalos e soldados, arcabuzes e canhões. O recontro não se travou apenas entre duas teodiceias, mas entre duas tecnologias portadoras de instrumentos tragicamente desiguais. O resultado foi o massacre puro e simples".[101] Inteiramente desigual é o "recontro" que Goethe nos apresenta no quinto ato de sua tragédia, e essa desproporção vem novamente à tona na impressionante fala coral com que Mefistófeles e seus esbirros sintetizam o episódio da liquidação dos idosos recalcitrantes, ao mesmo tempo que formulam uma lei universal da história: "O velho brado repercuta:/ Rende obediência à força bruta!/ E se lhe obstares a investida,/ Arrisca o teto, os bens e a vida" (vv. 11.374-7).

Kosovo (*kos*: "melro" em servo-croata) onde em 1389 teve lugar uma célebre batalha entre forças cristãs lideradas por dois príncipes sérvios (Lazar Hrebeljanović e Vuk Branković) e tropas otomanas. Em 28 de junho de 1989, durante as comemorações dos seiscentos anos da batalha, Slobodan Milosević proferiu nesse mesmo lugar, diante de um milhão de pessoas, um discurso considerado por vários historiadores como estopim para a guerra civil iugoslava. A menção de Amselfeld no ensaio de Lämmert alude, portanto, à carnificina que acompanhou o desmembramento da antiga Iugoslávia.

[101] "Anchieta ou as flechas opostas do sagrado", in *Dialética da colonização*, São Paulo, Companhia das Letras, 1994, p. 72.

"Gehorche willig der Gewalt!" (Rende obediência à força bruta!). Como assinalado anteriormente, poucos anos após a morte de Goethe, Marx iria atribuir um papel revolucionário à "força bruta" ou "violência" (*Gewalt*) caracterizando-a, nas considerações sobre a "acumulação primitiva", como a "potência econômica" que no curso da história sempre desempenhou o papel de "parteira" a toda sociedade incapaz de suportar em seu ventre as novas forças produtivas. Desse modo, não surpreende que muitos intérpretes marxistas, na linha de frente Georg Lukács em seus "Estudos sobre o *Fausto*", tenham feito uma leitura apologética, a ser comentada adiante com mais detalhes, das ações do colonizador centenário, as quais teriam avançado na direção do socialismo até o ponto em que as condições históricas de seu tempo permitiram ao velho Goethe.[102]

---

[102] A perspectiva lukácsiana foi encampada por não poucos intérpretes marxistas posteriores, entre os quais Gerhart Pickerodt, em cujos comentários à edição Goldmann Klassiker do *Fausto*, publicada em 1978, Haroldo de Campos encontrou um apoio central para seu estudo *Deus e o diabo no Fausto de Goethe* (São Paulo, Perspectiva, 1981). As dificuldades da exegese marxista mais tradicional com a "mitologia católica" presente na cena final "Furnas montanhosas" (que Adorno iluminou em sua dimensão linguística) transparecem de modo exemplar na formulação com que Pickerodt fecha seu posfácio: "O fato de Goethe não ter desenvolvido uma perspectiva mais concreta da humanidade, para além do presente burguês, não é, como revela o desfecho celeste, atribuível a alguma carência de habilidade formativa; antes, é fruto da situação histórica ao redor de 1830, cuja experiência nada mais lhe permitia senão a utopia joco-séria que este desfecho põe em cena". A tradução desta duvidosa constatação é do próprio Haroldo de Campos (p. 121), que curiosamente lhe atribui "admirável poder de argumentação" (p. 176). Esse juízo, no entanto, mostra-se inteiramente incongruente com as posições de dois outros teóricos mobilizados por Haroldo de Campos em seu estudo: Adorno, que reconhece à grande obra de arte plena autonomia em face da respectiva "situação histórica" (para além, portanto, da condição de *fait social*), e Mikhail Bakhtin, com sua concepção do "grande tempo" (*bolchóe vrémya*) a que pertencem obras que, como o *Fausto*, transcendem as fronteiras de sua época e vão desdobrando seus significados ao longo dos séculos (justamente no "grande tempo"). Todavia, o que realmente importa ao autor de *Deus e o diabo* é, com o apoio teórico de Bakhtin e do eslavista Vittorio Strada, mostrar o processo de

E se o pequeno círculo de Filemon e Baucis é sacrificado nesse processo, trata-se tão somente de uma "tragédia individual", lamentavelmente inevitável no progresso do gênero humano, cuja marcha — para aproveitar uma formulação do *Manifesto comunista* — tem de passar por cima do "idiotismo da vida rural".[103]

Contudo, é precisamente na avaliação do papel histórico da força e da violência (a que Pascal conferira o *status* de "rainha do mundo": "*La force est la reine du monde*") que se pode mensurar a distância que separa Goethe das concepções marxistas, como se explicitam também, para citar exemplo dos mais conhecidos, no fecho do *Manifesto*, em que os comunistas "declaram abertamente que os seus objetivos só podem ser alcançados pela derrubada violenta [*gewaltsam*] de toda a ordem social vigente até o presente".

Goethe, ao contrário, não reconhece à violência o papel de parteira de uma nova sociedade, mesmo quando esta se apresenta mais justa, racional e humana, como proporia o *Manifesto*, pouco depois da morte do poeta, com o advento do comunismo, ou como propuseram, nos primeiros tempos do Classicismo de Weimar, os protagonistas da Revolução Francesa. Por conseguinte, ao arrasamento do mundo arcaico, "idiótico" e economicamente improdutivo de Filemon e Baucis, a dramaturgia faz seguir inconti-

---

carnavalização no drama de Goethe e como, por fim, o "diá-Logos bakhtiniano", enquanto crítica a toda "verdade monológica", faz prevalecer a "verdade dialógica da utopia".

[103] *Idiotismus*, no original. Em sua "Introdução ao *Manifesto comunista*", Eric Hobsbawm observa quanto a essa formulação que, embora os autores do *Manifesto* partilhassem do costumeiro desprezo do citadino pelo mundo rural (mas também de sua ignorância em relação a esse mundo), o termo *Idiotismus* possui antes o sentido de "horizontes estreitos" do que de "estupidez": "fazia eco ao sentido original do termo grego *idiotes*, do qual derivou o significado corrente de 'idiota' ou 'idiotice', a saber, uma 'pessoa preocupada apenas com seus próprios assuntos particulares e não com os da comunidade mais ampla'. No curso das décadas posteriores a 1840, e em movimentos cujos membros, ao contrário de Marx, não possuíam educação clássica, o sentido original se evaporou ou foi mal interpretado", in *Sobre história*, tradução de Cid Knipel Moreira, São Paulo, Companhia das Letras, 1998, p. 298.

nente a entrada em cena da Apreensão, que se evola das espirais de fumaça junto com as três outras "mulheres grisalhas" designadas como Penúria, Insolvência e Privação. Ingressamos na penúltima etapa da trajetória terrena de Fausto com essa cena fortemente alegórica, uma vez que as quatro figuras femininas irrompem no enredo dramático personificando conceitos abstratos, à semelhança do que se dava nos mistérios medievais, no *Trauerspiel* alemão, também nos autos ibéricos ou no *gran teatro* de Calderón de la Barca, tão admirado por Goethe.

A transição para a cena "Meia-noite" se articula por meio dos versos pronunciados por Fausto logo após o elogio coral da "força bruta" — versos que acrescentam novos fios à densa trama urdida nesse quinto ato sob o aspecto do olhar e das relações de luz e escuridão. Do balcão de seu palácio, Fausto vê as estrelas ocultarem "olhar e brilho"; as chamas enfraquecem, mas antes de se extinguirem por completo ainda emanam em sua direção, num último crepitar, fumo e vapor em que ele acredita divisar a aproximação de algo ominoso. Na bela tradução de Jenny Klabin Segall, embora perdendo a referência ao "olhar" obnubilado das estrelas (prefiguração do obscurecimento prestes a envolver o colonizador): "Somem-se os astros na neblina,/ Do fogo baixo o ardor declina;/ Um ventozinho úmido o abana,/ Fumo e vapor traz que lhe emana./ Mal ordenado, feito o mal! Que vem voando em voo espectral?" (vv. 11.378-83).

Das chamas que consumiram os corpos de Filemon, Baucis e do Peregrino, assim como as duas tílias e todo seu entorno desprendem-se vultos que se apresentarão a Fausto na cena subsequente, amarrada à que acaba de chegar ao fim também pela rima — na tradução, o "mal", referido à cena que se fecha, e "espectral", remetendo à que se abre agora.

7.

Fausto e a Apreensão: a cena "Meia-noite"

"Mataste e ainda por cima roubas! [...] farei cair sobre ti a desgraça!". Às palavras bíblicas que Elias profere perante o rei Acab, no episódio lembrado por Mefistófeles (1 Reis: 21), Goethe faz corresponder uma inflexão que encontrou diferentes interpretações na filologia fáustica. Trata-se da cena "Meia-noite", que em sua construção fortemente alegórica (ou, pelo menos, num primeiro plano) mal se pode conceber como oriunda da mesma pena que redigiu as sentenças 750 e 751, acima comentadas, do volume *Máximas e reflexões*. A uma leitura mais aprofundada revela-se, no entanto, que na poderosa figura da Apreensão, a qual avulta extraordinariamente sobre suas irmãs impedidas de entrar nos domínios de um rico, o "conceito" de modo algum pode ser "apreendido de maneira limitada", vigorando apenas enquanto "ilustração, como exemplo" de algo mais geral — citando os termos da concepção depreciativa que nos apresentou Goethe, em seu período clássico, do procedimento alegórico. E tampouco essa cena com as quatro mulheres grisalhas desemboca num "gélido jogo de sombras, no qual em contradição ininterrupta nulidades falam, nulidades agem", conforme caracterizou Herder todo drama alegórico.

O papel desempenhado pela Apreensão na assim chamada tragédia da colonização articula-se de modo a desdobrar seu significado mais amplo num contexto que extrapola as delimitações conceituais impostas pela alegoria tradicional, tomando parte num complexo imagético (contrastes, espelhamentos, refrações) que o velho Goethe buscou circunscrever mediante a associação entre as dimensões do "ético" e do "estético". Assim, se ao emudecer de Linceu sucede a aparição ominosa dos vultos femininos, saídos dos escombros do mundo de Filemon e Baucis e entrelaçando, sob o eco soturno da rima,[104] as cenas "Noite profunda" e "Meia-noite", os últimos momentos da trajetória terrena de Fausto são envolvidos num ensombrecimento que talvez possa ser relacionado a concepções goethianas por volta de 1830, como se revelam, por exemplo, nas palavras que Eckermann registra pouco depois da morte do historiador Barthold Georg Niebuhr, autor da monumental *História romana*: "Niebuhr tinha razão", diz Goethe em março de 1831, "quando via chegar uma época de barbárie. Ela já está aí e nós já nos encontramos em meio a ela".[105]

Contudo, por mais sombria que a visão goethiana da história possa ter-se tornado por volta de 1830, ao velho poeta certamente jamais teria sido possível imaginar que a contraprova extrema para a fórmula ético-estética elaborada no episódio do massacre de Filemon e Baucis viria de seu próprio povo. Mas, como assinalado acima, a leitura retrospectiva de Paul Celan, inferindo-a de sua "Fuga sobre a morte", pôde vislumbrar nessas imagens do quinto ato a prefiguração daquilo que o nacional-socialismo começaria a infligir aos judeus europeus um século após a publicação do *Fausto II*.

Entre as vítimas do genocídio — a cabana dos anciãos ardendo milhares e milhões de vezes, na metonímia mobilizada por Albert Schweitzer em 1932 — encontra-se Helene Herrmann, que ainda em 1937 conseguiu publicar o ensaio "Faust und die Sorge" [Fausto e a Apreensão], cinco anos antes de ser deportada para Theresienstadt e, em seguida, Auschwitz, onde foi assassinada em julho de 1944.[106] O leitor desse ensaio de 1937 sente-se inclinado

---

[104] Ver vv. 11.381-3 e nota correspondente à p. 941 da edição brasileira de *Fausto II*, *op. cit.*

[105] No mencionado livro *Wanderers Verstummen* [O Emudecer do Peregrino] Michael Jaeger se estende sobre as relações de Goethe com o historiador Niebuhr (1776-1831) em trechos dos capítulos XV (pp. 421-8) e XIX (pp. 528-30).

[106] Nascida em 1877, Helene Herrmann doutorou-se em 1902, sob a

a enxergar uma identificação da autora com o destino de Filemon e Baucis quando se depara, logo nos primeiros parágrafos, com a observação de que a consumação do ímpeto fáustico tem por preço o sacrifício de vidas humanas, como ocorrera na primeira parte do drama em relação a Margarida (personagem igualmente incorporada ao poema de Celan através da metonímia dos cabelos dourados). A Helene Herrmann também não passou despercebida a importância que Goethe conferiu ao aspecto do olhar ao plasmar o choque entre as aspirações do palácio imperial e a vida singela em torno das tílias: "Ele [Fausto] não apenas sacrificou a força vital de outras pessoas à obra que deveria levar felicidade aos homens, como é o dever de todo governante; ele também exterminou a existência pia unicamente por causa da impaciência de seu olhar despótico, que ambicionava mirar a obra futura".[107] Segue-se então a análise do embate de Fausto com a Apreensão, que para a intérprete se desenrolaria na esfera psicológica, como já se esboçara em outro estudo de sua autoria, publicado vinte anos antes (1917), sobre a "forma interna" da segunda parte da tragédia.

orientação de Erich Schmidt (que descobriu o manuscrito do *Urfaust* e o publicou em 1887) e Wilhelm Dilthey, com a monografia "As concepções psicológicas do jovem Goethe e de sua época". Com a ascensão de Adolf Hitler ao poder em 1933, funda com Vera Lachmann (1904-1985) uma escola para crianças judias onde dá aulas, até o seu fechamento em 1938, de inglês, francês e latim.

[107] "Faust und die Sorge", *Zeitschrift für Ästhetik und allgemeine Kunstwissenschaft*, n° 31, pp. 321-37, 1937, citação à p. 322. Publicado também no volume *Feinheit der Sprache: Aufsätze zur Literatur aus den Jahren 1903-1937* [Sutileza linguística: ensaios sobre literatura dos anos 1903-1937] (org. Helga Bleckwenn), Flensburg, Baltica-Verlag, 1999. Apesar de agudas observações sobre o caráter "despótico" do olhar do colonizador assim como sobre outras facetas sombrias de sua personalidade, predomina no ensaio de Helene Herrmann uma imagem positiva de Fausto que, em sua leitura, consegue por fim extrair de seu íntimo as forças necessárias para superar a Apreensão, como se exprimiria no "orgulho expansivo" dos versos em que Fausto afirma bastar "um espírito" para "mil mãos" a fim de consumar-se a "obra mais vasta".

Fausto e a Apreensão: a cena "Meia-noite"

Eis como Herrmann sintetiza nesse primeiro texto, voltado sobretudo à estrutura estética da tragédia, os acontecimentos dos quais derivam a Apreensão e suas irmãs:

"Após a límpida serenidade dessa voz [de Linceu] ter soçobrado na descrição angustiada do aniquilamento que a vontade despótica de Fausto havia decretado sobre a felicidade singela, após também a voz de Fausto ter se levantado inquieta e interrogativa, vem de maneira implacável, fria, metálica o relato do feito cruel na boca dos próprios perpetradores, com toda a insensibilidade da vida exterior, até que as vozes indiferentes se convertem, em meio ao escárnio surdo das palavras finais, em ameaçadora acusação. E quando então a voz solitária [de Fausto], inteiramente entregue a si mesma, levanta-se, seu profundo tremor parece desentranhar desse espaço os demônios pelos quais repentinamente a alma se deixa guiar inerte. É preciso sentir como as cenas se entrelaçam agora sem intervalo, sentir como a última pergunta de Fausto — 'Que vem voando em voo espectral?' — é praticamente respondida pelos primeiros versos das irmãs grisalhas: 'Eu me chamo a Penúria'. 'Eu me chamo a Insolvência'."[108]

[108] Helene Herrmann insere nessa passagem a seguinte nota de rodapé: "Note-se como esses versos são martelados quase à maneira de uma cantoria grosseira de feiras populares: *Da kommen wir mit vollem Trab;/ Verzeiht! Es ging nicht gütlich ab'* [Aqui a galope pleno estamos;/ Perdão! por bem não o arranjamos].// O efeito brutal dessa trivialidade intencional é intensificado pelo arrolar monótono e insensível dos acontecimentos: 'Não sofreu muito o par vetusto,/ Caiu sem vida, já com o susto./ Um forasteiro, lá pousado,/ E que lutar quis, foi prostrado'.// Mas é magnífico quando então, nos versos conclusivos do coro — 'O velho brado repercuta' —, a mesma medida métrica e a mesma monotonia da linguagem transitam, mediante leve alteração, para algo grandiosamente ameaçador". "*Faust, der Tragödie Zweiter Teil*: Studien zur

Mas será mesmo o colonizador centenário que, contemplando os destroços do incêndio e intuindo talvez a aproximação da morte, desentranha de seu íntimo abalado os vultos punitivos?

Uma compreensão semelhante da cena "Meia-noite" esboça Albrecht Schöne em seu livro, publicado em 2015, *Der Briefschreiber Goethe* [O escritor de cartas Goethe], mais precisamente no capítulo VIII, que enfoca a carta de condolências enviada de Weimar no dia 3 de janeiro de 1832 ao filho do químico e físico Thomas Johann Seebeck. Nas palavras dessa carta estão condensados, observa Schöne, "28 anos de uma relação sumamente significativa para o estudioso da natureza Goethe, de cooperação e amizade, de uma profunda decepção, mágoa e, por fim, estranhamento".

Ao analisar o trecho da carta em que Goethe fala do "silêncio" que se insinuou em sua relação com Seebeck, que se iniciara e por vários anos transcorrera de maneira tão produtiva, seguido então, em sequência progressiva, de um "emudecer" (o verbo substantivado *verstummen*), "mal-estar" e, etapa culminante, de uma espécie de "desamparo", Albrecht Schöne vislumbra, na opção da carta goethiana pelo modo nominal, a intenção de conferir autonomia a esses "maus espíritos" (silêncio, emudecimento, mal-estar, desamparo) que, gerados no íntimo dos amigos, interpõem entre eles o estranhamento — da mesma maneira que a Apreensão e suas irmãs adquirem autonomia, levantam-se do íntimo de Fausto e agem como entidades independentes. Eis como se configura, na admirável abordagem estilística que Schöne faz dessa carta, a aproximação entre os "maus espíritos" mencionados por Goethe e a Apreensão e suas irmãs:

> "Um *silêncio* se insinua — *emudecer* sobrevém — *mal-estar* se produz: o processo de estranhamento entre os dois amigos, estendendo-se por anos, é condensado em três etapas, o elemento específico é generalizado. E reconhece-se nisso algo praticamente inevitável, impe-

inneren Form", *Zeitschrift für Ästhetik und allgemeine Kunstwissenschaft*, nº 12, pp. 86-137, 1917, citações à p. 104.

rioso. Pois não se diz: 'Quando amigos distantes primeiramente silenciam, depois emudecem por completo, por fim se mostram indispostos um com o outro', mas sim: 'Quando primeiro um silêncio *se insinua*, tão logo um emudecer sobrevém e disso *se produz* um mal-estar'. O comportamento dos amigos que vão se alienando entre si é conduzido do modo verbal ao nominal e, com isso, como que subtraído à competência e à responsabilidade dos mesmos. O próprio *silêncio*, o *emudecer*, o *mal-estar* são dotados de personalidade e autonomia — do mesmo modo que, ao final desse trecho da carta *todos os maus espíritos da desconfiança* irão surgir pessoalmente — ou, no último ato da tragédia *Fausto*, as 'quatro mulheres grisalhas': Penúria e Insolvência, Privação e Apreensão."[109]

À semelhança do que se delineia no capítulo VII do livro de Albrecht Schöne sobre o epistológrafo Goethe, também a exegese econômica a que Hans Christoph Binswanger submete o *Fausto* remete a personagem que domina a cena "Meia-noite" à esfera

---

[109] *Der Briefschreiber Goethe*, p. 351. Essa carta de Goethe foi comentada também por Walter Benjamin em sua antologia de 25 cartas escritas entre 1783 e 1883 (*Deutsche Menschen* [Homens alemães], 1936).

Reproduzo aqui o segundo parágrafo da carta ao jovem Seebeck, procurando captar as características do estilo epistolar cerimonioso e aparentemente empolado do velho Goethe, que para Benjamin teria assumido a função de "tabelião do próprio íntimo" (*Kanzlist des eigenen Innern*): "Quando, entre amigos distantes, insinua-se primeiramente um silêncio, sobrevém tão logo um emudecer e daí, sem qualquer razão ou necessidade, se produz um mal-estar; então temos de reconhecer nisso, infelizmente, uma espécie de desamparo, que pode avultar-se em temperamentos benevolentes, bem-intencionados, e que devemos tentar, como em relação a outros defeitos, superar e eliminar com consciência. [...] Uma coisa, porém, posso assegurar: que, em relação ao que desapareceu tão cedo, eu, como amigo, jamais deixei faltar afeto, e tampouco, como pesquisador, faltar admiração e envolvimento; sim, e que com frequência eu tencionava expor à sua consulta coisas que me eram importantes, através do que então todos os maus espíritos da desconfiança teriam sido afugentados".

---

134   A dupla noite das tílias

Fausto visitado pelo espectro da Apreensão
na cena "Meia-noite", no quinto ato da peça,
em bico de pena de Max Beckmann.

psicológica, ao entendê-la como a "preocupação" que persegue incessantemente os grandes investidores e empresários, entre os quais se encontraria o colonizador do quinto ato. Desse modo, Fausto estaria igualmente subjugado por essa componente intrínseca ao sistema econômico, ou seja, a inquietação permanente com o desenvolvimento da economia e do mercado, uma vez que o valor efetivo do capital é o valor atual de lucros projetados no futuro. A Apreensão seria assim um fantasma gerado no psiquismo do colonizador que, jamais se satisfazendo com o presente, sente-se a todo instante ameaçado por possíveis notícias de desastre. Eis como Binswanger, no capítulo "Ação e iniquidade", interpreta os versos em que Fausto comenta o grasnido de corvos, imediatamente antes do surgimento da Apreensão, e o temor de ser enredado por uma "malha aziaga":

> "Fausto, agora um grande investidor, conhece bem essa sensação. Cheio de ansiedade, ele diz: 'Um pássaro grasna; o que grasna ele? Desgraça'. [...] Para evitar entregar-se à Apreensão, o investidor é mais ou menos obrigado a investir continuamente para assegurar novos lucros que são em seguida reinvestidos. Mas isso só cria ainda mais preocupações, que se propagam por si mesmas, por assim dizer."[110]

O que se apresenta, todavia, enquanto ansiedade econômica na exegese de Binswanger aparece como "máscara" de um difuso sofrimento ontológico na perspectiva do estudo "Schopenhauer und Fausts Ende" [Schopenhauer e o fim de Fausto], em que Wolfgang Wittkowski rastreia a influência de *O mundo como vontade*

---

[110] Hans Christoph Binswanger, *Geld und Magie*, *op. cit.*; na edição brasileira, *Dinheiro e magia*, *op. cit.*, a citação se encontra à p. 96. Para ilustrar a tese de Binswanger referente às preocupações que assolam o rico investidor se poderia lembrar o verso extraído do famoso monólogo de Segismundo em *La vida es sueño*, de Calderón de la Barca, tão admirado por Goethe: "Sueña el rico en su riqueza, que más cuidados le ofrece".

e representação, mais precisamente do parágrafo 57 da primeira parte (publicada em dezembro de 1818), sobre a concepção da cena "Meia-noite".[111]

Para esse intérprete, o embate de Fausto com a Apreensão e suas irmãs teria extraído sua estrutura da caracterização schopenhauriana da vontade de viver como "aspiração constante, sem finalidade e sem descanso" (*ein beständiges Streben, ohne Ziel und ohne Rast*), a qual irradia um sofrimento volátil e, no fundo, inarredável da condição humana, já que todos os esforços no sentido de bani-lo fazem apenas com que ele mude continuamente sua aparência original. Esta seria, nos termos do próprio filósofo, "penúria [*Mangel*], privação [*Not*] e preocupação [*Sorge*] com a conservação da vida. Se a pessoa conseguir, o que é muito difícil, recalcar o sofrimento sob essa aparência, ele logo volta a apresentar-se sob mil outras diferentes, que variam em consonância com a idade e as circunstâncias". E pouco adiante, nesse mesmo contexto, Schopenhauer discorre sobre a "substância da apreensão" (*Sorgestoff*) que, como "figura de névoa escura e imperceptível" (*als dunkle unbemerkte Nebelgestalt*), encontra-se sempre à espreita na consciência humana, pronta a subjugá-la tão logo uma preocupação anterior tenha sido eventualmente superada.

Evidencia-se desse modo que, com exceção da "mulher grisalha" a que o dramaturgo atribui a ambivalente designação de *Schuld*, entendível tanto no plano moral enquanto "culpa" ou no sentido de "dívida/débito", esse grupo espectral que ganha o palco numa atmosfera de sombras e névoas terá efetivamente tomado seus nomes ao trecho que Wittkowski destaca na primeira parte de *O mundo como vontade e representação*. Em expressão metafórica, temos aqui mais uma obra a integrar a rede de tributários — a profusão incalculável de leituras e estudos goethianos — que

---

[111] "Schopenhauer und Fausts Ende" foi publicado no volume *Goethe: Homo homini lupus, Homo homini deus. Über deutsche Dichtungen 2* (Frankfurt a.M., Peter Lang, 2004, pp. 457-533). Trata-se de uma versão bastante ampliada do ensaio "Goethe, Schopenhauer und Fausts Schlußvision" [Goethe, Schopenhauer e a visão final de Fausto] (*Goethe Yearbook*, 1993, pp. 233-68).

alimentam o caudal "amazônico" do *Fausto II*, produto "de um ser coletivo que porta o nome Goethe".

Cumpre assinalar, porém, que entre Goethe e Schopenhauer os empréstimos se deram nas duas direções, pois se a cena "Meia--noite" deixa claro ter absorvido elementos da filosofia schopenhauriana, o *Fausto I* teve por seu turno considerável influxo sobre o autor de *O mundo como vontade e representação*. O próprio conceito de "apreensão" (ou "preocupação", *Sorge*), Schopenhauer não o terá encontrado no monólogo inicial da cena "Noite"? Em um dos momentos desse longo solilóquio Fausto envereda pelo sofrimento insidioso e volátil que sente avultar em seu íntimo para subjugá-lo depois por completo:

> "Cria no fundo peito a apreensão logo vulto,
> Nele obra um sofrimento oculto,
> A paz turba e a alegria, irrequieta, a abalar-se;
> Continuamente assume algum novo disfarce;
> Com máscara de prole, esposa, quinta e lar,
> Como veneno, fogo, água, aparece;
> Tremes com tudo o que não acontece,
> E o que não vais perder, já vives a prantear"
> [vv. 644-51][112]

[112] Goethe teve um primeiro contato pessoal com o jovem Schopenhauer (1788-1860) em Weimar em novembro de 1813, no salão literário da mãe do filósofo, Johanna Schopenhauer. Discussões cromáticas constituem o principal elo dessa relação que se interrompe em agosto de 1819, após alguns desentendimentos teóricos. Conforme assinala Wittkowski, a primeira parte de *O mundo como vontade e representação* foi redigida "antes, durante e após as conversas [com Goethe] no inverno de 1813-14", e Goethe dedicou-lhe intensa leitura nos meses de janeiro e fevereiro de 1819. Numa nota (parágrafo 54) que inseriu em edições posteriores da obra, Schopenhauer faz a seguinte observação: "Nas *Conversações com Goethe*, de Eckermann [...] Goethe diz: 'nosso espírito é um ser de natureza inteiramente indestrutível; uma força que atua sem cessar, de eternidade a eternidade. É semelhante ao sol, que tão somente aos nossos olhos terrenos parece se pôr, na realidade, porém, jamais se põe, continuando a brilhar ininterruptamente'. — Goethe recebeu de mim esse sí-

A importância da primeira parte da tragédia para Schopenhauer transparece, além disso, no parágrafo 68 de sua obra máxima, mais precisamente no tributo que rende a Gretchen, personagem que lhe teria transmitido o mais alto conceito de anulação da vontade que se pode encontrar na literatura mundial:

> "Esta [a sofrida história de Gretchen] é um modelo consumado da segunda via que conduz à negação da vontade, a qual não se dá, como ocorre na primeira [via], por meio da mera consciência do sofrimento de todo um mundo, da qual é possível apropriar-se voluntariamente, mas sim mediante o próprio sofrimento desmesurado, experimentado em si mesmo. É verdade que muitas tragédias conduzem por fim seus heróis, movidos por um impetuoso desejar, a esse ponto de total resignação, em que a vontade de viver e sua manifestação costumam cessar ao mesmo tempo. Mas nenhuma das representações que me são conhecidas desenrola diante dos olhos, de maneira tão clara e despojada de qualquer acessório, o essencial daquela conversão como a que mencionamos no *Fausto*."

Pode-se afirmar assim que, aquilo que Goethe tomou emprestado à primeira parte de *O mundo como vontade e representação* por ocasião da leitura feita já em 1819 e, depois, em 1825 (quando redige um *paralipomenon* intitulado "As quatro mulheres grisalhas: Fausto e a Apreensão"), o filósofo por seu turno encontrara em estado incipiente no *Fausto I*, tendo resultado dessa interação, conforme aponta Wolfgang Wittkowski, "um momento cul-

---

mile, e não eu dele. Nessa conversa que teve em 1824, ele o emprega sem dúvida em decorrência de uma reminiscência talvez inconsciente". Uma reconstituição do contato entre o poeta e o jovem filósofo é feita por Rüdiger Safranski no capítulo 27 ("Encontro com Schopenhauer: o aluno que quer tornar-se professor") de sua biografia *Goethe: Kunstwerk des Lebens* [Goethe: a vida como obra de arte], Munique, Carl Hanser Verlag, 2013.

Fausto e a Apreensão: a cena "Meia-noite"

minante na literatura dramática mundial", justamente o grupo cênico "Palácio", "Noite profunda" e "Meia-noite", que sem o contexto schopenhauriano não pode ser apreciado "em sua beleza artística" e, muito menos, em seu significado central para a compreensão da tragédia fáustica.

Como deixa entrever a referência a todo um "grupo cênico", esse longo estudo "Schopenhauer e o fim de Fausto" não se limita às efetivas sugestões do filósofo que ingressaram na cena "Meia-noite", ou seja, as "máscaras" de apreensão, penúria e privação assumidas pelo sofrimento que necessariamente deriva da ininterrupta aspiração humana; dando um passo além, o ensaio busca elucidar toda a trajetória do protagonista à luz de outros conceitos schopenhaurianos, como o de "antecipação" (*Antizipation*), que teria sido posto em cena na visão final do colonizador, ou da própria vontade de viver (que o filósofo compara a uma "sede insaciável"), da qual o centenário Fausto se torna a encarnação consumada nos seus últimos instantes, em seu ser "eternamente ativo [...] espécie de conquistador de mundo schopenhauriano", mas ao mesmo tempo também "um fracassado, sim, um ser grotescamente ludibriado e escarnecido", que no momento máximo de seu suposto triunfo, de seu projeto utópico, não teria em mãos senão o nada.

O leitor que, na trilha aberta por Wittkowski, aceitar sem reservas a tese de uma maciça influência schopenhauriana não apenas sobre a cena "Meia-noite", mas em relação ao conjunto da trajetória fáustica desdobrada no quinto ato, poderá vislumbrar em suas imagens complementares e contrastantes a plasmação de mais uma das "fórmulas ético-estéticas" buscadas por Goethe em sua velhice, justamente a tentativa de apreender essa componente fundamental da existência humana: a "aspiração constante, sem finalidade e sem descanso" (ou "agitação feroz e sem finalidade", no verso do poema "Momento num café", de Manuel Bandeira), a que nenhuma meta atingida é capaz de pôr termo e, por conseguinte, de aplacá-la com a oferta de uma vivência limitada.

Com isso, porém, não se estaria desvinculando a Apreensão e suas "irmãs grisalhas" das circunstâncias concretas em que elas se originaram, isto é, do massacre perpetrado por Mefistófeles e seus ajudantes, mais precisamente das volutas de fumaça em que desaparecem o Peregrino, Filemon, Baucis e todo seu pequeno mundo? À visada cerradamente ontológica ou psicologizante, que não oferece acesso ao substrato histórico do derradeiro complexo dramático do *Fausto*, seria possível contrapor uma perspectiva de leitura que concebe os quatro vultos femininos da cena "Meia-noite" como decorrência objetiva do enredo, e não enquanto produtos da atividade cerebral do colonizador, conforme subjaz à exegese de Wittkoswi ou ainda de Helene Herrmann e outros intérpretes citados.

Na esfera psicológica, isto é, na condição de potência mental ou valência psíquica da personagem pode ser visto, por exemplo, o "Espírito mau" (*böser Geist*) que surge "por detrás de Gretchen", segundo a rubrica da cena "Catedral", e, emprestando voz a seus remorsos e má consciência, intensifica o desespero da moça até levá-la ao desmaio. E se o poeta nos oferece fortes indícios de que o Espírito Mau tenha nascido efetivamente das inomináveis acusações feitas por Valentim, o irmão-soldado de Gretchen, na cena anterior (veja-se que as últimas palavras da terrível aparição — "Almas glorificadas/ Desviam de ti seu semblante" — retomam as imprecações proferidas havia pouco pelo "soldado e homem de bem": vv. 3.750-5), de maneira ainda mais sutil Goethe faz essa "voz" da trágica heroína antecipar o futuro infanticídio ao sugerir a angústia da vida que se agita "borbulhante" no ventre da moça.[113]

Em relação, todavia, à cena "Meia-noite" talvez não haja suficientes indícios para a hipótese de que a Apreensão e suas acom-

---

[113] "E, borbulhante, já não se move algo/ Sob o teu coração,/ E te angustia, a ti e a si, como existência pressagiosa?" "Borbulhante" corresponde adequadamente à forma gerundial (*quillend*) do verbo *quillen*, como Goethe grafa aqui o verbo *quellen*, "brotar", "jorrar" de maneira borbulhante ou efervescente (uma fonte, por exemplo). Portanto, uma sutil alusão à futura morte por afogamento: o infanticídio evocado no pungente delírio de Gretchen na cena "Cárcere" (vv. 4.551-62).

panhantes tenham origem no íntimo da personagem. Por isso o intérprete pode perfeitamente abdicar da via psicológica para enfocar o "voo espectral" que se levanta de imediato após a eliminação do derradeiro enclave não integrado aos novos domínios conquistados ao mar — um pedaço de terra tão intolerável ao pactário "como é intolerável a toda racionalidade ligada à dominação sobre a natureza tudo que não lhe seja semelhante", voltando às palavras de Adorno. Com esse "expurgo" o caminho estaria inteiramente franqueado à colonização total almejada por Fausto. Contudo, não será esse o rumo que Goethe faz os acontecimentos tomarem na etapa final do complexo dramático da colonização.

8.

Crime e castigo: uma xilogravura da punição

Conferindo à ação trágica uma surpreendente inflexão, a cena "Meia-noite" se abre com figuras que parecem ter saído de uma xilogravura medieval, dando-se a conhecer pela mesma fórmula direta e despojada ("Eu me chamo..."), que evidencia o estreito vínculo entre elas. Das quatro, no entanto, somente uma logrará penetrar no palácio de onde partiu a ordem para a eliminação dos anciãos, já que as demais — Penúria, Insolvência, Privação — nada podem contra um "rico", segundo revelam as próprias: "Fechou-se o portal, não podemos entrar;/ De um rico é a mansão, não devemos entrar".[114]

Afastando-se, os três espectros associados às carências materiais retomam a recente observação de Fausto sobre o ocultamento do "olhar" das estrelas e anunciam a aproximação, ainda ao longe, de mais um vulto, a quem chamam no original de "irmão", rimando em seguida o seu nome (*Tod*: morte, que em alemão é

---

[114] A repetição do verbo "entrar" na tradução corresponde à rima idêntica do original, constituída por formas abreviadas do advérbio *hinein*, "para dentro". À luz desses versos evidencia-se o acerto de Jenny Klabin Segall em traduzir *Schuld* por "Insolvência", ou seja, o débito ou dívida material praticamente impossível de se solver e que, ao lado das figuras da Penúria e da Privação, não consegue adentrar a casa de um "rico" (o que seria possível à "Culpa", no sentido moral de *Schuld*). Em abril de 1949, por ocasião do segundo centenário do nascimento de Goethe, J. K. Segall publicou no *Diário de São Paulo* um texto ("Em seu julgamento os povos não confundiram o poeta máximo com a noite nazista do Reich") em que comenta essa opção tradutória e relata as divergências que teve com um amigo não nomeado (Ernst Feder talvez?), o qual insistia na tradução de *Schuld* por culpa. (Esse texto pode ser consultado no Museu Lasar Segall.)

masculino) com o de uma das "irmãs", Privação (*Not*). Todavia, esse retardatário na procissão alegórica, o qual pode ser imaginado com os atributos do capuz e da foice, não irá falar ou manifestar-se de maneira direta na sequência da ação.

As primeiras palavras pronunciadas por Fausto na cena "Meia-noite" demonstram que ele não apenas captou a lúgubre rima como também percebeu a chegada e a retirada parcial das figuras — eventos ominosos, que lhe presentificam o estatuto do pacto ainda vigente e acendem-lhe o desejo de libertação: "Pudesse eu rejeitar toda a feitiçaria,/ Desaprender os termos de magia,/ Só homem ver-me, homem só, perante a Criação,/ Ser homem valeria a pena, então". O desígnio de rejeitar os recursos proporcionados por Mefistófeles reitera-se em seguida, quando o pactário renuncia, face a face com a Apreensão, a esconjurá-la por quaisquer meios iníquos.

Entre os vários intérpretes que veem nesse passo da tragédia um indício do aperfeiçoamento humanista de Fausto, de uma presumível orientação "progressista", está Georg Lukács, que enxerga ainda, no embate configurado na cena "Meia-noite", a determinação do colonizador em libertar-se do jugo mefistofélico (identificado com o sistema capitalista) e levar liberdade e desenvolvimento às massas trabalhadoras, que pouco adiante marcarão presença em seu discurso. Na perspectiva marxista do filósofo húngaro, a Apreensão, encarnação do pessimismo histórico que pressupõe a irrealizabilidade das aspirações humanas, deve ser entendida inequivocamente enquanto emissária de Mefistófeles, o que explicaria e justificaria a decisão subsequente do herói de não reconhecer sua potência: "Mas teu poder, tão tredo quão tirano,/ Não vou jamais, ó Apreensão, reconhecê-lo".[115]

Mas por que uma enviada de Mefisto haveria de arrostar o colonizador e *Patron* imediatamente após a perpetração dos crimes? Não seria mais coerente buscar aproximar-se dessa persona-

---

[115] "Faust-Studien" [Estudos sobre o *Fausto*], in *Goethe und seine Zeit* [Goethe e seu tempo], Berlim, Aufbau-Verlag, 1953, pp. 168-260; sobre a figura da Apreensão em especial, ver pp. 219-22.

gem por outros ângulos de leitura? Na enciclopédia mitológica de Hederich, de que o poeta se valia com frequência, uma divindade da inquietude (*Unruhe*) e apreensão (*Sorge*) é relacionada sob o nome de *Cura* (como em latim, nas traduções italianas da tragédia *die Sorge* aparece como *la Cura*), e o plural *Curae* designaria as "deusas da vingança", empenhadas em atormentar a "consciência culposa". Também não seria ocioso assinalar que, no contexto cristão-medieval de um mistério — por exemplo, o *Auto da barca do inferno*, de Gil Vicente, ou *Everyman*, *morality play* que surge na Inglaterra no final do século XV como tradução do texto holandês *Elckerlijc* — uma figura como a Apreensão goethiana seria interpretada, em primeiro lugar, como espécie de mensageira celeste investida da missão de conduzir ao arrependimento o pecador convocado a prestar contas perante Deus (e não como fruto do psiquismo da personagem). À luz da estreita correlação, reforçada pela rima, entre as cenas "Noite profunda" e "Meia-noite" parece pouco provável que Goethe tenha concebido a Apreensão, assim como suas três irmãs, enquanto enviada de Mefisto, conforme pretende a leitura lukácsiana.

Mais coerente seria enxergar esse imponente espectro na condição de emissário do irmão que lhe vem no encalço, de acordo com o anúncio dos três outros vultos que não puderam penetrar no palácio do colonizador. É essa, por exemplo, a interpretação proposta por Max Kommerell em seu ensaio "Faust und die Sorge", cuja publicação em 1940 é concomitante aos "Estudos sobre o *Fausto*" de Lukács. Para Kommerell, as quatro irmãs estão a serviço de uma figura mais poderosa do que elas (a morte), coisa que o próprio Fausto intui ao captar a sinistra rima: "Assim esse breve prólogo nos diz que, nas quatro mulheres grisalhas, não estamos defrontados apenas com elas — Penúria, Insolvência, Apreensão, Privação — mas que nelas, mensageiras fúnebres, é a morte que está assinalada [...] em sua atuação participa o irmão mais forte".[116]

---

[116] Max Kommerell, *Geist und Buchstabe der Dichtung* [Espírito e letra da poesia], Frankfurt a.M., Klostermann, 1962, pp. 75-111; citação à p. 80.

Crime e castigo: uma xilogravura da punição

E não se deveria supor, no âmbito da constelação dramática criada por Goethe, que também Mefistófeles tenha captado esse anúncio e justamente por isso já tenha começado a recrutar os lêmures para a subsequente cena "Inumação"? "Tudo eu não sei; porém, ando bem informado", dissera ele pouco antes de concluir o pacto com Fausto (v. 1.582), e alguns instantes antes da morte deste: "Trata-se, *disso tive a nova,/* Não de um cavado, mas da cova" (vv. 11.557-8, grifo meu).

Seja como for, o que o texto goethiano efetivamente nos mostra é, em primeiro lugar, a plena segurança da Apreensão quanto a estar no "lugar certo", isto é, no palácio de onde partiu a ordem que resultou no incêndio de que se evolaram as figuras. E após uma primeira e breve apresentação de seu poder insidioso, vem a pergunta: "Jamais conheceste a Apreensão?".

A resposta deveria ser afirmativa, considerando-se os versos com que Fausto exprime sua exasperação diante da esfera de vida divergente de Filemon e Baucis, ao dizer, por exemplo, que as poucas árvores que não lhe pertencem "estragam-me o domínio régio"; ou, ainda na cena "Palácio": "Na posse, assim, mais nos assalta/ Mágoa e ânsia pelo que nos falta" (vv. 11.251-2). Com essas palavras vêm à tona sintomas que coincidem, pelo menos parcialmente, com a descrição que a Apreensão faz daquele que cai sob seu domínio, começando com os versos (11.453-60):

> "Quem possuo é meu a fundo,
> Lucro algum lhe outorga o mundo;
> Ronda-o treva permanente,
> Não vê sol nascente ou poente;
> Com perfeita vista externa
> No Eu lhe mora sombra eterna,
> E com ricos bens em mão,
> Não lhes frui a possessão."

Além disso, cerca de 10.900 versos antes, na cena "Noite" que se abre na atmosfera asfixiante de um "quarto gótico", o doutor dirige-se, numa das inflexões de seu longo monólogo de desespero, a uma Apreensão que — conforme diz — se aninha no mais fundo do coração, onde engendra sob diferentes disfarces sofrimentos ocultos e cambiantes. Trata-se dos versos que foram relacionados acima à filosofia schopenhauriana: "Cria no fundo peito a apreensão logo vulto,/ Nele obra um sofrimento oculto,/ A paz turba e a alegria, irrequieta, a abalar-se;/ Continuamente assume algum novo disfarce;/ Com máscara de prole, esposa, quinta e lar,/ Como veneno, fogo, água, aparece;/ Tremes com tudo o que não acontece,/ E o que não vais perder, já vives a prantear". Todavia, o tema da "apreensão" surge aqui no contexto das atormentadas especulações de Fausto na cena de abertura, num momento em que ele nem sequer se encontra associado a Mefistófeles. Esse monólogo de abertura, contemplado da distância temporal dos assassinatos que deram origem às aparições fantasmagóricas da cena "Meia-noite", mostra-se como longínquo passado, e Fausto — verdadeiro virtuose do esquecimento — não tem olhos nas cenas do último ato senão para o titânico projeto de civilização a ser implementado nas terras conquistadas ao mar. A resposta é, por conseguinte, negativa: em sua travessia pelo mundo, ele nunca pôde conhecer a Apreensão, jamais teve tempo para outra coisa que não fosse apropriar-se impetuosamente da realidade terrena, fechando-se a qualquer divagação religiosa ou metafísica, como dizem esses versos que antecipam concepções materialistas posteriores: "O círculo terreal conheço a fundo,/ À nossa vista cerra-se o outro mundo;/ Parvo quem para lá o olhar alteia;/ Além das nuvens seus iguais ideia!".[117]

Ignorando essa declaração de Fausto, a Apreensão dá-se então a conhecer em trinta versos distribuídos em duas estrofes cortadas pelo protesto do ancião contra a "má ladainha" que lhe fere

---

[117] "Tolo, quem pestanejando dirige os olhos para lá [o além]/ Acima das nuvens fantasia seres iguais a si", em tradução mais literal dos dois últimos versos. Doze anos depois, Heinrich Heine, que antes de sua convivência com o jovem Marx mantivera estreitas relações com o círculo saint-simoniano de Paris, propunha, no início do ciclo *Alemanha, um conto de inverno*, "deixar o céu para os anjos e os pardais".

Crime e castigo: uma xilogravura da punição

os ouvidos. Também com as palavras que atribui à mulher grisalha, Goethe entretece novos elementos ao motivo do olhar (que desponta igualmente nos versos que falam da inacessibilidade do "outro mundo" à vista humana) e à teia de relações entre luz e escuridão: o ser humano de quem a Apreensão se apoderou torna-se incapaz de perceber o crepúsculo matutino ou vespertino e com sentidos perfeitos, em plena claridade diurna, encontra-se dominado por sombras, enxergando todas as coisas de maneira "disforme" (*Er verliert sich immer tiefer,/ Siehet alle Dinge schiefer*; "Mais a fundo se perdendo,/ Tudo mais disforme vendo", vv. 11.475-6). Roubando-lhe o poder de decisão, a Apreensão prepara sua vítima para o "inferno", conforme se arremata essa apresentação que talvez possa ser associada ao conceito medieval de acídia, mas na qual também já se apontaram sintomas do que hoje se designa por depressão.[118]

Como esboço de uma possível comparação alegórica, valeria lembrar que Dante Alighieri, no canto XI do *Paraíso*, faz São Tomás apresentar-nos uma figura que permanece sempre calada e a quem ninguém, exceto Cristo e São Francisco, teria se unido espontaneamente — ou queira ainda unir-se e, assim, descerrar-lhe a porta do prazer, na metáfora empregada pelo poeta florentino (*la porta del piacer nessun diserra*). Trata-se da Pobreza, à qual

---

[118] No estudo de 1990 *Der heilkundige Dichter: Goethe und die Medizin* [O poeta terapêutico: Goethe e a medicina], Frank Nager, na época professor de medicina em Zurique e médico-chefe no hospital cantonal de Lucerna, elenca na fala da Apreensão quinze sintomas do estado depressivo, como costumam ser descritos em tratados de psiquiatria. Na sinistra figura que consegue penetrar no palácio de um rico, Goethe teria representado a depressão de maneira tão precisa, propõe o autor, como só o poderia ter feito uma pessoa que conhecesse a fundo essa doença. Entretanto, a abordagem psiquiátrica de Nager aponta no final para uma vitória de Fausto sobre a depressão: "A vista íntima se levanta, desperta uma compreensão mais profunda. A catástrofe do enceguecimento externo comuta-se enantiotropicamente em gratificante visão futura — num momento que ele gostaria por fim de preservar para sempre" (ver o segmento "Faust: Der Depressive", pp. 141-4).

148   A dupla noite das tílias

voltaremos adiante no contexto de um breve texto de Erich Auerbach; mas se nesse canto XI São Tomás, o *Doctor Angelicus*, fala da determinação humana a evitá-la a todo custo, é também compreensível que Fausto, como qualquer outro ser humano, queira evitar essa sombria aparição e resista encarniçadamente a submeter-se à potência da adversária que conseguiu irromper no magnificente palácio, o que certamente não teria sido possível à *Paupertas*, enquanto alegoria — como a Privação, Penúria e Insolvência — de uma carência material. Mas a Apreensão não adveio, juntamente com as "irmãs", da combustão de pessoas, árvores, capela e cabana? Abrir-se a essa figura poderia configurar, portanto, um confronto efetivo com as consequências da ordem a Mefistófeles no sentido de tirar Filemon e Baucis de seu caminho, o que levaria a um avanço no propósito de afastar-se dos princípios demoníacos, conforme indiciado na decisão de abster-se de feitiçaria para neutralizar o espectro intruso.

O que se percebe, contudo, é que o crime contra Filemon e Baucis já está sendo absorvido pelo esquecimento, no mesmo processo que soterrou o sofrimento e a morte de Gretchen, na primeira parte do drama. "E assim, por cima de túmulos, avante!", lê-se numa carta de Goethe datada de 23 de fevereiro de 1831,[119] e em seu sentido explícito essas palavras não estariam deslocadas nos lábios do colonizador que jamais se volta ao passado no empenho de elaborar os crimes causados pela "impaciência de seu olhar despótico" (Helene Herrmann), mas tem a vista sempre posta no porvir, num "infinito" que espera relancear do alto do belvedere projetado para o lugar outrora ocupado pelas tílias.

---

[119] Trata-se da carta em que narra ao amigo berlinense Carl Friedrich Zelter as circunstâncias da morte de seu filho August von Goethe, ocorrida no dia 27 de outubro de 1830, em Roma. Após dizer que August veio por fim a repousar junto à Pirâmide de Cestius (*Cimitero acattolico*), onde o próprio poeta, durante sua experiência romana em 1788, sonhara ser enterrado um dia, a carta é fechada com as palavras "E assim, por cima de túmulos, avante!" (*Und so, über Gräber, vorwärts!*).

Eis, porém, que advém o surpreendente, inesperado elo no enredo dramático: à resistência do velho colonizador a enxergar e reconhecer a Apreensão, Goethe faz corresponder uma espécie de "contrapasso" — de acordo com a etimologia latina de *patior* e *contra*, "sofrer o contrário" —, semelhante àquele que estrutura os círculos do inferno dantesco. A punição deve corresponder à soberba praticada, de tal maneira que, a quem ambicionou mirar tão somente o infinito, toca ser punido com a perda da visão, deixando absolutamente de enxergar. É na própria carne, portanto, que o pactário deve experimentar o poder da mulher grisalha que o arrosta: "A vida inteira os homens cegos são,/ Tu, Fausto, fica-o, pois, no fim!".

Com essa maldição, sai de cena a personagem que, à luz das considerações estéticas do Goethe clássico, poderia ser vista como a mais portentosa alegoria de todo o drama. Se Fausto renunciou a enfrentá-la com magia, sua reação à cegueira não irá desdobrar--se no sentido de nova conduta de vida, esboçada porventura nessa renúncia, mas antes intensificar seu característico titanismo. Pois como se configura sua reação imediata à perda da visão? É primeiramente pelo contraste entre luz e escuridão que uma renovada afirmação existencial se sobrepõe a qualquer sentimento de derrota acarretado pelo dano corporal: "A noite cai mais fundamente fundo,/ Mas no íntimo me fulge ardente luz". Não por acaso, essas palavras invertem a oposição, mobilizada pouco antes pela Apreensão, entre trevas e sombras interiores, de um lado, e claridade exterior e visão perfeita, de outro: "Ronda-o treva permanente,/ Não vê sol nascente ou poente;/ Com perfeita vista externa/ No Eu lhe mora sombra eterna" (vv. 11.455-8).

Em seguida, o colonizador, apostrofado no próprio discurso como "amo" ou "senhor" (*Herr*), exorta seu exército de operários (chamados, todavia, de "servos") a empunhar os instrumentos de trabalho para que se venha a "contemplar com felicidade" (*lasst glücklich schauen*) o que ele ousadamente idealizou. Irradiando inquebrantável ativismo, numa dicção que escande expressões como *ordem rigorosa*, *esforço pressuroso*, *prêmio do progresso*, Fausto encerra o monólogo e a cena "Meia-noite" enaltecendo seu espírito pretensamente *lungimirante*, para usar a bela palavra italiana também ligada ao atributo da visão: "Esforço ativo, ordem austera,/ O mais formoso prêmio gera./ A fim de aviar-se a obra mais vasta,/ Um gênio para mil mãos basta" (vv. 11.507-10).

Num estudo publicado em Nova York no ano de 1935, Gottlieb C. L. Schuchard, profundo conhecedor do socialismo utópico, demonstrou de forma pioneira que esses e alguns outros versos que Goethe colocou nos lábios do colonizador do quinto ato só podem ser plenamente compreendidos sob o pano de fundo de ideias saint-simonistas que chegavam ao conhecimento do velho poeta através de conversas com o genebrino Frédéric Soret e, sobretudo, da leitura de *Le Globe: Journal Philosophique et Littéraire* (subtítulo que em janeiro de 1831 foi substituído por *Journal de la Doctrine de Saint-Simon*).[120] Para o intérprete essas alusões se dão exclusivamente em chave satírica, de tal modo que afirmações fáusticas que Wittkowski associaria mais tarde à filosofia de Schopenhauer já nos são apresentadas nesse trabalho de 1935 como alusões caricaturais a formulações de Saint-Simon, por exemplo a apologia da vontade titânica: "*il suffit de vouloir, et nous voulons*": "basta querer, e nós queremos". E quando Fausto enaltece, nesse mesmo contexto dramático, seu "espírito" clarividente que "vale por mil mãos", Goethe estaria dando, segundo Schuchard, uma "estocada" satírica no enaltecimento que o conde francês dispensa, em *Du système industriel* (1821), ao trabalho intelectual que deve governar a atividade de milhares e mesmo milhões de braços, como nessas palavras que Saint-Simon faz os operários dirigirem aos *chefs de l'industrie*: "Vós sois ricos, nós somos pobres; vós trabalhais com a cabeça, nós com os braços; destas dife-

---

[120] "Julirevolution, St. Simonismus und die Faustpartien von 1831" [Revolução de Julho, saint-simonismo e as partes do *Fausto* de 1831], in *Zeitschrift für deutsche Philologie*, 60. No ensaio "Saint-Simon und die Saint-Simonisten bei Goethe" [Saint-Simon e os saint-simonistas em Goethe] (*Goethe Jahrbuch* 2015, Göttingen, 2016, pp. 171-81), Heinz Hamm opõe-se a interpretações que, a seu ver, sobrevalorizam, como a pioneira de Schuchard, o significado dessa vertente do socialismo utópico para o último ato do *Fausto II*.

renças fundamentais resulta que somos e devemos ser os vossos subordinados".

Muito distante de qualquer leitura satírica da "tragédia do colonizador" está Konrad Burdach com a imponente interpretação da disputa entre Fausto e a Apreensão que foi incorporada por Martin Heidegger ao sexto capítulo de *Ser e tempo*. A vasta erudição desse crítico facultou-lhe levantar fontes inéditas na filologia fáustica; agora, porém, fontes da Antiguidade clássica, já que a Apreensão que tira a visão de Fausto teria sido inspirada na *atra cura* de duas odes de Horácio — em *Carm*. III, 1, há o verso *"post equitem sedet atra cura"*: "atrás do cavaleiro senta-se a negra preocupação" (na tradução de Paulo Rónai) — e nas *ultrices* (vingativas) *curae* com que Eneias se depara no canto VI da *Eneida* (vv. 264-78). Esse aporte de Burdach integra uma interpretação bastante original, que concebe os versos pronunciados pelo colonizador em seus instantes finais enquanto expressão fiel do que se passa em seu íntimo, que efetivamente estaria sendo banhado por intensa luz.[121]

---

[121] Entre as várias referências mobilizadas por Burdach em seu ensaio "Faust und die Sorge" [Fausto e a Apreensão], publicado na revista trimestral de teoria literária e ciências humanas (*Vierteljahrsschrift für Literaturwissenschaft und Geistesgeschichte*), está também Sêneca que, atribuindo à cura a capacidade de aperfeiçoar o bem no ser humano (*Cura hominis bonum perficit*), oferece a Burdach valioso subsídio para interpretar o confronto de Fausto com a Apreensão. Uma vez que Heidegger se apoia largamente em Burdach no sexto capítulo (parágrafo 41) de *Ser e tempo*, ele incorpora também o filósofo estoico à sua argumentação. Mas seu principal empréstimo junto ao crítico consiste numa fábula atribuída a Higino (*c*. 64 a.C.-17 d.C.), conforme vem expresso nas palavras: "O autor deparou-se com o seguinte testemunho pré-ontológico para a interpretação existencial-ontológica do Ser-aí como Apreensão no ensaio de K. Burdach". Heidegger reproduz então, em latim e na tradução de Burdach, a fábula de Higino que ilustra a disposição fundamental do Ser-aí humano enquanto apreensão (a tradução que se segue procura manter a oscilação nos tempos verbais): "Quando certa vez a 'Apreensão' atravessava um rio, viu uma placa de terra argilosa: pensativa, tomou um pedaço e começou a

Burdach não reconhece, portanto, nenhum vestígio de intenção satírica nessa cena "Meia-noite". Em sua interpretação, Goethe, muito pelo contrário, teria levado seu herói a consagrar-se pouco antes da morte, plena e incondicionalmente, ao projeto de abrir espaços virgens à atividade de muitos milhões de seres humanos (v. 11.563), de criar-lhes uma "terra paradisíaca" (*ein paradiesisch Land*, v. 11.569). Em seu íntimo, o colonizador centenário supera assim a cegueira na medida em que converte o poder destrutivo da Apreensão (*Sorge*) em preocupação com os outros, ou seja, em "preocupação assistencial" (*Fürsorge*), em "cuidado" devotado aos habitantes das terras que vêm sendo conquistadas ao mar. A esse profundo sentimento de solidariedade que se apodera de Fausto, Burdach atribui por fim um elemento feminino, que entrará novamente em ação na cena final das "Furnas montanhosas", quando a ascensão da enteléquia de Fausto é envolvida pelos cuidados de Gretchen e da *Mater Gloriosa*: "E nessa preocupação assistencial [*Fürsorge*] encerra-se aquele segredo que o *Chorus Mysticus* anuncia como derradeira palavra na vida de Goethe: 'O Eterno-Feminino/ Puxa-nos para cima'".

Uma década após a publicação desse tratado e, portanto, no fatídico ano em que Hitler assumia o poder na Alemanha, Wilhelm

moldá-lo. Enquanto vai pensando consigo sobre o que criara, chega Júpiter. A 'Apreensão' pede-lhe que insufle espírito ao pedaço de argila moldada. Júpiter atende-lhe de bom grado o pedido. Mas quando ela quis atribuir seu nome à figura, Júpiter proibiu tal coisa e exigiu que lhe fosse dado seu nome. Enquanto a 'Apreensão' e Júpiter contendiam em torno do nome, levantou-se também a Terra [*Tellus*] e exprimiu o desejo de que fosse atribuído à figura o seu nome, já que ela lhe ofertara um pedaço de seu corpo. Os litigantes tomaram Saturno por árbitro. E Saturno lhes proferiu a seguinte decisão, aparentemente justa: 'Tu, Júpiter, por teres dado o espírito, deves à sua morte receber o espírito; tu, Terra, por teres ofertado o corpo, deves receber o corpo. Mas por ter sido a 'Apreensão' quem primeiro formou este ser, que então a 'Apreensão' o possua enquanto ele viver. Mas como há disputa em torno do nome, que ele se chame 'homo', já que foi feito de *humus* [terra]."

Böhm recorria em seu notável livro *Faust der Nichtfaustische* [Fausto, o não-fáustico] ao conceito de *perfectibilité*, "perfectibilidade", que remonta ao *Discurso sobre a desigualdade* de Rousseau, para caracterizar interpretações da tragédia que veem na longa trajetória do pactário um aperfeiçoamento ético e, concomitantemente, uma linha teleológica direcionada ao progresso da humanidade. Na perspectiva de Böhm, a exegese de Burdach se revelaria "perfectibilista", o que também vale para o posterior, e já comentado, estudo (1937) de Helene Herrmann que acaba por enxergar na cena "Meia-noite", a despeito da apreciação crítica a que submete o crime contra Filemon e Baucis, uma vitória efetiva de Fausto sobre sua oponente.

Igualmente perfectibilista, mas agora de um ângulo marxista, é a interpretação (também já enfocada) que Lukács apresenta em seus "Estudos sobre o *Fausto*". Para o filósofo a eliminação do casal de anciãos, com todo o seu entorno, seria um passo historicamente necessário para o progresso do gênero humano, cuja marcha não é trágica em si, mas passa por "inúmeras tragédias individuais". Por esse mesmo prisma Hegel concebe a dialética entre indivíduo e gênero, não apenas em suas *Preleções sobre a filosofia da história*, mas já na *Fenomenologia do espírito*, o que leva Lukács em diversos momentos do estudo a estabelecer paralelos entre o enredo do *Fausto* e o pensamento hegeliano. Por exemplo: "Tanto Goethe como Hegel possuem a convicção de que o gênero humano é passível de aperfeiçoamento ilimitado, uma vez liberto das cadeias medievais". E se na argumentação lukácsiana em torno de um suposto "aperfeiçoamento ilimitado" do ser humano a visão perfectibilista transparece com toda a clareza, ela se reforça adiante na afirmação que, fechando o capítulo "O drama do gênero humano", insiste na crença goethiana "num núcleo incorruptível no ser humano, na humanidade e em seu desenvolvimento; ele acredita na salvação desse núcleo também *na* (e, sobretudo, *apesar* da) forma capitalista de desenvolvimento". Assim a eliminação de Filemon e Baucis corresponderia, acima de tudo, a uma necessidade histórica, e Fausto — podemos acrescentar — de maneira alguma estaria sendo movido pelo desejo idiossincrático de

154 A dupla noite das tílias

saborear o néctar da vitória bebendo-o do crânio dos vencidos, na metáfora usada por Marx num artigo jornalístico.[122]

No quadro histórico-filosófico armado nos "Estudos sobre o *Fausto*", fica evidente que o velho colonizador, empenhado tão somente no progresso social, sai vitorioso do embate com a Apreensão, a enviada de Mefistófeles que encarnaria, como assinalado, uma concepção pessimista da história e dos projetos humanos, no papel de correspondente alegórica da "má infinitude" hegeliana. Para Lukács, Fausto a supera porque não se deixou atingir senão exteriormente, e mesmo assim por ter decidido renunciar de vez à magia, sinalizando sua ruptura com Mefistófeles. Intuitivamente Goethe teria feito o seu herói caminhar na direção das concepções socialistas prestes a despontar no horizonte histórico com o advento do marxismo; com isso, teria impulsionado o pensamento burguês de seu tempo ao limite, também aqui de maneira semelhante a Hegel — "apenas aos socialistas utópicos, como Fourier, foi possível um posicionamento mais avançado em relação às contradições da era pré-socialista, em particular quanto às contradições do capitalismo".

Nove anos após a conclusão desses "Estudos", num discurso proferido por ocasião do segundo centenário do nascimento de Goethe, Lukács vê na prática socialista da União Soviética, com (supostos) trabalhadores livres vivendo em (supostas) terras livres, a concretização de uma realidade "a que Fausto chega apenas em suas visões futuras, após longos, difíceis, trágicos equívocos". E,

---

[122] "Die künftigen Ergebnisse der britischen Herrschaft in Indien" [Os futuros resultados do domínio britânico na Índia], *New-York Daily Tribune*, 8 de agosto de 1853. A expressão citada aparece no seguinte contexto: "Indústria burguesa e comércio burguês criam as condições materiais de um novo mundo da mesma maneira que revoluções geológicas criaram a superfície da terra. Somente quando uma grande revolução social tiver dominado os resultados da era burguesa, o mercado mundial e as modernas forças produtivas, e os submetido ao controle dos povos mais desenvolvidos, somente então o progresso humano não mais se assemelhará àquele abominável ídolo pagão que queria beber o néctar apenas do crânio dos massacrados".

na sequência: "Pois o libertar-se da magia, dos grilhões mágicos do capitalismo — um problema insolúvel para Fausto — consumou-se aqui. O Grande Outubro varreu Mefistófeles, com todas as suas forças mágicas [e, portanto, também a Apreensão], do cenário histórico".[123]

Com seus textos sobre o *Fausto*, Lukács nos oferece, portanto, notável exemplo do modelo exegético a que Wilhelm Böhm, marcando forte distância crítica, chamara sete anos antes de perfectibilista. Essa trilha é palmilhada por muitos outros intérpretes do drama goethiano, como Ernst Bloch, que em seu ensaio de 1956 "Figuras da transgressão de limites" (incorporado posteriormente ao capítulo 49 de sua obra O *princípio esperança*) vê em Fausto o mais elevado exemplo do *homo utopicus*: "Ele é por excelência o transgressor de limites, mas continuamente enriquecido pela experiência daquilo que ultrapassou e, por fim, salvo em sua aspiração".

Também Walter Benjamin, em seu verbete enciclopédico sobre Goethe, articula uma visão próxima do paradigma perfectibilista ao comentar os derradeiros passos da trajetória terrena do colonizador. Pois passando ao largo da profunda ironia com que Goethe dramatizou esses momentos, Benjamin enxerga no monólogo final do Fausto cego (e inteiramente incapaz de perceber o que se passa ao seu redor!) uma proposta política goethiana no sentido de entrelaçar "produção agrotécnica", incrementada no século XIX, e "aparato político do Absolutismo": "Poderio feudal sobre terras administradas à maneira burguesa — esta é a imagem contraditória em que a suprema felicidade de vida de Fausto encontra a sua expressão".[124] Dez anos mais tarde, essa mesma visão

---

[123] "Unser Goethe" [Nosso Goethe], in *Goethe und seine Zeit, op. cit.*, pp. 15-40, p. 38. À exegese perfectibilista que Lukács nos apresenta do *Fausto* subjaz, portanto, não só a tese da inexorabilidade da vitória do socialismo, como explicitada no *Manifesto* de Marx e Engels ("A sua derrocada [da burguesia] e a vitória do proletariado são igualmente inevitáveis"), mas também sua consumação histórica na realidade soviética.

[124] Walter Benjamin, "Goethe", in *Ensaios reunidos: escritos sobre Goe-*

156   A dupla noite das tílias

da tragédia se delineará microestruturalmente na já mencionada antologia de 25 cartas *Deutsche Menschen* [Homens alemães], publicada por Benjamin (sob o pseudônimo Detlev Holz) na Suíça em 1936. Comentando a ocorrência da palavra *Augenblick* (instante ou momento) na carta de condolências escrita pelo velho Goethe em 3 de janeiro de 1832 ("Mas a vida que passa rumorejante tem, entre outras excentricidades, o fato de que nós, tão envolvidos em atividade, tão sequiosos de prazeres, raramente sabemos apreciar e prender a nós as particularidades do momento que nos são oferecidas"), Benjamin estabelece uma relação com o significado do mesmo substantivo *Augenblick* na fórmula do pacto/aposta entre Fausto e Mefistófeles, retomada pelo colonizador cego no instante da morte. Mais uma vez sem atentar para o distanciamento irônico com que Goethe configurou essa cena, Benjamin, num comentário de resto tão belo quanto percuciente, sugere uma identificação do velho epistológrafo, a poucas semanas da morte, com a disposição anímica da personagem que, "na idade mais avançada" (conforme a rubrica cênica) e supostamente mais clarividente do que nunca após a vitória sobre a Apreensão, chega ao termo de sua existência terrena. Nas sucintas palavras benjaminianas: "'Particularidades do momento': 'Sim, ao Momento então diria:/ Oh! Para enfim — és tão formoso!' (v. 11.580). Formoso é o momento doador de plenitude, o que se detém, mas sublime, como o momento, ao final da vida, que praticamente não pode mais avançar, momento fixado pelas linhas dessa carta".

Para essa mesma direção exegética que ressuma nas considerações de Benjamin sobre o *Fausto* também apontam nomes que ocupam posições diferentes no espectro ideológico; entre relevantes interpretações não marxistas que seguem a linha da perfectibilidade (Ernst Beutler, Emil Staiger, Erich Trunz), lembremos sumariamente apenas o citado estudo de Wilhelm Emrich, para quem o enceguecimento de Fausto significa a "mais profunda e benfazeja graça", uma superação efetiva da morte e de todas as contin-

the, tradução de Irene Aron e Sidney Camargo, São Paulo, Duas Cidades/Editora 34, 2009, p. 174.

gências da existência individual, uma vez que a perda da visão o remete "à eterna força criadora de seu íntimo".[125]

A profusão e diversidade de interpretações consagradas ao recontro entre Fausto e a Apreensão indiciam o proeminente significado que a cena "Meia-noite" ocupa no conjunto da tragédia goethiana. De um ponto de vista hermenêutico, essa sequência dramática pode ser considerada a mais importante da tragédia, pois à luz da congruência de sentido entre o todo e as partes o leitor que enxergar na longa carreira fáustica um efetivo aperfeiçoamento ético, também uma conquista de concepções crescentemente comprometidas com a solidariedade humana e o trabalho livre, no âmbito de um autêntico processo de formação e desenvolvimento, tenderá a ver nessa cena particular uma real vitória do protagonista sobre a Apreensão, possivelmente seu triunfo mais grandioso.

Esse caráter de comutação ou "dobradiça" hermenêutica vale igualmente para os leitores situados no polo oposto ao da *perfectibilité*, pois a estes o confronto de Fausto com a Apreensão apenas acrescenta novo equívoco (e também dos mais grandiosos) a uma trajetória malograda em seu todo, marcada por sucessivos desastres e deixando atrás de si um rastro de sofrimentos e mortes. É bastante significativo que essa perspectiva "antiperfectibilista" na filologia fáustica tenha se reforçado consideravelmente no período posterior à queda do muro de Berlim e ao colapso do socia-

---

[125] *Die Symbolik von Faust II: Sinn und Vorformen* [A simbólica do *Fausto II*: sentido e pré-formas], Königstein im Taunus, Athenäum Verlag, 1981 (primeira edição 1943), p. 397. Visão semelhante encontramos no verbete que Gero von Wilpert dedica à Apreensão em seu *Goethe-Lexikon* (Stuttgart, Kröner, 1998), como mostram as palavras finais: "Mesmo quando a Apreensão demonstra seu poder na medida em que o cega e, assim, desestabiliza de maneira decisiva sua relação direta com o mundo, ele não se refugia em mero ativismo 'despreocupado' [*sorglos*: 'isento de apreensão'] e em vontade 'cega' e inabalável de autoafirmação, mas antes conclama a que se prossiga no trabalho consequente em sua obra. Sua aspiração contínua, que se regozija na ação, representa um triunfo do espírito sobre o mundo exterior e contribui para possibilitar sua redenção" (p. 1.002).

lismo real, como ilustrariam (deixando de lado numerosos ensaios) três livros que surgem no início do século XXI: *"Alles velozife-risch" oder Goethes Entdeckung der Langsamkeit* (2003) [Tudo velocífero ou A descoberta da lentidão por Goethe], de Manfred Osten; o alentado estudo (derivado de uma tese de livre-docência) *Fausts Kolonie: Goethes kritische Phänomenologie der Moderne* (2004) [A colônia de Fausto: a fenomenologia crítica da moderni-dade em Goethe], de Michael Jaeger; e ainda *Die Faust-Karriere: Vom verzweifelten Intellektuellen zum gescheiterten Unternehmer* (2006) [A carreira de Fausto: do intelectual desesperado ao em-preendedor fracassado], de Oskar Negt.[126]

Registre-se ainda que já no denso estudo que Gottlieb Schu-chard dedicou em 1935 ao impacto da revolução parisiense de ju-lho de 1830 e de seu substrato ideológico sobre as partes do *Faus-to* redigidas em 1831 os instantes finais do colonizador foram lidos não como aperfeiçoamento rumo à conscientização social, mas enquanto *sátira* ao socialismo utópico de Saint-Simon — uma sá-tira galvanizada por um ancião cego que perdeu todos os vínculos com a realidade. Preludiando-se assim, nesse ensaio de 1935, o

---

[126] A vertente exegética derivada de estudos como os três títulos mencio-nados encontrou um mordaz oponente em Hans-Jürgen Schings, que a carac-terizou como "nova hipocondria antimodernista" condicionada pela decepção pós-ideológica do final do século XX. A interpretação de Schings, ao contrário, insiste nos vínculos da tragédia goethiana, em três de seus momentos funda-mentais (as apostas de Mefisto com Deus e com Fausto assim como o monólo-go final do colonizador), com os relatos bíblicos da criação da "massa das águas" no terceiro dia ("Gênesis") e da domesticação do mar no livro de Jó (38: 8-11). Desse modo, o sentido mais profundo da tragédia residiria, segun-do Schings, na "fruição da criação", legado do "Gênesis" que se mantém atuan-te no projeto fáustico. Seria, por conseguinte, pela afirmação do mundo e da criação que Fausto vence a aposta com o espírito que nega: "E Mefisto perde, embora sejam pronunciadas as palavras que o fariam vencedor da aposta. Des-necessário dizer quem, nessas circunstâncias, vence a aposta feita no céu". Cf. "Faust und der dritte Schöpfungstag: Plädoyer für Faust" [Fausto e o terceiro dia da criação: em defesa de Fausto], in *Klassik in Zeiten der Revolution* [Clas-sicismo em tempos de Revolução], Würzburg, Königshausen & Neumann, 2016, p. 261.

Crime e castigo: uma xilogravura da punição

diapasão que encontramos nos posteriores livros de Osten, Jaeger, Negt e outros, não seria improcedente afirmar que Schuchard avulta como verdadeiro patrono da nova tendência antiperfectibilista nos estudos sobre a tragédia goethiana. Além disso, seu viés interpretativo talvez possa propiciar leituras que ultrapassem o teor saint-simonista do *Fausto II* e estendam a presumível intenção satírica do dramaturgo ao sistema de August Comte, com sua divisa tão cara aos positivistas que fundaram a república brasileira (*L'amour pour principe et l'ordre pour base; le progrès pour but*: O amor por princípio e a ordem por base; o progresso por meta), e mesmo ao marxismo — de um ângulo inteiramente oposto, portanto, ao assumido por Lukács (e vários outros intérpretes) ao ler o quinto ato da tragédia como antevisão do socialismo científico.

A despeito, contudo, dos valiosos subsídios aportados por essa contribuição que, esteada em sólido conhecimento do socialismo utópico, estabeleceu os fundamentos para a posterior mudança de paradigma na filologia fáustica, caberia perguntar se é de fato pertinente caracterizar as grandiosas cenas em torno da morte de Fausto única e exclusivamente com o conceito de *sátira*. O leitor da tragédia da colonização está, afinal, muito distante da atmosfera jocosa em que se deu o encontro, pouco antes da grotesca aventura na Taverna de Auerbach, entre um esfuziante Mefistófeles que demole satiricamente todo o sistema universitário alemão e o ingênuo estudante que vem em busca de orientação acadêmica (vv. 1.868-2.050). Todavia, se a doutrina de Saint-Simon estiver mesmo oculta, conforme afirma Schuchard, nas palavras finais do colonizador, então se tratará de uma sátira muito distante, em seus matizes cambiantes, daquela que enforma, para citar apenas dois exemplos, a filosofia panglossiana no *Candide*, de Voltaire, ou o Humanitismo, de Machado de Assis.[127] Mas não

---

[127] Alfredo Bosi, que enfocou a presença de Saint-Simon na tragédia goethiana ("O modelo fáustico e a protossociologia produtivista de Saint-Simon", in *Fausto e a América Latina*, *op. cit.*), também escreveu sobre a postura satírica de Machado de Assis perante o sistema de August Comte (que fora discípulo e secretário de Saint-Simon) no segmento "A sátira do positivismo e da

terá o velho Goethe, ao plasmar os derradeiros momentos da trajetória terrena de Fausto, trabalhado antes com *ironia trágica* do que qualquer outro procedimento retórico?

Pois se é procedente afirmar que, durante o período Tempestade e Ímpeto, a sátira assoma com bastante vigor na obra goethiana (basta pensar no mencionado episódio entre Mefistófeles e o estudante, configurado no *Urfaust* com riqueza de detalhes ainda maior) e que também no classicismo enformou os polêmicos epigramas que tinham por alvo a situação literária contemporânea, na velhice o procedimento satírico abranda-se consideravelmente na mescla com humor (como desponta em momentos da "Noite de Valpúrgis clássica") ou com a experiente fleuma que dirige o comportamento de Mefisto perante aquele mesmo estudante que retorna na figura do prepotente *Baccalaureus* (vv. 6.689-818). E que a intenção do velho Goethe não fosse mesmo fazer da segunda parte do *Fausto* um "pasquim" satírico, como poderia ter ocorrido na "solidão da juventude", isto é, sem as experiências que seriam adquiridas nos anos vindouros — isso se explicita numa carta que envia ao filólogo Carl Ernst Schubarth em 3 de novembro de 1820:

> "[...] e há ainda neste mundo muitos magníficos erros, reais e fantásticos, nos quais a pobre criatura [Fausto] deveria perder-se de uma maneira mais nobre, digna, elevada do que acontece no plano ordinário da Primeira Parte. Também nosso amigo Fausto terá de se espremer [*sich durchwürgen*] em meio a esses erros. Na solidão da juventude, eu o teria conseguido [concluir o drama] mais por intuição, à luz clara do dia ele [o drama concluído] pareceria um pasquim."

religião do progresso", em seu ensaio "Um nó ideológico: sobre o enlace de perspectivas em Machado de Assis", in *Ideologia e contraideologia*, São Paulo, Companhia das Letras, 2010, pp. 398-421.

Crime e castigo: uma xilogravura da punição

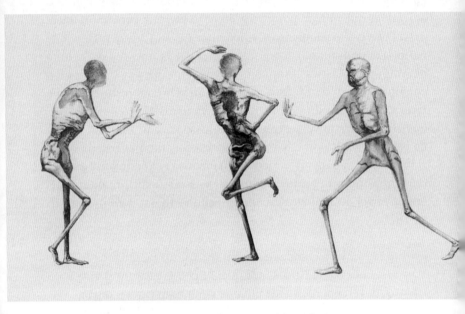

Os lêmures, os espíritos dos mortos da mitologia romana, que Goethe viu esculpidos em um túmulo de Cumas, na Itália, em desenho de Ignaz von Olfers (1793-1872).

9.

O último momento de Fausto

Se Mefisto esteve inteiramente ausente da cena descortinada pelas quatro mulheres grisalhas, é ele que abre o episódio subsequente, cuja ação transcorre, ainda em plena madrugada, sob a iluminação de archotes no pátio externo do suntuoso palácio. Enxadas, pás, picaretas põem-se em atividade logo após a ordem expedida por Fausto ao capataz no sentido de deslocar prontamente os "servos" à nova frente de trabalho. Contudo, não são os operários que Mefisto mobilizará para atender à exortação do amo, mas sim ajudantes que a dramaturgia situa no mesmo plano dos vultos femininos anteriores ou da "turba alegórica" (Mata-Sete, Pega-Já e Tem-Quem-Tem) recrutada durante a guerra civil que estabeleceu os pressupostos para o complexo da colonização. Com efeito, os violentos subordinados de Mefisto poderiam estar empunhando as ferramentas se estivesse em questão agora o arroteamento de novos territórios. Mas são "lêmures" que Goethe coloca no palco, entidades da antiga Roma que eram esconjuradas como espíritos dos mortos em três festas no mês de maio.[128] Sabe-se que o poeta se familiarizou com esses espectros mediante estu-

---

[128] Do latim, *lemures*, "espectros ou fantasmas da noite": na religião romana, espíritos que, em razão de morte violenta, não encontram repouso e vagam numa espécie de limbo, atormentando os vivos e levando-os à loucura. Apoiando-se numa explicação de Ovídio, o pesquisador francês Collin de Plancy (1793-1881) afirma que o nome "lêmure" seria uma "corruptela de Rêmure, que por sua vez provém de Remo, morto por Rômulo, fundador de Roma; com efeito, após sua morte os espíritos malignos espalharam-se pela cidade". Cf. *Dicionário infernal: repertório universal*, tradução de Angela G. Matinazzo, São Paulo, Edusp/Universidade de Brasília/Arquivo Nacional, 2019, p. 537. O botânico e naturalista sueco Carl von Linné baseou-se nessa mitologia ao

dos de arte antiga (no ensaio "O túmulo da bailarina", de 1812, descreve imagens de lêmures no baixo-relevo de um túmulo em Cumas, no sul da Itália) e também por intermédio da enciclopédia mitológica de Hederich, segundo a qual lêmures costumavam rondar as casas em que alguém estivesse prestes a morrer. Mas será que esse passo da tragédia goethiana se elucida apenas a partir de referências culturais e mitológicas? Não seria possível pensar também, em relação a essas figuras fantasmagóricas, nos trabalhadores que, de acordo com o depoimento de Baucis, "precisavam sangrar" (v. 11.127) sobraçando pás, enxadas e demais ferramentas durante as jornadas noturnas? A espoliação parece tomar forma no aspecto estropiado das "seminaturezas remendadas" (*geflickte Halbnaturen*, na expressão de Mefisto), submetidas também a um trabalho que se pode caracterizar, de modo parecido ao que recai sobre os servos de Fausto que devem obedecer cegamente a apenas um "espírito" (v. 11.510), como "alienado", pois declaram desconhecer a finalidade para a qual o executam (vv. 11.522-3).

Tateando para fora do palácio, o colonizador ouve apenas o tinido das ferramentas que supõe estarem nas mãos de seu exército de operários empenhados, numa exclamação algo patética, em reconciliar a terra consigo mesma, impor limites às vagas, cingir o mar com laços férreos — na tradução de Jenny K. Segall: "Como o tinido dos alviões me apraz!/ É a multidão, que o seu labor me traz,/ Consigo mesma irmana a terra,/ Em rija zona o mar encerra,/ Às ondas põe limite e freio" (vv. 11.540-4).[129]

propor a designação de "lêmures" para um tipo de primata endêmico da ilha de Madagascar e com hábitos predominantemente noturnos.

[129] Literalmente, Fausto explicita aqui o projeto de "reconciliar a terra consigo mesma, estabelecer limites às ondas, cingir o mar com rijo laço". Se para os saint-simonistas obras de hidráulica marítima representavam o mais alto conceito de dominação da natureza, essa aspiração alcança num poema marxista de Pablo Neruda estágio ainda mais avançado, que incorpora a energia nuclear. Sua "Ode ao Mar" pode ser vista assim como intensificação do projeto concebido por Fausto no quarto ato e colocado em prática no quinto: "um fio atômico/ guardará tua cintura,/ plantaremos/ em teu jardim profundo/ plantas/ de cimento e aço,/ te amarraremos/ pés e mãos,/ por tua pele os ho-

Tato e audição são os sentidos que balizam a derradeira arremetida de Fausto ao exterior, como indiciado pela rubrica e pelo primeiro verso que pronuncia na cena "Grande átrio do palácio", expressando regozijo com o ruído das ferramentas, em reação inversa à irascibilidade descontrolada que a sineta de Filemon e Baucis despertava em seu íntimo. Em três sequências o colonizador cego toma a palavra nessa cena e a cada vez seu discurso sofre a contrafação cínica do capataz Mefistófeles, numa alternância entre grandiloquência e irrisão. "Os elementos conosco estão conjurados e tudo marcha para o aniquilamento", conforme o comentário que se contrapõe à euforia que despertam no ancião os sons metálicos que chegam aos seus ouvidos (cuja finalidade real ele ignora) e se transfiguram em imagem da multidão que lhe presta corveia. Depois, literalmente: "Fala-se, como me deram notícia, não de fosso, mas de cova", num trocadilho (no original) que pa-

mens/ passearão cuspindo/ colhendo-te os cachos [de frutos],/ colocando-te arneses/ montando-te e domando-te/ dominando-te a alma" ("*un hilo atómico/ guardará tu cintura,/ plantaremos/ en tu jardín profundo/ plantas/ de cemento y acero,/ te amarraremos/ pies y manos,/ los hombres por tu piel/ pasearán escupiendo,/ sacándote racimos,/ construyéndote arneses,/ montándote y domándote,/ dominándote el alma*").

Manifesta-se nesse longo poema um *topos* que, como já assinalado no estudo de Schuchard, remonta ao livro de Jó, mais precisamente ao primeiro discurso que Iahweh lhe dirige (38: 8-11): "Quem fechou com portas o mar,/ Quando irrompeu jorrando do seio materno; [...] Quando lhe impus os limites/ E lhe firmei porta e ferrolho,/ E disse: 'Até aqui chegarás e não passarás:/ Aqui se quebrará a soberba de tuas vagas'?".

No mencionado ensaio "Fausto e o terceiro dia da criação", Hans-Jürgen Schings discute esse *topos* desde suas origens bíblicas até expressivas formulações de Robespierre, Napoleão e do saint-simonista Abel Transon, que escreve em *De la religion saint-simonienne* (1831), dirigindo-se à humanidade trabalhadora: "Por ti, pelos teus trabalhos, toda a natureza selvagem se tornará doméstica, ou antes social. A tua voz as montanhas se abaixarão, os rios mudarão seus cursos [...] tu que colocaste o dique, tu que dizes ao mar irritado: Chegarás até aqui, não irás mais longe" ("*Par toi, par tes travaux, toute la nature sauvage devient domestique, ou plutôt sociale. A ta voix les montagnes s'abaissent, les fleuves changent leurs cours [...] c'est toi qui a posé la digue, et c'est toi qui dis à la mer irritée: Tu viendras jusqu'ici, tu n'iras pas plus loin*").

O último momento de Fausto

rodia, novamente a meia-voz, a enérgica exortação de Fausto no sentido de arregimentar mais trabalhadores, pressioná-los por todos os meios e prestar conta diariamente ao amo sobre o progresso do fosso em execução.[130] Na terceira contrafação de Mefisto, o ancião já tombou nos braços dos lêmures e jaz sobre a areia no adro do palácio. Não seria no instante da morte, coroamento da sucessão de equívocos cometidos pelo colonizador que se presume iluminado por fulgente luz interior, que a ironia trágica atinge o seu ápice? E, guardadas as significativas diferenças, também não se pode dizer do patético moribundo que Goethe nos mostra nessa última cena terrena da tragédia que, como o Rubião machadiano (*Quincas Borba*) ao morrer, "pegou em nada, levantou nada e cingiu nada"? É assim, pelo menos, que Mefisto, proclamando o "Eterno-vazio", a vanidade de toda a existência humana e movimentação terrena — o "Nada", enfim —, comenta o discurso do contraente que ao longo dos anos tanta resistência lhe opôs: "O momento derradeiro, ruim, vazio,/ O miserável deseja agarrá-lo".

Não deixará de ser legítimo perguntar, em face desses desdobramentos cênicos que constituem o apogeu da ironia trágica (e também o clímax do quinto ato), se é mesmo uma miragem do "nada", *vanitas vanitatum*, que Fausto toma pelo momento mais belo de sua vida, ao qual poderia dizer por fim as palavras que, em consonância com a aposta selada 9.500 versos antes, dariam a vitória a Mefisto. Insuflado pelo tinido das ferramentas mobilizadas para as obras de drenagem, segundo a mensagem que lhe passa sua presumível luz interior, o infatigável empreendedor exprime agora um novo objetivo, que seria o mais elevado de todos: drenar um pântano que ameaça infectar os territórios já subtraídos ao mar e arroteados. Invoca então a imagem de uma terra "paradisíaca", que haverá de ser povoada por milhões de pessoas — a

---

[130] No original o trocadilho se constrói sobre os substantivos *Graben* (fosso) e *Grab* (túmulo). Na tradução de J. K. Segall: "Trata-se, disso tive a nova,/ Não de um cavado, mas da cova". João Barrento: "É campa, não campo, o que aqui se cava,/ Era o que inda há pouco alguém me contava...". Agostinho D'Ornellas: "De cova e não de cava aqui se trata,/ Segundo ouvi dizer...".

"onda de gente" se sobrepondo à "onda de água", na metáfora já citada de Ramalho Ortigão. Quatro cenas antes, Goethe colocara esse mesmo adjetivo nos lábios de Filemon, quando aponta para o Peregrino o local do naufrágio causado outrora pelos vagalhões: "Vede-o tratado como jardim/ Vede uma imagem paradisíaca". Para Fausto, contudo, embora paradisíacas, as novas terras estarão perpetuamente expostas às investidas do oceano, seus habitantes constrangidos a uma luta cotidiana pela vida e pela liberdade. Trata-se assim, segundo dá a entender o monólogo final, de uma liberdade condicionada pelo engajamento de cada indivíduo nas medidas de sobrevivência, como acorrer aos pontos em que a maré ameaça romper o dique e, em "ímpeto coletivo" (*Gemeindrang*), reforçá-los. À luz desse devaneio utópico o leitor pode mensurar a imensa distância a estremar a figura do colonizador centenário, tal como assoma nesse último monólogo, do doutor que se apresentou no quarto gótico da cena "Noite" almejando descobrir o que sustenta o mundo em seu âmago mais recôndito (vv. 382-3); mas se aquele vê no embate diário pela existência na "novíssima terra" (*auf der neuesten Erde*) "a última conclusão da sabedoria", talvez esteja citando o antigo erudito da abertura da tragédia ao valer-se de um termo da lógica (*conclusio*) para afirmar agora a primazia irrestrita do engajamento social sobre a aspiração por conhecimento.

Estará Fausto neste momento, como querem as interpretações perfectibilistas, libertando-se efetivamente da magia e, por conseguinte, de sua dependência em relação a Mefisto? Começa a realizar-se por fim o desejo que exprimira, em verso dos mais extraordinários ('Minha luta ainda não me levou ao ar livre', v. 11.404), ao vislumbrar as mulheres grisalhas no início da cena anterior? O anseio por *liberdade* — palavra modulada, também adjetiva e adverbialmente, nada menos do que quatro vezes no monólogo final — parece sugerir de fato um processo formativo, como o que conhecemos de *Os anos de aprendizado de Wilhelm Meister*, se contrastado com o projeto que Fausto expõe num momento da cena "Alta região montanhosa" (quarto ato) em que se delineia pela primeira vez o complexo da colonização, ou seja, conquistar ao mar espaços para uma nova civilização: é quando exprime sua ambição por "domínio" e "posse" (v. 10.187), recebendo de Mefisto uma resposta ("que seja feita a tua vontade") que, parodiando o terceiro pedido da oração ensinada por Cristo (Mateus, 6: 9-13), alça ironicamente o pactuário à condição de demiurgo de um novo mundo.[131]

Veja-se, porém, que também a obsessão por domínio e posse, explicitada no quarto ato, está agora esquecida, aparentemente abandonada em prol do ideal de solidariedade humana, de uma liberdade a ser preservada por meio de lutas incessantes. Além disso, os acontecimentos no grande átrio do palácio mostram-nos que mesmo o intuito, proclamado pouco antes, de erigir um belvedere no antigo canteiro das tílias desapareceu do horizonte do ancião após o enceguecimento, desalojado pela "visão" do pleno florescimento de sua obra social, do trabalho executado pelos milhões de seres livres aos quais supostamente se estaria criando uma nova terra livre.

Fortes indícios, portanto, de um aperfeiçoamento passível de ser caracterizado como humanista, pois norteado pelo ideal de uma sociedade congregada fraternalmente na luta comum contra os elementos. Para Lukács, como vimos, Goethe atinge nessas passagens o ponto mais avançado a que a consciência burguesa poderia chegar antes do advento do marxismo. Mas também a filósofa católica Simone Weil interpreta as derradeiras palavras de Fausto

---

[131] Num momento do quarto ato em que se alude à tentação de Cristo no alto de uma montanha, Fausto apresenta a Mefisto sua mais profunda aspiração: "domínio, posse" (v. 10.187). Na comentada interpretação de H. C. Binswanger, essa concepção de domínio, a reivindicação de domínio absoluto sobre a natureza, configura-se como componente essencial da "alquimia da economia moderna". Fausto teria em mente a norma de propriedade do direito romano (*dominium*), pela qual o senhor (*dominus*) pode dispor de seus bens como bem entender (*ius utendi et abutendi re sua*), por exemplo na subordinação irrestrita da natureza ao interesse econômico. A essa concepção de *dominium* irá se opor a relação de Filemon e Baucis com a propriedade herdada dos pais enquanto *patrimonium*, que se deve transmitir preservado às gerações futuras.

168   A dupla noite das tílias

nessa chave, pois vê exprimir-se aqui uma concepção de trabalho capaz de tornar os homens livres e que, portanto, deveria constituir-se em "Bíblia da nossa época", o que evoca a qualificação *literary Bible*, que o filósofo norte-americano D. J. Snider dispensou ao drama goethiano meio século antes.[132] Em sua "incansável perseguição do bem" — como se percebe, Weil articula igualmente uma leitura perfectibilista — Fausto "abandona com enfaro a busca abstrata da verdade, que se tornara a seus olhos um jogo vazio e estéril; o amor só o leva a destruir o ser amado; o poder político e militar se revela um mero jogo de aparências [alusão aos lances bélicos e políticos do quarto ato]; o encontro da beleza o satisfaz, mas somente pela duração de um relâmpago [alusão à união com Helena no terceiro ato]; a situação de senhor lhe dá um poder que ele acha substancial, mas que, no entanto, o entrega à tirania das paixões. Por fim, ele deseja ser despojado de seu poder mágico, que se pode considerar o símbolo de toda espécie de poder; e exclama: 'Se eu ficasse diante de ti, Natureza, só na minha qualidade de homem, valeria então a pena ser uma criatura humana'; e acaba por alcançar, no momento de morrer, o pressentimento da mais plena felicidade, imaginando para si uma vida que se escoaria livremente no meio de um povo livre, e que seria inteiramente ocupada por um trabalho físico penoso e perigoso, mas cumprido em meio a uma colaboração fraterna".[133]

Curiosamente, à admirável filósofa que postulou o *enracinement* ("enraizamento") como necessidade suprema da alma humana passou despercebido que no contexto dessa suposta concepção exemplar do trabalho livre, Goethe nos apresenta, à luz do destino de Filemon e Baucis, um fenômeno de desenraizamento de manei-

---

[132] Ver, a propósito, nota 98 no capítulo 6.

[133] "Reflexões sobre as causas da liberdade e da opressão social", in *A condição operária e outros estudos sobre a opressão* (org. Ecléa Bosi), São Paulo, Paz e Terra, pp. 279-367; citação às pp. 349-50 (capítulo "Quadro teórico de uma sociedade livre"). No original, *Réflexions sur les causes de la liberté et de l'oppression sociale*, Paris, Gallimard, 1955, pp. 79-80. Essas reflexões de Simone Weil foram redigidas em 1934.

ra paradigmática — ou na perspectiva de uma fórmula ético-estética, para recorrer de novo à expressão cunhada pelo poeta em sua velhice. O discurso final de Fausto se alinha, para Simone Weil, numa tradição que, partindo de Francis Bacon com seu postulado de que "o homem comanda a natureza obedecendo-lhe", chega até Rousseau, Joseph-Pierre Proudhon (é muito provável que a filósofa desconhecesse as alusões a Saint-Simon) e ainda Tolstói.

Mas por que, pode-se perguntar em face de tal valorização do teor social no discurso-testamento de Fausto, Goethe faz com que ele seja proferido por um ativista cego, que confunde os espectros comandados por Mefisto com seu exército de trabalhadores e toma a abertura da própria cova pela escavação de um novo fosso de drenagem? E a ardente luz que, após o encontro com a Apreensão, teria passado a fulgir em seu íntimo com máxima intensidade? Se essa suposta luz não o impede de cometer tais equívocos e o mantém preso à "cegueira" que, segundo aquela figura, acompanha os homens vida afora, como poderia ser a garantia de que os trabalhadores escravizados nos canteiros de obras possam constituir no futuro uma comunidade de homens livres?

Perante tais dilemas, terão sua razão de ser as leituras que, como a feita pioneiramente por Gottlieb Schuchard, vislumbram no "testamento" de Fausto (seu derradeiro monólogo) uma contundente sátira a modelos utópicos que se estendem da *Utopia* de Thomas Morus, no início da Era moderna, até a doutrina saint--simoniana, cujas manifestações Goethe, conforme já observado, acompanhava com toda a atenção, principalmente por meio do jornal parisiense *Le Globe*. Contudo, se com essas imagens agrupadas em torno do palácio, as quais deram ensejo à tese da sátira, Goethe exprime ainda as ambivalências e contradições do progresso que almeja dominação irrestrita sobre a natureza, se nos expõe a inextricável imbricação entre o bem e o mal, então a possibilidade de se vislumbrar ironia trágica nas palavras de despedida do colonizador se impõe também com bastante força.

Estruturado num crescendo, o último monólogo faz retornar, após 9.881 versos, as palavras constituintes do pacto e aposta com Mefistófeles, que Fausto se apresta a pronunciar arrebatado pela

170   A dupla noite das tílias

"Quisera eu ver tal povoamento novo,/ E em solo livre ver-me em meio a um livre povo" (vv. 11.579-80), diz Fausto já cego, enquanto sua cova está sendo aberta pelos lêmures.

miragem utópica que preenche todo o seu íntimo. O dramaturgo, no entanto, faz o herói dizê-las de maneira condicionada — ao "instante" imaginável, e de fato agora imaginado, de um povo trabalhando livremente em terras livres, o colonizador cego *poderia* exclamar por fim, após anos e décadas de encarniçada insatisfação: *"permanece, és tão belo!"*.

Ainda que envoltas na condicionalidade, as palavras de todo modo são efetivamente pronunciadas e, pelo que fora acordado, deveriam assinalar seu fim imediato — "sem dó nem mora", na tradução de J. K. Segall. Ainda antes do trespasse lhe é concedido, porém, pronunciar mais quatro versos, sem que o discurso hiperbólico perca em intensidade após ter atingido o ápice com a retomada da fórmula do pacto: os vestígios de seus dias terrestres não desaparecerão nem mesmo em "éones" (*Äonen*, no original: do grego *aion*, no sentido de período incomensurável de tempo), conforme o postulado subsequente que aprofunda a nota trágico-irônica por meio do contraste com o prognóstico de Mefisto sobre o inevitável colapso de todas as obras realizadas, que se converterão num "grande banquete" para Netuno, "demônio das águas" (vv. 11.547-8).

Como interpretar, na plasmação dramática dos derradeiros momentos do colonizador, o sentido dessas "configurações que se contrapõem umas às outras e ao mesmo tempo se espelham umas nas outras", na formulação já citada? Era intenção do velho poeta que o leitor levasse a sério a pretensão de Fausto de erigir para si, com sua obra social, um monumento que durasse "éones" — mais duradouro do que o bronze, na expressão do poeta latino Horácio (*"Exegi monumentum aere perenius"*)? Uma resposta em larga medida positiva a essa questão articula-se na alocução que Thomas Mann fez em 1949 (*Ansprache im Goethejahr 1949*), por ocasião dos duzentos anos do nascimento de Goethe. Em sua leitura, o *Fausto* mostrar-se-ia como "tragédia", mais ainda do que em relação à história de Gretchen, nas cenas do quinto ato em que Goethe configura a utopia social sonhada pelo seu herói. "E que ironia mais amarga perpassa essas cenas magnificamente poetizadas", observa o romancista ao mesmo tempo que afirma não en-

172   A dupla noite das tílias

xergar nessa ironia "amarga", na tragicidade que envolve as derradeiras ações do colonizador, nenhum vestígio de escárnio à ação ou de "derrotismo (*Defaitismus*) conservador", pois "somente espíritos que não querem que as coisas aconteçam, que se transformem, podem afirmar que o poeta não tenha levado a sério o 'máximo momento' de Fausto, não tenha levado a sério sua obra social de proporcionar felicidade aos homens".

Como se percebe, o autor do *Doutor Fausto* distancia-se claramente da imagem de um Goethe "conservador, aristocrático e antirrevolucionário", citando os termos empregados por Auerbach no ensaio sobre o classicismo alemão aqui citado[134] — imagem essa que começou a ser construída por alguns de seus contemporâneos, como Wolfgang Menzel, mencionado no capítulo 3 deste estudo, ou o jovem genebrino (e interlocutor do poeta em assuntos científicos) Frédéric Jacob Soret, que em 19 de agosto de 1830 anotava que Goethe seria "liberal em sentido abstrato, mas na prática ele tende para os princípios *ultra*", numa referência ao partido *ultraroyaliste* fortemente ativo no período da Restauração francesa entre 1814 e 1830: "*Goethe est libéral d'une manière abstraite, mais dans la pratique il penche pour les principes ultra*". Lembrando aqui, para efeitos de contraste, a admiração de Karl Marx não só pelo *Fausto*, mas também pela arte romanesca de Honoré de Balzac, a qual teria se emancipado grandiosamente dos princípios políticos *royalistes* do autor (com o filósofo reconhecendo assim a independência da obra literária perante o próprio autor), continuemos com a alocução de Mann:

"O poeta, cuja obra de velhice está toda ela repleta de utopia social e cujas ideias e visões, nos *Anos de peregrinação* assim como no *Fausto*, extrapolam em muito os séculos XVIII e XIX e chegam até nossa época, esse poeta levou a sério, de todo o coração, a última aventura de Fausto e o seu momento supremo, aquele 'Quisera eu ver tal povoamento novo', ainda que tenha des-

---

[134] "O músico Miller", capítulo 17 de *Mimesis*.

vendado o trágico da ação e tenha reservado a redenção do seu herói em busca de salvação ao amor e à graça que vêm do alto. Goethe nunca teria se prestado a mobilizar contra o novo que desejava vir ou já estava presente, ideais obsoletos ou mesmo hipócritas, pois ele sabia que o mundo se renova continuamente e, portanto, se proibiu o epíteto de conservador que só deseja preservar o existente, pois muito do que existe é inteiramente ruim e estúpido, e o que no ano de 1800 era sensato pode ser uma grave besteira em 1850."[135]

Incline-se o leitor a compartilhar essa visão engajada e progressista que nos apresenta Thomas Mann das cenas "magnificamente poetizadas" no último ato do drama, ou prefira ver antes o colonizador centenário, em seu monólogo final, coroando-se pateticamente com o "Nada", à semelhança da personagem machadiana no momento da morte, o que é indiscutível — no extraordinário desfecho da trajetória terrena da personagem que acompanhou Goethe ao longo de 75 anos — é que ele se subtrai à temporalidade como um dos maiores visionários de toda a literatura

---

[135] Thomas Mann incorpora ao trecho citado (e sem aspas) palavras registradas por Eckermann numa conversa com Goethe em janeiro de 1824: "Se o que está constituído fosse, em seu todo, excelente e justo, eu não teria nada contra; mas como, ao lado do que é bom, há também muita coisa ruim, injusta e precária, ser um amigo do que está constituído significa nada menos do que ser com frequência um amigo do obsoleto e do ruim. O tempo, contudo, encontra-se em perpétuo avanço e a cada cinquenta anos as coisas humanas assumem uma nova configuração, de tal modo que uma instituição que no ano 1800 era uma excelência talvez já seja uma debilidade em 1850". Na alocução de Mann, apresentada nos dois Estados alemães cinco anos após a catástrofe nacional-socialista, Goethe avulta não só como figura de identificação nacional, mas principalmente enquanto modelo supremo daquela outra Alemanha que resistiu ao fascismo, como se depreende da alusão final ao verso em que Fausto manifesta a aspiração de ampliar seu Ser até o Ser de toda a humanidade (v. 1770), o que caracterizaria a existência goethiana: "Desse modo um alemão pôde tornar-se exemplar, modelo e ápice não só de seu povo, mas da humanidade, em cujo Ser ele ampliou o seu próprio Ser".

mundial. E não terá Goethe, que se considerava acima de tudo um "homem da visão" ou dos "olhos" (*Augenmensch*), para quem a contemplação (*Anschauung*) representava o caminho mais fecundo para o conhecimento e, por extensão, para a conquista de uma adequada "concepção de mundo" (*Weltanschauung*, composto que traz em si o momento da visão e contemplação)[136] — não terá o poeta inscrito esse final visionário já na palavra fundamental do trato com Mefistófeles, a qual se torna, não por acaso, a última a escapar dos lábios de Fausto?

Trata-se do substantivo *Augenblick*, que J. K. Segall (mas também João Barrento) traduz por "momento", fecho da parelha de versos que Goethe destacou dos anteriores por um travessão a fim de indiciar breve pausa: "No pressentimento de tão alta felicidade/ Gozo agora o mais alto momento". No artigo da morte, portanto, o protagonista pretende divisar e fruir a visão à qual diz — ou melhor, *poderia* dizer — as palavras que, pela aposta feita na segunda cena "Quarto de trabalho", jamais seriam pronunciadas em sua eterna insatisfação, uma certeza ainda reiterada no recente encontro com a Apreensão, ao explicitar seu ser "insatisfeito a todo momento".

Seria justificável, por conseguinte, que o leitor leve a sério — como o fizeram Lukács, Thomas Mann e tantos outros grandes nomes — essa última aspiração de Fausto, ou seja, ver um povo livre trabalhando livremente em terras livres? Arma-se nesse ponto uma questão que já produziu muitas centenas de páginas na filologia fáustica, colocando-se ao mesmo tempo a interrogação quanto ao vencedor da aposta que se sustenta por quase dez mil versos. Pela letra, o vencedor parece ser Mefisto, mas também pelo espírito?[137]

---

[136] A essa etimologia do substantivo alemão *Weltanschauung* alude a ferina sentença atribuída a Alexander von Humboldt: "*Die gefährlichste Weltanschauung ist die Weltanschauung derer, die die Welt nie angeschaut haben*": "A visão de mundo mais perigosa é a visão de mundo daqueles que nunca viram o mundo".

[137] Num trabalho publicado já em 1939, "Der Streit um *Faust II* seit

É verdade que Adorno, em seu ensaio sobre a cena "Furnas montanhosas", ironiza e rejeita essa divisão entre "letra" e "espírito", pois a "fidelidade filológica" nela envolvida pertence ao "domínio daquele que insiste na assinatura com sangue, pois é um extrato muito especial". Para o filósofo não restaria dúvida de que Fausto perdeu integralmente a aposta. O fato, porém, de Goethe redimi-lo ao final — e ludibriar o vencedor Mefisto no passo "mais ousado" da tragédia[138] — deve-se unicamente à intervenção da graça, que suspende a rigidez da relação crédito-débito: "Se Fausto estivesse destinado a ganhar a aposta, teria sido absurdo, escárnio à economia artística, colocar em sua boca no momento da morte exatamente os versos que, de acordo com o pacto, entregam-no ao diabo. Em vez disso, a própria lei é suspensa".

Mas talvez essa questão possa ser considerada de um outro ângulo, bastando lembrar as declarações que o próprio Goethe emitiu a esse respeito, por exemplo, na já referida carta de 3 de novembro de 1820 a Carl E. Schubarth, com a ponderação de que Mefisto ganharia a aposta "apenas pela metade, e se metade da culpa recai sobre Fausto, o direito do velho Senhor em conceder indulgência logo entra em ação, para o mais alegre desfecho do

1900" [A disputa em torno do *Fausto II* desde 1900], Ada Klett dividiu em seis teses seu escrutínio de 49 posições críticas referentes ao desfecho, na cena "Grande átrio do palácio", do pacto/aposta selado no quarto de trabalho de Fausto. Os três principais resultados do levantamento foram: 1ª tese: Fausto ganha a aposta no sentido da letra e num sentido superior: 21 votos. 2ª tese: Fausto não ganha a aposta no sentido da letra, mas a ganha num sentido superior: 10 votos. 3ª tese: Fausto perde a aposta: 13 votos, sendo que três acrescentam uma interrogação. Outras posições apontam para a invalidade da aposta, seja porque seus pressupostos se revelariam falsos, seja porque Mefisto teria rompido o contrato.

[138] Ver o monólogo com teor homossexual de Mefisto na cena "Inumação" (vv. 11.780-800). Nessa passagem Goethe faz com que Mefisto seja acometido de desejos lascivos ao ver o traseiro de "apetecíveis" anjos. É assim que o amor, irradiado das pétalas de rosa espalhadas pelos anjos ("malandros por demais apetecentes"), atua sobre Mefisto, que acaba por assumir o papel do diabo burro, luxurioso e logrado.

todo".[139] Além disso, seria legítimo, a despeito da irônica observação adorniana sobre "fidelidade filológica", enveredar por uma consideração filológica e refletir sobre o porquê de Goethe ter optado, no decisivo verso do selamento da aposta — o qual retorna no desfecho do drama, após éones, para usar a hipérbole do próprio Fausto (v. 11.584) —, não pelo substantivo alemão *Moment*, derivado do latim *momentum* (portanto, do verbo *movere*) e que já fora colocado na boca do Imperador ("Honrai o momento em que milhares marcham", v. 10.465) e de Fausto ("Ordena o ataque, o momento é propício", v. 10.500) na guerra civil do quarto ato; mas ter optado por *Augenblick*, que literalmente significa "mirada" ou "vista" (*Blick*) de "olhos" (*Augen*). Não decorre dessa opção que Fausto deveria, no espaço temporal de um relance de olhos, ter efetivamente visto a realidade à qual pronuncia as palavras acordadas? Goethe, todavia, apresenta tal "momento" apenas enquanto imagem que se formou no íntimo de um cego cuja derradeira aspiração parece antes, no plano concreto dos acontecimentos, arrematar a cadeia de equívocos que marcaram todas as etapas de sua longa trajetória.[140]

[139] Sob a data de 3 de agosto de 1815, Sulpiz Boisserée registrou, no âmbito de uma longa conversa com Goethe, suas indagações sobre o final da tragédia. Diante da recusa de Goethe em revelá-lo, o jovem interlocutor insiste: "'Penso que o diabo não terá razão.' — Goethe: 'Fausto coloca logo de início uma condição ao diabo e dela decorre tudo o mais'". Treze anos depois, em conversa anotada pelo jovem Friedrich Förster (amigo de seu filho August), Goethe teria dito em resposta à suposição de que Mefisto estava destinado a reconhecer sua derrota nas alturas celestes, quando o enredo retornaria ao palco do "Prólogo no céu": "Mas isso seria esclarecimento [*Aufklärung*]. Fausto termina seus dias como ancião e nessa idade tornamo-nos místicos". Essas palavras parecem ir ao encontro da visão de Albrecht Schöne, para quem no final já não importava mais a Goethe "se seu Fausto teria ganhado ou perdido a velha aposta. Pois para aquilo que se passará na cena 'Inumação', sobretudo para aquilo que acontece nas 'Furnas montanhosas', a aposta, de um modo ou de outro, já não desempenha mais nenhum papel. [...] Tratava-se tão somente de fazer com que o desfecho da aposta não atrapalhasse o desfecho da peça".

[140] Vale assinalar quanto a esses versos do monólogo final que, em vista da etimologia derivada de *movere*, aflora nas traduções de J. K. Segall e J. Bar-

O último momento de Fausto

"Erra o homem enquanto a algo aspira", dissera o Senhor a Mefistófeles no prólogo desenrolado no céu (v. 317). Morrendo, o colonizador centenário, circundado pelos lêmures que toma por seus operários, oferece a última contraprova ao postulado divino do enlace entre aspiração e errância ao mostrar-se dominado pela visão do mais intenso bulício humano enquanto coroamento futuro do que ele acredita estar se desdobrando no instante presente diante do palácio, isto é, o empenho da massa de trabalhadores em drenar o charco que se infiltra por tudo o que já fora conquistado. Enredado nessa trágica ilusão, mas como sempre muitíssimo distante da cláusula de repouso e lazer também registrada na aposta firmada com sangue ("Se eu me estirar jamais num leito de lazer,/ Acabe-se comigo, já!"), Fausto "vê" desenrolar-se em seu íntimo a luta de um povo intrépido e solidariamente congregado para afastar a ameaça de aniquilamento que, para Mefisto, acontecerá de modo inexorável após a morte do colonizador, que finalmente chega: "Fausto cai para trás, os lêmures o amparam e o estendem no solo", conforme a rubrica cênica.

rento um curioso paradoxo, já que o contexto nos apresenta um instante congelado ou atomizado (um "átimo") no fluxo temporal — um momento ao qual Fausto ordena que se detenha e eternize — expresso por um substantivo, *momentum*, cuja etimologia pressupõe justamente o movimento ininterrupto.

10.

Fórmulas ético-estéticas:
pintar o veludo *in abstracto*,
apenas como ideia do veludo

Nos braços alegóricos em que tomba o pactário no grande átrio do palácio a dramaturgia desenha-se a transição para as duas cenas conclusivas da tragédia ("Inumação" e "Furnas montanhosas"), que mais do que quaisquer outras lançam luz sobre a expressão "gracejos muito sérios", com que o velho poeta se referiu ao *Fausto II*. Finda-se dessa maneira macabra, em meio a lêmures que fazem pilhérias com o cadáver que depositam na cova, a trajetória terrena da personagem que propiciou a Goethe escrever sua *opera della vita* e, ao mesmo tempo, o grande clássico da literatura alemã. E se, em sua vasta produção literária, o *Fausto* é a única obra que se define explicitamente como "tragédia", pode-se perguntar até que ponto suas últimas cenas corresponderiam de fato ao que se espera de todo genuíno representante desse gênero em que a derrocada do herói leva, via de regra, à conscientização de uma culpa punida justamente com o que Aristóteles chama de "catástrofe" (que, portanto, traz em si o momento da derrocada), como ocorre paradigmaticamente em *Édipo Rei*. Em vez disso, no drama goethiano a felicidade antecipada na derradeira aspiração fáustica parece transmitir-se, não obstante o profundo equívoco que lhe subjaz, à própria morte da personagem que tanto sofrimento e destruição causou em sua passagem pelo mundo. Os crimes que cometeu em cumplicidade com Mefistófeles foram todos esquecidos, "mesmo o último contra Filemon e Baucis", como lembra Adorno em seu ensaio sobre a cena final. Se desse modo o dramaturgo contraria uma regra fundamental do gênero "tragédia", essa incongruência se reforça ainda mais nas duas cenas subsequentes, em que o "elemento imortal" do responsável, na Primeira Parte, pela morte de Margarida e toda a sua família é subtraído às garras de Mefisto e sua coorte diabólica e alçado a uma ascensão purificadora sob o influxo do Eterno-Feminino.

No bojo desse movimento, nas últimas etapas ascensionais pelas "Furnas montanhosas" ("Passos íngremes na montanha", na expressiva tradução de Haroldo de Campos que incorpora também o significado geográfico de "passo"), o poeta furta à nossa vista a personagem com a qual conviveu por nada menos que 75 anos, após tê-la recolhido, junto com Mefistófeles, "em estado fantoche na lenda ou na feira de rua", para citar palavras de Paul Valéry, e elevado "ao mais alto grau de existência poética".[141]

Será que podemos encontrar na literatura ocidental outra personagem que por tão largo tempo e com tamanha intensidade tenha ocupado a imaginação de um dramaturgo ou romancista e, ao final, tenha sido contemplada com destino tão insolitamente místico a ponto de arrancar de Goethe esse oximoro que mescla gracejos ou brincadeiras e seriedade?

Da Espanha poderia vir à lembrança a figura que acompanhou Cervantes ao longo de suas duas últimas décadas de vida e a cuja morte seu criador, como Goethe à de Fausto, sobreviveu por pouquíssimo tempo. Entretanto, é precisamente o momento da morte que assinala curiosa diferença entre essas duas personagens que já foram caracterizadas (Fausto em seu precursor medieval-renascentista) como mitos fundadores do "individualismo moderno":[142] enquanto D. Quixote expira sobriamente, com a *cordura* se sobrepondo ao *vivir loco* desdobrado por várias centenas de páginas (*yo fui loco, y ya soy cuerdo*), o trespasse do herói alemão se desenrola nas asas de um sonho patético ou mesmo macabramente quixotesco, já que o colonizador cego confunde a cova

[141] *Meu Fausto: esboços*, introdução, tradução e notas de Lídia Fachin e Sílvia Maria Azevedo, Cotia, Ateliê Editorial, 2010, p. 43.

[142] Ian Watt, *Os mitos do individualismo moderno: Fausto, Dom Quixote, Dom Juan, Robinson Crusoé*, tradução de Mario Pontes, Rio de Janeiro, Jorge Zahar Editor, 1997.

que lhe está sendo aberta com uma nova e ousada obra de engenharia hidráulica, que ele vê no âmbito da "última conclusão da sabedoria".

Apresentando-se de maneira abstrata e genérica, as palavras com que Fausto articula sua visão final de um povo livre trabalhando numa terra livre ("em solo livre ver-me em meio a um livre povo", v. 11.580) revela certa semelhança com lemas e slogans revolucionários, como o da própria Revolução de 1789, que se infiltrou sub-repticiamente nesse último monólogo (*liberdade* desponta em nada menos que quatro modulações). E se em seus últimos momentos o colonizador exprime igualmente o projeto de drenar o charco que ameaça infectar os territórios já conquistados e oferecidos à "liberdade", vale frisar que o teor genérico dessa fala também propiciou sua instrumentalização ideológica, conforme nos mostra o discurso de 1962 "Ao conjunto da nação alemã!", em que Walter Ulbricht, secretário-geral do partido comunista da República Democrática Alemã, referiu-se às "forças reacionárias" da República Federal e de Berlim Ocidental como um "pântano de exploração capitalista, um foco de política bélica e revanchista e um pântano de corrupção desavergonhada. Esse pântano, que chega até as fronteiras de nossa Alemanha socialista [para Lukács, a concretização da utopia fáustica], impede a asseguração da paz e infecta a atmosfera, precisa ser drenado".[143]

---

[143] Assinale-se, porém, que também a usurpação ideológica por parte do nacional-socialismo constitui capítulo dos mais extensos na história da recepção do *Fausto*; e no mesmo ano em que Hitler assumia o poder, Kurt Engelbrecht publicava em Leipzig o livro *Faust im Braunhend* [Fausto em camisa marrom], referência à cor da camisa usada inicialmente por membros da SA e que se converteria em peça do uniforme do partido. No ano seguinte um autor chamado Arthur Dix perpetrava essa esdrúxula comparação entre Fausto e Hitler: "Goethe faz com que Fausto, após a perda física da visão, passe a enxergar espiritualmente de maneira tanto mais luminosa. Também Adolf Hitler, após uma perda temporária da vista, foi abençoado com acuidade visual tanto mais poderosa. E justamente no momento do enceguecimento exterior, Goethe permite a Fausto, que em espírito começa a ver tudo com muito mais clareza, cunhar o eterno lema que rege o princípio do *Führer*: 'Para que se complete a obra mais

Mas além de ter repercutido com imensa força em diferentes posições do espectro ideológico (o estudo de Hans Schwerte *Fausto e o fáustico: um capítulo de ideologia alemã* aborda as vicissitudes dessa recepção),[144] o derradeiro discurso de Fausto lembra ainda, se abstrairmos da ironia oculta, a inclinação para considerações de caráter geral que o poeta desenvolveu em sua velhice, a qual se manifesta, por exemplo, em duas seções do romance *Os anos de peregrinação de Wilhelm Meister* (1829), abertas com a finalidade específica de abrigar sentenças destiladas de uma longa experiência de vida: as "Considerações no sentido dos migrantes" e as máximas do "Arquivo de Makarie".

Tome-se, entre inúmeros exemplos dessa tendência provecta, a citada carta de 3 de novembro de 1826 dirigida ao amigo Sulpiz Boisserée, em que Goethe salta bruscamente de questões pragmáticas a um plano genérico: em assuntos financeiros ou de ordem prática uma decisão equivocada se limitaria a eventuais aborrecimentos ou prejuízos materiais, que com o tempo podem ser reparados ou resignadamente aceitos; mas numa dimensão ética, estética ou espiritual de um modo geral, as consequências de um passo falso seriam incomparavelmente mais graves — e, na sequência, o poeta se antecipa à reação possivelmente cética e condescendente de seu interlocutor 34 anos mais jovem: "Não vou censurar se o senhor sorrir pelo fato de eu entrar novamente no geral; como matemático ético-estético tenho de avançar sempre, em meus anos provectos, até àquelas últimas fórmulas, mediante as quais o mundo ainda se torna apreensível e suportável para mim".

O impulso de enveredar, sem mediação alguma, por considerações dessa natureza — ou seja, lançar-se abrupta e diretamente do particular ao universal — pode ser observado ainda em inúmeras outras cartas da velhice goethiana. Mas também as conversa-

---

grandiosa, basta um espírito para mil mãos!'". *Apud* Jochen Schmidt, *Goethes Faust*, Munique, C. H. Beck, 2001, capítulo "Goethes *Faust* als nationale Identifikationsfigur" [O *Fausto* de Goethe como figura de identificação nacional], p. 315.

[144] Ver, a propósito, a nota 19 no Prefácio.

ções legadas por Eckermann, Friedrich Wilhelm Riemer ou pelo Chanceler von Müller ilustram não raro esse movimento. O objeto da conversa que Eckermann registra sob a data de 21 de março de 1830 é de início bastante preciso: trata-se da viagem que August von Goethe, filho único do poeta, fazia então pela Itália. Goethe diz que não se deveriam criar muitas ilusões com essa viagem, pois "normalmente a gente retorna do mesmo modo que partiu", quando não trazendo ideias e concepções incompatíveis com as condições de vida no próprio país. Ele próprio teria trazido da viagem italiana um conceito arquitetônico de escada com o qual arruinara sua casa em Weimar (na praça Frauenplan). E eis que, subitamente, vem a generalização: "O principal é que a gente aprenda a se controlar. Se eu quisesse dar-me rédeas soltas, então estaria apenas em minhas mãos destruir a mim mesmo e a tudo o mais ao meu redor".

Depurar a experiência de vida em fórmulas ético-estéticas capazes de apreender os movimentos deste mundo apresenta-se, na biografia de Goethe, como uma conquista da velhice. No terreno estritamente artístico ele vislumbrou depuração análoga, isto é, um desenvolvimento no sentido do genérico e abstrato, na obra do longevo Tiziano Vecellio (1480-1576). Seu colaborador Riemer deixou registrada uma conversa que teve com o poeta em 1831 e cujo ponto de partida é dado pelas diferenças entre as duas partes do *Fausto*. A fábula (ou o enredo) da Segunda Parte teve de aproximar-se sempre do "ideal" (*die Fabel mußte sich dem Ideellen nähern*) e neste mundo — repetem-se aqui os termos da carta dirigida em 3 de novembro de 1820 ao filólogo Schubarth — ainda haveria "muitos outros magníficos erros, reais e fantásticos, em que a pobre criatura [Fausto] deveria perder-se de maneira mais nobre, digna e elevada do que acontece na Primeira Parte". O tratamento estético, prossegue Goethe, precisaria sair sempre do específico e entrar no genérico, pois especificação e variedade seriam mais próprias da juventude. E Riemer conclui o registro da conversa com as palavras: "Tiziano, o grande colorista, pintou em idade avançada as mesmas coisas que, nos anos anteriores, ele soube imitar de maneira tão concreta — mas ele as pintou tão somente *in abstracto*; por exemplo, o veludo apenas como ideia do veludo".

Considerando que Goethe relacionou essa observação sobre o pintor veneziano a sua própria produção artística, conforme acrescenta Riemer no final da nota, não se poderia sustentar que também as personagens do Peregrino ou de Filemon e Baucis, com todos os atributos que compõem seu círculo vital (tílias, duna, capela e cabana), tenham sido esboçadas *in abstracto*, apenas como "ideia" das tradições ancestrais em que se enraíza a cultura da hospitalidade, gratidão, interação respeitosa com a natureza e tudo o mais que é aniquilado pela expansão do império fáustico?

Enveredar por essa perspectiva pode levar o intérprete a aproximar-se da sugestão de "fórmulas ético-estéticas" que se encontra na mencionada carta de Goethe a Boisserée; por outro lado, significaria também relativizar abordagens do *Fausto* que, como a de Heinz Schlaffer, partem de uma compreensão de símbolo e alegoria enquanto princípios antitéticos. Se, contudo, o próprio Goethe empenhou-se em estender o conceito de polaridade — elaborado, como o de "intensificação" (*Steigerung*) no âmbito de suas pesquisas científicas, sobretudo em relação a fenômenos elétricos e magnéticos — também para a esfera estética, então talvez se possa e deva entender símbolo e alegoria não de forma excludente, mas antes enquanto momentos polares na escala de procedimentos estéticos concebida pelo poeta, ou seja, enquanto extremos que se encontram sempre remetidos um ao outro, perfazendo uma relação na qual os elementos, ao mesmo tempo que se diferenciam, mostram-se intrinsicamente correlacionados.

No ensaio "Der Rat des Narren" [O conselho do bufão], percuciente análise do papel de bobo da corte que Mefisto assume no Palatinado Imperial, Peter Michelsen alerta para o equívoco de se hipostasiarem os conceitos de símbolo e alegoria, como formulados por Goethe em seu período clássico, e aplicá-los sem mediação ao *Fausto II*. Mas é isso o que fez Heinz Schlaffer na abordagem marxista comentada anteriormente, ainda que sua argumentação se articule sempre em alto nível teórico e promova uma valorização do significado da alegoria na modernidade, em que nascem as obras de Marx e Baudelaire, para em seguida apresentar o estilo do velho Goethe como indiferenciadamente alegórico.

Já a leitura de Michelsen caminha numa direção distinta, orientando-se num de seus passos pela citada observação de Goethe sobre a pintura do velho Tiziano. Desse modo, o que se observa em episódios do *Fausto II*, segundo esse intérprete, seria o predomínio do genérico sobre o específico, da "ideia" da coisa sobre a própria coisa, sendo que os elementos gerais e abstratos não podem ser caracterizados *tout court* como "alegóricos". Nessa perspectiva, abstrair de acontecimentos, objetos ou de personagens elementos que possam ser considerados "contingentes" não significaria reduzi-los a um esqueleto, a uma representação esquemática descarnada, mas sim apresentá-los (esses acontecimentos, objetos, personagens etc.) de maneira mais depurada e essencial aos olhos do leitor ou espectador. Com isso se esmaeceriam no *Fausto II* as rigorosas fronteiras conceituais entre símbolo e alegoria levantadas por Goethe durante o classicismo; e caso o intérprete queira continuar valendo-se desses termos, seria forçoso constatar que nessa obra de velhice as eventuais alegorias tendem a adentrar o campo simbólico, a converter-se parcialmente em símbolos, e estes, por sua vez, a compor os quadros da alegoria. Isso se deve em essência à força de suas imagens, que jamais reduzem o significado a um mero esquema conceitual, mas o mantêm sempre ativo e inesgotável, como se diz do símbolo na sentença 749 do volume *Máximas e reflexões*.[145]

---

[145] Se não for descabido comentar essa tendência da estética goethiana com palavras de Manuel Bandeira, gostaria de lembrar que o poeta brasileiro, ao falar no quarto segmento do *Itinerário de Pasárgada* da força extraordinária de "versos fracos" de Camões (versos que contrariam a estética parnasiana ao preferir o hiato à sinalefa), reproduz a observação de um amigo: "Você já reparou como são fortes os versos fracos de Camões?". A força imagética de muitas das supostas alegorias goethianas legitimaria uma observação semelhante — como são simbólicas (imageticamente fortes) as alegorias de Goethe!

Contudo, há que se assinalar também que em certos momentos do *Fausto II* — por exemplo, o monólogo de Fausto na abertura da Segunda Parte (ce-

Por essa razão Michelsen toma as definições que Goethe delineia nessa sentença não como postulados definitivos e fechados em si, mas antes como mera tendência, ou como uma questão de ênfase, na relação de aproximação e distanciamento entre imagem e significado conceitual nos tropos literários, o que o leva à expressiva constatação: "No símbolo enfatiza-se a unidade que se assenta no poder da ideia e, na alegoria, a cisão que se origina por meio da força disjuntiva do conceito; não se deve absolutizar nenhum dos dois".

Infere-se da argumentação de Michelsen que, se mesmo assim o leitor quiser insistir na presença de alegorias no *Fausto II*, será necessário acrescentar que também nelas, como ocorre com o símbolo, a imagem tende via de regra a ter primazia sobre o significado, o que impõe a necessidade de redimensionar a afirmação da clássica sentença 749 de que, no tocante ao procedimento alegórico, "o conceito, na imagem, será sempre apreendido de maneira limitada, completa e será sempre expresso nos limites dessa imagem". Por conseguinte, no *Fausto II*, conforme se lê no ensaio "O conselho do bufão", não haveria nenhum traço que possa ser abstraído da dimensão plástica e visível e transposto ao meramente conceitual; ao contrário, o significativo constitui-se exclusivamente enquanto algo que se oferece ao leitor no âmbito do fenômeno sensível, sempre associado à imagem.

Mas será que as explanações desenvolvidas por Michelsen possuem validade irrestrita para toda a segunda parte da tragédia, como pretende o intérprete? Provavelmente não. Quando Mefis-

---

na "Região amena") com seu comentário conceitual sobre a imagem do arco-íris cambiante e constante ao mesmo tempo (*Wechsel-Dauer*) — os símbolos inclinam-se para a dimensão alegórica. Não é raro, portanto, que nos deparemos na filologia fáustica com a amalgamação dos dois procedimentos, por exemplo no ensaio "Goethe como crítico", de E. R. Curtius: no *Fausto II* "temporalidades e espaços interpenetram-se mutuamente e são transpostos à simultaneidade alegórico-simbólica. [...] Não é a continuidade que predomina, mas sim retorno num patamar superior — 'tendência espiral', para tomar emprestado um conceito da teoria goethiana da Natureza"; cf. "Goethe als Kritiker", in *Kritische Essays zur europäischen Literatur*, Berna, A. Francke, 1950, p. 38.

tófeles, no início da cena "Alta região montanhosa" do quarto ato, desce das "botas de sete léguas" para juntar-se a Fausto e iniciar uma controvérsia geológica, esse lendário apetrecho acelerador parece esgotar seu significado na referência alegórica ao incipiente ritmo "velocífero" (neologismo criado por Goethe) da modernidade e ao seu caráter autônomo, já que na sequência as botas, possivelmente uma antevisão alegórica dos velozes meios de transporte que dominam nosso mundo, continuam a avançar por si próprias. Outro exemplo reside na batalha aérea entre um grifo e a águia real (vv. 10.620-39), cujo desfecho (a derrota da quimérica ave) antecipa alegoricamente o êxito das forças imperiais, na guerra civil do quarto ato, sobre os exércitos do Anti-Imperador. Ou quando, nesse mesmo quarto ato, surgem os três valentões Mata-Sete, Pega-Já e Tem-Quem-Tem, o significado desses "velhacos alegóricos" (*allegorische Lumpe*, que J. K. Segall transpõe para o coletivo "turba alegórica") esgota-se na referência direta e conceitual à agressividade, ganância e avareza.[146]

Conforme discutido anteriormente, nesses casos específicos o conceito, à semelhança do que ocorre em alegorias barrocas, manifesta-se nos próprios nomes e se deixa apreender de maneira acabada nos limites da imagem, voltando aos termos das clássicas formulações goethianas. Semelhante constelação estética apresenta-se no início da cena "Tenda do Anti-Imperador", que fecha o

---

[146] Essa é também a interpretação de Ulrich Gaier, que em seus comentários ao *Fausto II* vê nessas figuras uma alusão aos pecados da *Violenza*, *Avidità* e *Avarizia*, que Dante pune no inferno. Mas é possível levantar outras facetas na interpretação da violenta trinca mefistofélica: para Heinz Schlaffer, os três colossos, "dotados de poderes sobre-humanos e portando máscaras de aço e ferro", constituiriam "uma alegoria da força maquinal" (*op. cit.*, p. 134). No posfácio à edição norte-americana de *Dinheiro e magia*, de Binswanger (cf. nota 13 no Prefácio), Iring Fetscher interpreta essas personagens como personificações alegóricas de atitudes econômicas: Mata-Sete (*Bully*) representando a força bruta da acumulação primitiva que expulsa das terras usurpadas seus habitantes originais, "Pega-Já" (*Havequick*) como a ganância por riquezas e Tem-Quem-Tem (*Holdfast*) alegorizando a avareza acumulativa. O próprio Goethe associou explicitamente essas personagens, através da rubrica cênica subsequente ao verso 10.322, aos três "valentes de Davi" (2 Samuel, 23: 8).

Fórmulas ético-estéticas

quarto ato (também a mais breve do drama e a última a ser redigida por Goethe). É quando a vivandeira Sus-ao-Saque, curioso nome (*nomen est omen*, conforme sinalizado no segundo capítulo) tomado à tradução luterana do livro de Isaías (8: 1-3), junta-se a Pega-Já a fim de recolher os despojos do inimigo derrotado. À advertência dos lansquenetes (*Trabanten*, no original) do "nosso Imperador", segundo a surpreendente rubrica cênica, de que devem se portar com "retidão" ("Dos nossos não é isso padrão:/ O ser soldado e ser ladrão"), Pega-Já responde com os versos: "Conhece-se esta retidão;/ Seu título é: Contribuição/ Todos estais no mesmo pé:/ Dá cá! do ofício a senha é". Temos aqui um extraordinário desmascaramento do discurso ideológico que camufla como "contribuição" a extorsão praticada pelos poderosos sob a salvaguarda do "direito" e acoima de "ladroagem" o que não vai para os cofres do Estado ou para o bolso de altos funcionários — em ambos os casos tratando-se, porém, de um nu e cru "Dá cá!". Ao mesmo tempo, Pega-Já e Sus-ao-Saque exercem sobre a patrulha imperial um atordoamento que o leitor deve atribuir à sua constituição alegórica: "A dupla era tão espectral", tenta explicar um dos soldados a paralisia que os acomete. É importante observar, todavia, que a estrutura alegórica desse episódio desdobra seu sentido mais profundo quando contrastada com a segunda parte dessa mesma cena "Tenda do Anti-Imperador", em que Goethe coloca no palco as extorsões e pilhagens levadas a cabo pelo poderoso Arcebispo.[147]

Alguns outros exemplos de alegorias mais tradicionais poderiam ser ainda arrolados para complementar as iluminadoras observações de Peter Michelsen, por exemplo, as "máscaras" da Es-

---

[147] Como considerar aristocrático, conservador (no dizer de Auerbach) ou mesmo reacionário (Wolfgang Menzel), o autor de uma passagem como essa que espelha o roubo perpetrado pela arraia-miúda (configurado em versos populares mais breves) no roubo em grande escala (que Goethe apresenta em pomposos versos alexandrinos) praticado pelos poderosos? Essa passagem mostra-se digna de um Grimmelshausen, que criou personagens como Simplicius Simplicissimus ou a vivandeira Mãe Coragem, ou mesmo de um Bertolt Brecht.

Mefistófeles convoca seus asseclas, três valentões que, na pena de Max Beckmann, remetem, da esquerda para a direita, a figuras do alto escalão nazista: Heinrich Himmler, Adolf Hitler e Hermann Göring.

perança e do Medo que abrem o terceiro bloco carnavalesco na cena "Sala vasta" do primeiro ato e são logo agrilhoadas pela Prudência, que as vê como grandes inimigas do ser humano. Por isso não seria improcedente, em relação a esse passo do desfile carnavalesco no Palatinado Imperial, pensar num paralelo com figuras alegóricas de cunho moral ou religioso, que povoam os autos de extração medieval. No caso brasileiro, pode-se pensar nas figuras do "Governo" ou da "Ingratidão", no auto *Na Vila de Vitória*, de José de Anchieta.[148]

A despeito, contudo, de eventuais ressalvas que decorreriam dos exemplos levantados, as constatações feitas no estudo "O conselho do bufão" revestem-se de admirável acuidade e contribuem em muito para elucidar a força que emana de personagens como Linceu ou o Peregrino, também das tílias que se enraízam no mundo de Filemon e Baucis, e de tudo o mais esboçado pelo mestre de Weimar tão somente com algumas poucas pinceladas, como que apenas sugerindo a "ideia do veludo", para dar extensão metafórica à sua observação sobre a arte do velho Tiziano.

Com algumas pinceladas igualmente precisas (mas também tendendo para o "genérico"), Goethe insufla vida às quatro mulheres grisalhas (Apreensão, Insolvência, Penúria e Privação) que invadem o palco na cena "Meia-noite" para arrostar o colonizador centenário. Elas falam e agem, mas de modo algum constituem "o mais gélido jogo de sombras", voltando à crítica de Herder a todo drama alegórico, "no qual em contradição ininterrupta nulidades falam, nulidades agem". A elas caberiam antes as observações de Auerbach sobre a já mencionada alegoria da *Povertà* no canto XI do *Paraíso*, comparada em certo momento justamente com as mulheres grisalhas de Goethe: diz-nos o filólogo nesse ensaio escrito ainda em Istambul que, nos versos sobre a Pobreza, "amante muda do Santo [Francisco], ligada a ele de maneira ainda mais estreita e efetiva do que a Apreensão a Fausto", o elemento

---

[148] Conferir a esse respeito as excelentes considerações de Alfredo Bosi no ensaio "Anchieta ou as flechas opostas do sagrado", em *Dialética da colonização, op. cit.*

pedagógico próprio da alegoria não penetra enquanto tal — isto é, enquanto mensagem doutrinária — a consciência do leitor, "mas sim como evento real". E o ensaio se fecha com a constatação — certamente extensível às mulheres espectrais da cena "Meia-noite" — de que, "apesar de nossa aversão a alegorias, no canto XI do *Paraíso* apodera-se de nós a realidade do que tem vida; de um vivente que somente aqui, nos versos do poeta, ainda vive".

De que estofo seriam essas alegorias que, palpitantes de vida, revelam-se capazes de envolver mesmo o leitor mais avesso ao didatismo doutrinário? Auerbach não se aprofunda na questão, mas também aqui teríamos a ver com a preeminência da imagem sobre o significado conceitual, com a beleza plástico-sonora (ritmo, musicalidade etc.) dos versos ou ainda, voltando à já citada carta goethiana de 27 de setembro de 1827, com o jogo cambiante de "configurações que se contrapõem umas às outras e ao mesmo tempo se espelham umas nas outras".

Num texto redigido sete anos antes dessa carta, Goethe delineia uma visão bastante maleável da alegoria, não mais meramente *antissimbólica*, mas com matizes e nuances decorrentes de sua capacidade de acercar-se ou distanciar-se do procedimento em que a ideia na imagem permanece sempre ativa e inexaurível, e isso torna a alegoria "tanto melhor quanto mais se aproxima *do que chamamos* [grifo meu] de símbolo". E curiosamente, num esboço de carta datado de 14 de fevereiro de 1832 (a menos de cinco semanas da morte), Goethe observava que a continuação da tragédia seria, como a cena "Região amena" que abre o primeiro ato da Segunda Parte, *poetisch symbolisch* — "poeticamente simbólica" —, de onde se infere que, nessas alturas, o emprego do conceito de "simbólico" englobava em si também os elementos que em seu período clássico haviam sido atribuídos à alegoria.[149]

---

[149] O destinatário dessa carta era o filólogo C. E. Schubarth, de quem Goethe havia lido em julho de 1830 o ciclo de doze conferências "Über Goethes *Faust*" [Sobre o *Fausto* de Goethe]. Junto com uma carta de 4 de janeiro de 1832, Schubarth enviara a Goethe a 13ª conferência, com suposições sobre a continuação da tragédia. Na resposta, Goethe reiterava que o *Fausto II* já es-

Fórmulas ético-estéticas

Essas considerações dão fundamento à hipótese de que as sentenças 749 a 751 do volume *Máximas e reflexões*, não obstante impressionarem ainda hoje pela clareza e argúcia, já se mostravam insuficientes aos olhos do criador de personagens como Linceu ou o Peregrino. Pois não havia mais como reduzir aquelas personagens — também Filemon, Baucis e outras — à delimitação operada pelo conceito, ao fechamento e empobrecimento do significado, como de fato o fizeram não poucos dos primeiros leitores do *Fausto II*. E a insuficiência das clássicas sentenças de *Máximas e reflexões* se revela com nitidez tanto maior — avançando agora para além da chamada "Época de Goethe" — em face da beleza plástica de alegorias como o "Albatroz" e o "Cisne", de Baudelaire, ou da impenetrabilidade alegórica da parábola de Kafka "Diante da lei", cujos protagonistas (Porteiro e Homem do campo), aparecem de maneira tão genérica como, no *Fausto II*, Imperador, Chanceler, Tesoureiro, Arauto e várias outras personagens.

Diante de textos como os de Baudelaire e Kafka seria inteiramente contraproducente aferrar-se a uma concepção de alegoria enquanto oposto irredutível do símbolo, ligada tão somente ao abstrato das noções gerais, ao didatismo e rebaixamento da realidade terrena, à transcendência, desantropomorfização e delimitação do horizonte gnosiológico. No entanto, temos aqui (conforme vimos no primeiro capítulo) a posição assumida por Lukács em sua *Estética* e outros textos, o que o levou — com a reivindicada salvaguarda de Goethe — a condenar grandes artistas da modernidade como alegoristas do *divertissement*, comprometidos apenas com a "transcendência do Nada". Não se poderia depreender desse exemplo que, por mais produtivas que as mencionadas sentenças de *Máximas e reflexões* tenham sido para a crítica e a teoria literária de modo geral (inclusive para Lukács, em vários outros

---

tava concluído e lacrado: "Tal como está, será publicado um dia. A continuação do senhor é, na realidade, inteiramente prosaica; a minha é poeticamente simbólica, como já o início da segunda parte. Mas que isso tudo fique reservado a dias vindouros". Essa carta, todavia, acabou não sendo enviada, talvez para evitar polêmica.

momentos de sua obra), elas também não deixaram de gerar consequências problemáticas, ou mesmo desastrosas, quando assumidas de maneira absoluta e, portanto, também dogmática?[150]

Nas "observações preliminares" (*Vorbemerkungen*) que redigiu, à guisa de prefácio, para sua edição comentada do *Fausto* publicada originalmente em 1994 (e que em 2017 teve sua 8º edição revista e atualizada), Albrecht Schöne elucida seu propósito de direcionar parte significativa dos comentários à apreensão do que ocorre nas imagens do drama que visam algo que não está ob-

---

[150] Como Georg Lukács em sua *Estética*, também o sociólogo húngaro-alemão Arnold Hauser apresenta, em sua *História social da arte e da literatura*, uma visão de "símbolo e alegoria" inteiramente tributária das *Máximas e reflexões* de Goethe, mas sem incorrer em condenações crassas de grandes artistas de vanguarda. No capítulo "O Impressionismo", Hauser pontifica que "a alegoria não é outra coisa senão a tradução de uma ideia abstrata [Goethe fala, porém, em "conceito"] para a forma de uma imagem concreta, sendo que a ideia permanece de certo modo independente de sua expressão imagética e também se deixaria exprimir numa outra forma, enquanto o símbolo, ao contrário, conduz a ideia e a imagem a uma unidade indissociável, de tal modo que a comutação [*Umwandlung*] da imagem significa ao mesmo tempo a transformação [*Verwandlung*] da ideia. O conteúdo de um símbolo, em uma palavra, não se deixa traduzir em nenhuma outra forma; um símbolo, por outro lado, pode ser interpretado das maneiras mais diversas, e essa mutabilidade das interpretações, essa aparente inesgotabilidade do significado a ser interpretado, é exatamente o essencial nele. Ante o símbolo, a alegoria atua sempre como a transcrição simples, unidimensional, de certo modo supérflua, de um pensamento que não ganha nada com essa transposição de uma esfera para outra. A alegoria é uma espécie de enigma, cuja solução é evidente; o símbolo, ao contrário, só pode ser interpretado, não pode ser solucionado. A alegoria é a expressão de um pensamento estático, o símbolo a expressão de um pensamento dinâmico; aquela coloca limites e metas à associação de ideias, este coloca e mantém os pensamentos em movimento". Cf. *Sozialgeschichte der Kunst und Literatur*, Munique, C. H. Beck, 1990, p. 958 (1ª ed. 1951). Mas aqui se trata também de uma concepção, em última instância, tradicional de alegoria e símbolo, insuficiente para a abordagem de um grande número de personagens e sequências dramáticas do *Fausto II* — o mesmo valendo para textos kafkianos, pois o que temos, por exemplo, em "Diante da lei" não é "uma espécie de enigma, cuja solução é evidente".

jetivamente presente no texto, mas que, apenas indiciado, deve ser concretizado pelo leitor à luz de suas próprias experiências. Para circunscrever conceitualmente esses complexos sinais articulados pelo velho poeta, os *termini* "símbolo" e "alegoria", para Schöne já demasiado desbotados e sobrecarregados, mostrar-se-iam ineficientes, e do mesmo modo designações como "exemplar", "modelar", "parabólico" etc. Apoiando-se na mencionada carta de novembro de 1826 em que Goethe se apresenta ao amigo Sulpiz Boisserée, como "matemático ético-estético" em busca de fórmulas capazes de tornar-lhe o mundo mais "apreensível e suportável", Schöne prepara o leitor dos comentários que se seguirão para o recorrente emprego da expressão "fórmula ético-estética", entrando-se assim em terreno ainda não explorado na filologia fáustica.

"É verdade que essas fórmulas não possuem o grau de abstração das puras construções matemáticas", pondera Schöne ao mesmo tempo que desloca a ênfase para o par de adjetivos "ético-estético" e reforça o fato de nos encontrarmos aqui, não no âmbito de uma ciência exata, mas sim de imagens e figurações poéticas. No entanto — prossegue o crítico e comentador — "Goethe pôde reivindicar para si a precisão e a validade universal de componentes matemáticos", pois suas fórmulas se assemelhariam às genuinamente matemáticas na medida em que são válidas também para fenômenos e acontecimentos que o próprio "matemático" não chegou a conhecer.

Conforme esboçado no capítulo anterior, a maneira como Albert Schweitzer, poucas semanas antes de Hitler assumir o poder, interpretou o massacre de Filemon e Baucis (o incêndio da cabana de Filemon e Baucis reproduzido milhões de vezes, assim como o "sorriso cínico" de Mefistófeles multiplicado "em mil caretas") vai inteiramente ao encontro das considerações de Albrecht Schöne, o mesmo se podendo dizer das ilustrações que Max Beckmann criou para essas cenas em 1943, durante seu exílio em Amsterdã, ou ainda do célebre poema sobre a *Shoa* ("Todesfuge", concluído em 1945) em que Paul Celan alude ao estridente assobio com que Mefisto convoca seus "mastins" para a eliminação do casal de anciãos.

Se aceitarmos, portanto, que símbolo e alegoria, em sua acepção tradicional, revelam-se insuficientes para descrever o processo de plasmação desses episódios, teremos novo ensejo para afirmar, da perspectiva delineada pelo próprio Goethe em sua carta a Boisserée, que estamos confrontados com fórmulas ético-estéticas para expurgos étnicos violentos, para os crimes infligidos aos judeus europeus pelo nacional-socialismo (segundo a recepção de Paul Celan) e para outros massacres ao longo do século XX, sobrevindo então ao leitor — e nesse ponto retomamos as considerações de Eberhard Lämmert apresentadas no capítulo 6 — o sentimento de "alarme", pois o que acontece no texto de Goethe a Filemon e Baucis, aconteceu em grande escala no Congo, em Ruanda, na Polônia ocupada durante a guerra etc.

Outros momentos do *Fausto II* apresentam igualmente sequências dramáticas em relação às quais se pode falar em "fórmulas" elaboradas pelo velho "matemático ético-estético", pois passíveis de ser atualizadas pelo leitor partindo de suas próprias experiências. Na abertura das cenas agrupadas em torno do Imperador — um governante "com todas as propriedades para pôr seu país a perder, o que por fim ele acaba conseguindo", segundo palavras registradas por Eckermann em 1º de outubro de 1827 — delineia-se a situação *típica* de um Estado mergulhado em gravíssima crise econômica, moral e política. Chanceler, Chefe do Exército, Tesoureiro, Intendente-Mor desvelam ao Imperador um quadro social de corrupção generalizada, roubos e crimes de toda espécie, justiça arbitrária e parcial, conforme conotam, por exemplo, os versos sobre o Juiz imponente em seu alto trono (*Der Richter prunkt auf hohem Pfühl*, v. 4.792),[151] e condenando a seu bel-prazer. O Chefe do Exército já não controla mais as tropas, com desordens e motins espocando num ritmo que acompanha a crescente insatisfação popular. As reservas do reino estão esgotadas, quei-

---

[151] No original Goethe emprega o termo hoje em desuso *Pfühl*, espécie de grande almofada, para "trono". O sentido do verso seria: o juiz blasonador que se pavoneia em seu alto trono almofadado. Na precisa tradução de J. K. Segall: "Na sala o juiz trona imponente".

Fórmulas ético-estéticas

xa-se o Tesoureiro, e o Intendente-Mor abre seu sombrio relato estabelecendo uma rima (também no nível do sentido) com a declaração daquele de que "a caixa está vazia": "Que não sofro eu também na crise!/ Por mais que poupe, economize,/ Mais precisamos cada dia".

Assumindo astutamente o papel de bufão da corte, Mefistófeles entra em ação com um engenhoso plano econômico baseado na criação do papel-moeda. A crise reflui de imediato, as finanças são saneadas, as dívidas solvidas, e um *boom* consumista toma conta do país todo. A nova sociedade afluente vigora por certo tempo; contudo, os "papéis mágicos" (*Zauberblätter*, como diz o antigo bobo ao retornar à corte) carecem de lastro, um surto inflacionário não se faz esperar e no quarto ato, cerca de quatro mil versos adiante, ficamos sabendo que a crise retornou agravada e levou à eclosão da guerra civil.

Em seu estudo anteriormente discutido, Heinz Schlaffer enxerga nessas cenas ambientadas no Palatinado Imperial, sobretudo no longo carnaval que Mefisto manipula para implementar seu plano econômico, a alegorização da passagem do feudalismo para a nova ordem burguês-capitalista: "o sonho que uma época que chega ao fim tem da época vindoura". A ilação é procedente, mas a rigor essa transição histórica não está presente enquanto tal, de maneira concreta e objetiva, nas cenas em questão, e tampouco estão presentes os fenômenos sociais e econômicos que Schlaffer enxerga nas alegorias goethianas e que antecipariam a análise feita por Marx poucos decênios depois no *Capital*. O mesmo vale para a "crítica da economia moderna à luz do *Fausto* de Goethe", voltando a citar o subtítulo do estudo de Hans Christoph Binswanger *Dinheiro e magia*. Nessa surpreendente abordagem do drama goethiano, o economista e ecologista suíço oferece não poucos subsídios aos leitores que queiram atualizar a crise político-financeira configurada no primeiro ato do *Fausto II* (com ramificações para o quarto e o quinto atos) com vistas às suas respectivas experiências históricas.[152]

---

[152] É o que faz, por exemplo, Gustavo Franco no prefácio ("Uma intro-

Embora ausente dos acontecimentos que se dão na segunda parte da cena "Tenda do Anti-Imperador", cujo provável modelo histórico terá sido a restauração dos Bourbon no trono francês em 1814, Mefistófeles poderia perfeitamente comentá-la com as palavras que pronunciou no fecho da cena "Laboratório", descrevendo a relação do Homúnculo de proveta com seu criador Wagner: "No fim tão sempre dependemos/ Das criaturas que criamos". Sobre esses dois versos disse Goethe a Eckermann no dia 16 de dezembro de 1829: "Penso que é preciso se debater um certo tempo com isso. Um pai que tenha seis filhos está perdido, faça ele o que quiser. Queiram também reis e ministros, que conduziram muitas pessoas a postos significativos, refletir sobre isso a partir de suas experiências".

Como se poderiam relacionar estes versos de Mefisto sobre a dependência do criador em relação ao que foi criado ao quadro de "negociatas" que se seguem ao final da guerra civil? Prevalecendo sobre as forças do Anti-Imperador, o Imperador se vê por fim nas mãos daqueles que conduzira a "postos significativos", sendo obrigado então a outorgar-lhes novos privilégios e criar-lhes cargos de poder mais amplo, apontando Goethe desse modo para as origens da fragmentação política alemã que perdurou até a unificação de 1871 sob Otto von Bismarck (*Deutsches Reich*). Conclui-se assim, na alçada da alta política, um complexo dramático que abriga em si vários fios elaborados pelo "matemático ético-estético" a fim de tornar o mundo mais "suportável" à sua apreensão: além da proverbial "dança sobre o vulcão" executada na cena "Sala vasta" por uma elite inconsequente e de reduzida visão histórica, os epi-

---

dução à economia do *Fausto* de Goethe") e, sobretudo, no posfácio ("Fausto e a tragédia do desenvolvimento brasileiro") da edição brasileira de *Dinheiro e magia*, quando afirma que o verdadeiro "patrono da doutrina que entroniza o gasto público e a iniciativa empreendedora do Estado como motores do crescimento brasileiro" não seria Keynes, Juscelino Kubitschek ou algum outro economista desenvolvimentista: "O verdadeiro motivo, a inspiração original e a verdadeira figura símbolo mora longe e raramente aparece, mormente em razão de sua sombra, seu lado negro e destrutivo: é Fausto".

Fórmulas ético-estéticas

sódios configurados por Goethe mostram-nos, de maneira paradigmática, traições de aliados, tentativas de usurpar o poder (figura do Anti-Imperador), chantagens e extorsões de toda sorte.

Também Fausto e seu cúmplice se alinham entre os beneficiários da guerra civil, pois sob sua égide as tropas imperiais foram conduzidas à vitória, evidentemente por meios escusos (que, todavia, sugerem modernas táticas bélicas) após a renúncia do Generalíssimo. Desse modo, o Imperador, que lhe outorgara o "posto significativo" de comandante militar (v. 10.705), vê-se igualmente obrigado a cumprir a promessa de doar a Fausto as terras costeiras do reino, pressuposto para que o futuro colonizador comece a realizar a aspiração que colocara a Mefisto na alta região montanhosa, ou seja, conquistar "domínio" (*Herrschaft*) e "posse" (*Eigentum*): "Nada é a fama, a ação é tudo" (v. 10.187), conforme acrescenta o voluntarioso protagonista que já na primeira cena "Quarto de trabalho" traduzira o *logos* do Evangelho de São João como "ação": "Era no início a Ação!", ensejando um percuciente comentário de Karl Marx no segundo capítulo do *Capital* (reproduzido na nota ao verso 1.237 na edição brasileira do *Fausto I*).[153]

[153] Enquanto Marx revela notável compreensão da letra e do espírito dessa fala de Fausto, Hitler ficou apenas na letra, a crer no depoimento de Hermann Rauschning, presidente do senado da antiga cidade livre de Danzig (e líder local do partido nacional-socialista) entre 1933 e 1934, quando rompe com os nazistas e se exila nos Estados Unidos. No livro *Gespräche mit Hitler* [Conversações com Hitler], Rauschning registra essas palavras de seu interlocutor: "Eu não gosto de Goethe. Mas, por causa de uma única palavra, estou disposto a lhe perdoar muita coisa: 'Era no início a Ação!'. Somente o homem ativo se conscientiza da essência do mundo" (Zurique, Europa Verlag, 2005, p. 225, 1ª ed. 1940).

Assinale-se, porém, que desde a última década do século passado, vários historiadores vêm contestando a plena autenticidade dessas conversas com Hitler. Fidedigna ou não, essa associação de Fausto com os conceitos de "ação", "domínio" e "poder" permite lembrar que o cineasta russo A. N. Sokúrov concluiu sua "Tetralogia do Poder" justamente com a versão cinematográfica do *Fausto* de Goethe, que em 2011 recebeu o Leão de Ouro no Festival Internacional de Veneza. Precederam-lhe os filmes sobre o próprio Hitler (*Moloch*, 1999), Lênin (*Taurus*, 2001) e Hirohito (*O sol*, 2005).

Essa doação, explicitada no final da cena "Tenda do Anti-Imperador" pelo Arcebispo (vv. 10.035-8), lança, portanto, os fundamentos para o quinto ato da tragédia, em cujo desenrolar irá delinear-se, como já apontado, a "fórmula ético-estética" para fenômenos históricos de desenraizamento, desapropriação, expurgos e massacres. Entretecido, porém, à prefiguração de crimes que no século XX atingiriam escalas inauditas encontra-se um outro aspecto do *Fausto*, o qual passou despercebido a muitos de seus grandes leitores. Essa constatação é válida não apenas para interpretações feitas na segunda metade do século XIX ou durante os anos de ascensão do nacional-socialismo e do stalinismo, mas também para leituras posteriores, como demonstra, por exemplo, Marshall Berman em seu livro, publicado originalmente em 1982, *All That is Solid Melts into Air*, com argutas considerações do ponto de vista político (sob o pano de fundo da sociedade norte-americana), mas relegando a plano secundário esse aspecto do drama goethiano que se plasma em torno das tílias e da intervenção tecnológica sobre toda a região costeira do reino — aspecto ao qual também se poderia atribuir a atualidade "quase que inimaginável" que Hans Christoph Binswanger diagnosticou na esfera econômica.[154]

[154] A edição brasileira do livro de Marshall Berman foi mencionada no Prefácio: *Tudo que é sólido desmancha no ar*, tradução de Carlos F. Moisés e Ana Maria Ioriatti, São Paulo, Companhia das Letras, 2007 (1ª ed. 1986). Ver, em especial, o capítulo "O *Fausto* de Goethe: a tragédia do desenvolvimento", pp. 41-98. Vale lembrar que Berman retirou o título *All That is Solid Melts into Air* de uma passagem do *Manifesto comunista* na tradução de Samuel Moore, a qual, embora "autorizada" e prefaciada por Engels em janeiro de 1888, permite-se uma liberdade excessiva em relação ao original — "não é uma tradução rigorosamente correta", afirma, por exemplo, Eric Hobsbawm (in *Sobre história*, São Paulo, Companhia das Letras, 1998, p. 298). Em alemão a passagem diz *"alles Ständische und Stehende verdampft"*: tudo o que está estratificado (organizado em "estamentos": *alles Ständische*) e em vigor, erigido (*Stehende*) "volatiliza-se" ou, se quisermos preservar a alusão de Marx e Engels aos efeitos da máquina a vapor, "evapora-se".

Fórmulas ético-estéticas

Pintura de Peter Paul Rubens (1577-1640) dedicada ao mito de Filemon e Baucis. O quadro capta a devastadora inundação provocada por Júpiter (à direita, com Mercúrio), à qual sobrevive apenas o casal de idosos que acolheu hospitaleiramente os deuses disfarçados em humildes peregrinos.

11.

"O que a vista deliciava, com os séculos se foi": uma fórmula ético-estética para a destruição da natureza

A ousada dramaturgia que presidiu à elaboração de um drama que pouco se atém às unidades aristotélicas de ação, de espaço e, sobretudo, à de tempo, concentrando na "fantasmagoria" em torno de Helena e do cavaleiro medieval Fausto nada menos do que três mil anos de história universal, num arco temporal que se estende da queda de Troia à morte de Lord Byron (alegorizado na figura de Eufórion) em Missolungui, revela-se com especial intensidade na abertura de cada um de seus atos, quando a orientação espaçotemporal do leitor ou espectador se depara com os maiores desafios.[155] A única exceção talvez seja o início do segundo ato, que conduz o enredo dramático de volta ao antigo "Quarto gótico" (como se intitula a cena), apresentado na primeira parte da tragédia. No quinto ato, porém, Goethe nos descortina a "região aberta" em seu pórtico mediante um salto temporal que deve ser mensurado em décadas no plano estrito do enredo (segundo uma observação do dramaturgo, Fausto deveria ter nesse momento cem anos) e em séculos no plano das sugestões históricas, pois somos lançados da Baixa Idade Média para a incipiente era industrial, o que é indiciado pela alusão de Baucis à máquina a vapor, ou seja, às luzinhas que enxameiam pelos canteiros de obras durante as madrugadas. Ao mesmo tempo Goethe coloca logo no primeiro verso desse ato o par de árvores cujas raízes se afundam no passa-

---

[155] Formulações idênticas sobre os três mil anos compreendidos no ato de Helena aparecem em duas cartas que Goethe escreveu no mesmo dia (22 de outubro de 1826) a Wilhelm von Humboldt e a Sulpiz Boisserée.

do e que podem trazer à lembrança do leitor a tília e o carvalho em que, de acordo com o mito narrado por Ovídio, Baucis e Filemon metamorfosearam-se no momento da morte comum.

As árvores que propiciam ao Peregrino reconhecer a região em que naufragara muitos anos antes estão na "força de sua velhice" (*in ihres Alters Kraft*) e são "escuras", como exclama o recém-chegado logo após um expressivo "sim": "Sim! São elas, as escuras tílias". No original, segue-se a inversão sintática que traz para o primeiro plano a ideia de "velhice" (as árvores estão "de sua velhice na força") e a mesma construção reitera-se, novamente com uma suavidade de difícil transposição para o português, poucos versos depois: o Peregrino diz que o par de idosos que habitava então esse espaço, para que possa rever agora o antigo náufrago, já era naquela época demasiado velho. Filemon e Baucis, no entanto, continuam vivos e, assim, são saudados com outro belíssimo hipérbato: "*Poch' ich? ruf' ich? — Seid gegrüßt,/ Wenn gastfreundlich auch noch heute/ Ihr des Wohltuns Glück genießt!*".[156] (Na tradução de Jenny Klabin Segall, "Bato? chamo? — Eu vos saúdo!/ Se a ventura sempre fruís,/ De fazer o bem em tudo"; literalmente, "Bato? chamo? — Eu vos saúdo, se hospitaleiros ainda hoje fruís de fazer o bem a felicidade.") E acolhendo em sua fala esse traço estilístico do velho Goethe, a hospitaleira Baucis sai da cabana ao encontro da saudação do Peregrino e lhe pede silêncio, pois o esposo está repousando: "Forasteiro, entre de leve!/ Não despertes meu esposo;/ Ao ancião dão vigor breve/ Longas horas de repouso" (J. K. Segall).[157]

---

[156] A ordem sintática normal desse último verso seria: *das Glück des Wohltuns*. Por meio do hipérbato o ancião Goethe realça (antecipando-o) o substantivo *Wohltun* (*des Wohltuns*, no genitivo), que o dicionário Grimm define como "o agir eticamente correto, comportamento íntegro". Pode-se sustentar que também aqui se delineia uma fórmula ético-estética para a bondade humana, a solidariedade e a hospitalidade.

[157] No original, os dois últimos versos são: "*Langer Schlaf verleiht dem Greise/ Kurzen Wachens rasches Tun*". Graças ao caso genitivo, a língua alemã pode inverter facilmente, e com leveza, os termos de uma oração, como se ob-

O motivo da hospitalidade tem nessa cena de abertura do quinto ato um de seus momentos mais altos em toda a literatura ocidental, que novamente poderia ser comparado a versos de Dante,[158] quando seu trisavô Cacciaguida lhe profetiza a acolhida que encontrará, na condição de exilado, em Cangrande della Scala e seu irmão Bartolomeu, numa relação em que o "conceder", o "dispensar", antecipa-se ao pedir (*Paraíso*, canto XVII, vv. 70-5).[159] E se for possível supor, nessa região aberta em que se dá o encontro entre o Peregrino e o casal de anciãos, uma identificação do velho Goethe com as personagens em tela — e, em particular, com sua religiosidade sincrética — então essa empatia ressaltará com força ainda maior se consideramos um breve trecho da carta que enviou em 22 de março de 1831 (a exatamente um ano da morte) a Johann Sulpiz Boisserée. Num tom que oscila entre "o sério e o jocoso", como observa o próprio epistológrafo (*in Ernst und Scherz*: novamente a ideia das "brincadeiras muito sérias"), Goethe discorre sobre o sentimento religioso no ser humano, também sobre o fato de jamais ter encontrado uma crença a que pudesse

serva aqui no hipérbato "*kurzen Wachens rasches Tun*": "de curta vigília a célere atividade/ o lépido fazer". Sem optar pelo hipérbato (que em português sobrecarregaria o verso), J. K. Segall encontra uma afinidade rítmica com o original retardando o sujeito da oração ("longas horas de repouso", que no alemão está em posição normal antes do verbo) e lançando-o para o quarto e último verso da estrofe, enquanto o hipérbato "*kurzen Wachens rasches Tun*" é condensado de modo expressivo em "vigor breve": "Ao ancião dão vigor breve/ longas horas de repouso".

[158] Como ocorreu com a exposição do mecanismo pelo qual a violência é racionalizada para que a injustiça se converta em justiça; ver, a propósito, nota 85 no capítulo 5.

[159] Uma extraordinária elaboração do motivo da "hospitalidade" em nossa literatura pode ser encontrada em "A hora e vez de Augusto Matraga", com o casal de anciãos Mãe Quitéria e Pai Serapião, avatares sertanejos de Filemon e Baucis. E não terá Guimarães Rosa inserido essa associação na narrativa, de maneira cifrada, ao batizar com o nome Ovídio a personagem que liberta Dionóra das maldades de Nhô Augusto?

"O que a vista deliciava, com os séculos se foi"

aderir inteiramente e, por fim, menciona sua descoberta da seita dos hipsistários:

> "Mas agora, em meus dias provectos, fico sabendo de uma seita dos hipsistários, os quais, comprimidos entre pagãos, judeus e cristãos, puseram-se a apreciar, admirar, respeitar e — na medida em que se estabelecia uma relação estreita com a divindade — a venerar o que de melhor e mais perfeito chegava ao seu conhecimento. Adveio-me de repente, de uma obscura era, uma luz benfazeja, pois senti que durante toda a vida eu ansiei qualificar-me para ser um hipsistário; mas isso não constitui nenhum empenho desprezível: pois como é que, na limitação da própria individualidade, a gente consegue perceber o que há de mais primoroso?"[160]

Adeptos do "mais elevado" (*hypsistos*, em grego), os *hypsistariori* (designação cunhada pelo contemporâneo Gregório Nazianzeno, patriarca que viveu na Capadócia entre 329 e 389) surgiram na região da Ásia Menor em que coincidentemente também se enraíza a história de Ovídio, da qual Goethe pôde retirar não apenas os nomes, mas ainda os motivos da hospitalidade e da gratidão, também o motivo da inundação (como catástrofe vindoura: "Os elementos estão conosco conjurados/ E tudo conflui para o aniquilamento", diz Mefisto nos vv. 11.550-1), da morte comum e, de especial interesse para a argumentação em curso, o detalhe das árvores, mencionadas pelo Peregrino logo em suas primeiras

---

[160] O último capítulo ("Goethe: Ein Hypsistarier?") do livro de Karl Pestalozzi *Bergschluchten* [Furnas montanhosas] (Basileia, Schwabe, 2012) é dedicado à relação de Goethe com essa seita surgida na Capadócia no século IV. Nesse estudo desenvolve-se também uma análise da cena final da tragédia a partir do conceito de "catarse" proposto por Goethe em 1827 no texto "Nachlese zu Aristoteles' *Poetik*" [Suplemento à *Poética* de Aristóteles]. Outra tese central (mas pouco convincente) de Pestalozzi, que retoma aqui uma proposição de Rudolf Steiner, reside na identificação de Fausto, na cena final, com o *Doctor Marianus*, que anuncia o advento da *Mater Gloriosa* e das penitentes.

palavras. Mas a expansão do moderno império industrial e comercial de Fausto, a criação massiva de forças produtivas que, segundo as sugestões do texto, renovam-se incessantemente (veja-se, por exemplo, a ordem a Mefisto no sentido de arregimentar novos contingentes de trabalhadores, v. 11.553) e deslocam populações inteiras tanto para os antigos espaços como às terras recém-conquistadas ao mar — tudo isso escancara não apenas o anacronismo da esfera "hipsistária" de Filemon e Baucis nessa nova ordem social e econômica, mas igualmente a fragilidade que se patenteia nas cenas subsequentes ao desejo de Filemon de reverenciar "o último olhar do sol".

Também o par de árvores será banhado por um derradeiro "olhar do sol", pois poucas horas depois estarão sendo devoradas pelos olhares "ígneos" que o vigia, do alto de sua torre, vê se destacarem das trevas. E se Linceu fala ainda de "dupla noite das tílias", essa expressão reverbera — inserida no jogo de contrastes, refrações e espelhamentos mútuos que perpassam as cenas do quinto ato — a referência inicial do Peregrino às "escuras tílias", deslocando-a todavia para um quadro cataclísmico. Goethe explicita dessa maneira as afinidades entre os olhares de Linceu e do visitante da "região aberta", assim como contrapõe esse modo de enxergar a natureza ao olhar e às concepções (*Anschauungen*, a partir do verbo *schauen*, "olhar", "enxergar") do colonizador irascível e permanentemente insatisfeito.

Na dimensão sensível, a imagem da "dupla noite" que se oferece aos olhos de Linceu desentranha-se dos caules ainda escuros em meio às chispas e labaredas que consomem a cabana com os três cadáveres e a pequena capela ao lado. Iluminada, porém, pelas palavras com que o vigia conclui sua canção e se despede do leitor ("O que a vista deliciava/ Com os séculos se foi"), "dupla noite" pode metaforizar ainda a supressão violenta de tradições culturais que vigoraram por séculos e nas quais se desdobrara toda a formação do próprio Goethe, porventura dissimulado na figura do Peregrino. Na filologia fáustica contemporânea, Michael Jaeger é um dos intérpretes que mais insistem na identificação do velho poeta com a enigmática personagem do viandante que retorna à região aberta para encontrar a morte. Isso se dá, em grande parte, em estreita correlação com outro importante aspecto de sua leitura: o aprofundamento nos vínculos entre o quinto ato do *Fausto II* e as *Metamorfoses* de Ovídio. No capítulo "Colonização: o fim da metamorfose e o fim da velha Europa", em sua publicação de 2017 *Goethe, Faust und der Wanderer*, Jaeger vislumbra no incêndio provocado por Mefisto o aniquilamento de um princípio goethiano que amalgama arte e ciência, autocontemplação e contemplação do mundo, assim como reflexão sobre a vida e sobre a morte, e que teria suas raízes no *epos* de Ovídio (segundo o depoimento de *Poesia e verdade*, uma das leituras mais assíduas de sua infância): "Nas palavras de Pitágoras [livro XV, v. 165] citadas por Ovídio: '*Omnia mutantur, nihil interit*' [Tudo muda, nada perece]. A filosofia das transformações nas *Metamorfoses* ovidianas não permite que nada desapareça ou soçobre"; por isso, a humilde cabana que na lenda latina oferece asilo aos deuses peregrinos é convertida num templo greco-romano (que Goethe, por sua vez, transforma na capela sincrética em que badala o sino para ilimitada exasperação de Fausto).

Se por um lado o octogenário Goethe, argumenta o intérprete, traduziu essa filosofia no longo poema "Testamento" ("Ser algum pode em nada desfazer-se!/ Em todos eles se agita sempre o Eterno./ Confia, alegre e feliz, sempre no Ser!/ Que o Ser é eterno: — existem leis/ Para conservar vivos os tesouros/ Dos quais o Universo se adornou", citando os versos da primeira estrofe na tradução de Paulo Quintela), no quinto ato da tragédia, pelo outro lado, o poeta faz Fausto, unido a Mefisto, enfurecer-se com a mensagem desse "Testamento" e, por conseguinte, com a doutrina eudemonística da metamorfose, que teria encontrado seu grande "símbolo poético" nas árvores em que Filemon e Baucis se transformaram na obra mitopoética de Ovídio.[161]

---

[161] *Goethe, Faust und der Wanderer* [Goethe, Fausto e o Peregrino], Munique, Carl Friedrich von Siemens Stiftung, 2017. O mencionado capítulo "Colonização: o fim da metamorfose e o fim da velha Europa" estende-se entre as páginas 75 e 80. A minuciosa discussão dos motivos que Goethe tomou ao li-

Embora Jaeger fale aqui em "símbolo poético", sua interpretação do complexo da colonização não envereda em nenhum momento (não só nessa publicação de 2017, mas também nos trabalhos anteriores) pelo campo teórico que se abriu no segundo capítulo deste estudo. Retornando, porém, àquelas considerações sobre símbolo e alegoria, cumpriria observar que as imagens que nos chegam do alto da torre de Linceu parecem exprimir uma "dupla" destruição, a particular referente às árvores enraizadas no *piccolo mondo* de Filemon e Baucis, e a geral, que o leitor acabará por divisar na particularidade, o que traz à lembrança a definição do procedimento simbólico que Goethe nos deu em seu período clássico: "aquele que capta de maneira viva esse particular, apreende ao mesmo tempo o geral, sem se dar conta disso ou dan-

vro VIII das *Metamorfoses* articula-se com a abordagem do complexo da colonização no quinto ato do *Fausto II*, à qual Jaeger, em seu livro anterior (*Wanderers Verstummen*, ver, a propósito, nota 46 no capítulo 1), também incorporou elementos do primeiro capítulo, "Colônia, culto e cultura", da *Dialética da colonização* de Alfredo Bosi, consultado na tradução inglesa de Robert P. Newcomb (2008). Especialmente produtiva para Jaeger se mostra a constatação que faz Alfredo Bosi, em suas explanações sobre a "condição colonial", de que as palavras "cultura, culto e colonização" derivam do verbo latino *colo*, cujo particípio passado é *cultus*, e *culturus* o particípio futuro. Goethe teria oferecido uma ilustração paradigmática do processo colonizador, nas três dimensões estudadas pelo crítico brasileiro, mediante as cenas em torno de Filemon e Baucis, nomes tomados ao episódio em que Ovídio narra a hospitalidade do casal de idosos que acolhe os incógnitos Zeus-Júpiter e Hermes-Mercúrio. Os acontecimentos miraculosos do livro VIII — baseados no princípio da metamorfose, que Goethe, em consonância com sua experiência histórica, não proporciona aos seus personagens homônimos — são resumidos nas palavras de Ovídio *qui coluere, colantur* ("quem honrou será honrado"). Como se trata do mesmo verbo latino *colo*, uma dimensão fundamental do quinto ato da tragédia se revela especialmente significativa se contrastada com a narrativa de Ovídio e, ao mesmo tempo, com o horizonte descortinado por Alfredo Bosi no mencionado capítulo. Conforme escreve Jaeger em seu estudo: "Pois em todos os níveis (de *colo*, *cultus* e *cultura*), o processo colonizador representado por Fausto e Mefistófeles avassala o espaço de Filemon e Baucis e impulsiona a transformação do mundo" (p. 528). O recurso à análise de Bosi é retomado por Jaeger no ensaio "Uma confissão em fragmentos: Goethe, Fausto e o Peregrino", *Revista Estudos Avançados*, nº 96, 2019.

do-se conta só mais tarde". A destruição, contudo, é perpetrada por Mefisto e seus subordinados Mata-Sete, Pega-Já e Tem-Quem-Tem, caracterizados pelo próprio chefe como "velhacos alegóricos", o que indicia o processo que recebe sua designação do verbo grego *allegorein* ("falar de maneira diferente"), em que "o particular só vale como ilustração, como exemplo do geral", ou seja, os sicários cumpririam tão somente a função genérica, conotada nos nomes que portam, de ilustrar os conceitos de agressividade, ganância, avareza. Se nos orientarmos pelas mencionadas sentenças 749, 750 e 751 de *Máximas e reflexões*, tenderemos possivelmente a enxergar nessas imagens de destruição o entrelaçamento dos procedimentos simbólico e alegórico. Aproximando-nos, contudo, da perspectiva do velho "matemático" empenhado em apreender o que ao mundo e à história "liga em seu âmago profundo" (vv. 382-3), seria procedente falar, em relação a esse complexo cênico, em "fórmulas ético-estéticas", com a potencialidade de extrapolar o terreno conceitual traçado pelas clássicas definições de símbolo e alegoria, sem lhes impugnar, porém, a acurácia e coerência teórica.

Desse ponto de vista delineia-se igualmente a possibilidade de vislumbrar nas cinco cenas da tragédia da colonização — ou do "desenvolvimento", como quer Marshall Berman ("Goethe's *Faust*: The Tragedy of Development", intitula-se o primeiro capítulo de seu livro) — a fórmula ético-estética para o projeto humano de domínio pleno sobre a natureza, ou seja, subjugação do mar (que na "Ode ao mar" de Pablo Neruda receberá o incremento da energia nuclear) e a decorrente conquista e arroteamento de novas terras para a atividade humana. Uma ousada ilação que se oferece ao leitor do século XXI, nessa mesma linha interpretativa, seria atualizar os acontecimentos que se dão em torno da destruição das tílias e do remodelamento radical a que é submetida a faixa litorânea revisitada pelo Peregrino sob o pano de fundo da crise ecológica contemporânea: desflorestamentos, emissão de gases de efeito estufa, aquecimento global, extinções de espécies vegetais e animais e também catástrofes ambientais decorrentes da prevalência do interesse econômico sobre políticas de preservação da natureza e proteção da vida humana. Nesse contexto vale citar novamente o importante politólogo Iring Fetscher, que no *Postscript* à edição norte-americana do livro *Dinheiro e magia*, de Hans Christoph Binswanger, postula que "talvez somente hoje, dada a crise ecológica da sociedade industrial, possamos avaliar todo o realismo e a extensão da perspicácia de Goethe".

E o próprio Binswanger, vislumbrando no drama goethiano uma advertência tão vigorosa quanto atual (sobretudo em relação à tendência a aferir o desenvolvimento de uma sociedade mediante o respectivo grau de crescimento econômico), estende sua argumentação crítica a outras questões candentes no mundo contemporâneo, como o emprego da energia nuclear. A cínica resposta de Mefisto à visão que o colonizador Fausto tem, no momento da morte, de um povo livre trabalhando numa terra livre ("os elementos conosco conjurados e tudo conduz ao aniquilamento", diz aquele a meia-voz), é comentada nos seguintes termos: "Nessa passagem, quem não pensa imediatamente na controvérsia sobre a energia nuclear ou outras técnicas modernas, em relação às quais os atuais discípulos de Fausto afirmam que se tomaram todas as medidas de segurança para prevenir quaisquer acidentes e que, portanto, todos os perigos foram banidos, ao passo que os oponentes acreditam ouvir as palavras de Mefistófeles?" À luz dessas palavras sobre a confiança irrestrita (e ilusória) nas "técnicas modernas" não se poderia pensar também nos desastres brasileiros de Mariana, em novembro de 2015, e de Brumadinho, em janeiro de 2019? Enquanto "os atuais discípulos de Fausto" declaram que com os diques (no caso, barragens) "se tomaram todas as medidas de segurança para prevenir quaisquer acidentes", os menos crédulos e, sobretudo, menos coniventes com a ideologia da maximização do lucro e do (pretenso) progresso, ouvem o prognóstico mefistofélico de que "tudo conduz ao aniquilamento".[162]

---

[162] É assim plenamente consequente que José Miguel Wisnik, em entrevista ao caderno *Ilustríssima*, na *Folha de S. Paulo* de 2/2/2019, sobre seu livro *Maquinação do mundo: Drummond e a mineração*, relacione o desastre de Brumadinho com a advertência "ecológica" inserida por Goethe no quinto ato

"O que a vista deliciava, com os séculos se foi"

Se o destino de Filemon e Baucis no drama goethiano coube igualmente a vários milhões de pessoas ao longo do século XX — como argumenta, entre outros, Eberhard Lämmert em seu ensaio "O Fausto cego" —, a advertência, sinistra e clarividente ao mesmo tempo, que o poeta octogenário engastou nas imagens do quinto ato poderá ser concretizada pelo leitor também no tocante à destruição das árvores, dunas e de toda a natureza primordial da "região aberta", pois o que lhes é infligido pela portentosa intervenção tecnológica (veja-se o relato de Baucis, vv. 11.111-4) passaria a reproduzir-se em escala mundial e ritmo acelerado nas décadas posteriores à morte de Goethe, como pode ilustrar hoje, por exemplo, a ínfima porcentagem que resta das reservas originais da Mata Atlântica brasileira, sem esquecer a devastação sofrida pelos demais biomas de nosso país, como a floresta amazônica ou o cerrado que se degrada continuamente com a proliferação de "veredas mortas", para retomar a observação feita no Prefácio.

Enxergar nos acontecimentos que se dão no *foco concentrado* da "região aberta" também uma fórmula ético-estética para a subjugação destrutiva da natureza não significa cair vítima de um "furor crítico" que, na ferina observação de um intérprete já mencionado, deseja colocar na conta de Fausto "todos os danos da modernidade, econômicos e ecológicos, morais e possivelmente também políticos".[163] Significa, muito mais, aprofundar-se herme-

---

do *Fausto*, em particular com o momento do enredo dramático em que, "destruído o último reduto de resistência à obra colonizadora da maquinação fáustica, com a eliminação física dos últimos resistentes pelos sicários de Mefistófeles, o herói projeta um belvedere ao lado da destruição para que se tenha 'ilimitada vista' de sua própria obra, isto é, dos 'recursos da terra dominados' (usando palavras, aqui, d'"A máquina do mundo', de Drummond)".

[163] É o que postula Hans-Jürgen Schings em seu ensaio "Fausto e o terceiro dia da criação" (ver nota 126 no capítulo 8): "Há que se registrar a invasão de um furor crítico que, deflagrado claramente por decepção pós-ideológica, quer punir Fausto pela revolução fracassada ou, em termos diferentes e mais amenos, torná-lo responsável por todos os danos da modernidade, econômicos e ecológicos, morais e possivelmente também políticos. Convertido em bode expiatório, o pioneiro 'fáustico' e o revolucionário portador de esperança para

neuticamente no procedimento dramático que leva ao emudecer, tão súbito quão intrigante, do Peregrino perante o colossal canteiro de obras que se oferece a seus olhos poucas horas antes de ser massacrado pelo capataz e conselheiro do colonizador: "Que cerimônia, ora! e até quando?/ Pois não estás colonizando?". Significa atentar igualmente à clivagem que ocorre na canção de Linceu, cuja primeira parte faz eco (assim como, na abertura da cena final, os despenhadeiros, matas e montanhas ecoam o canto dos anacoretas) a certas passagens do drama, como o sentimento de comunhão panteísta com a natureza expresso por Fausto no monólogo da cena "Floresta e gruta" (vv. 3.217-39), ou momentos da "Noite de Valpúrgis clássica" (comentados adiante) que celebram Eros e a origem da vida orgânica no planeta Terra: "Tudo, tudo é da água oriundo!!", no arrebatado verso (o único com dois pontos de exclamação) do filósofo pré-socrático Tales de Mileto, ou ainda o desfecho coral em que "Tudo-todos!" entoam um hino à inusitada "aventura" da criação: "Salve o brando vento etéreo!/ Salve a gruta e seu mistério!!/ Glória aos quatro e seus portentos,/ Consagrados elementos!".

Mas quando Linceu fecha a segunda parte de sua canção anunciando a ominosa — e plasticamente "radical" (no sentido de "ir à raiz") — ruptura deflagrada pela visão de frondes tomadas pelas chamas, de caules e raízes em púrpura corrosão ("Rubro ardor raízes rói", na aliteração trabalhada por J. K. Segall no v. 11.335), então se torna possível depreender dessas imagens um significado histórico inusitado, que absolutamente não caberia, por exemplo, ao exasperado protesto com que o jovem Goethe fez seu herói pré-romântico Werther (legítimo contemporâneo do velho *promeneur solitaire* Rousseau) reagir, na carta datada de 15 de setembro de 1772, ao abate de duas "magníficas" nogueiras: "Eu te digo [...] foram abatidas, abatidas! É de enlouquecer, eu poderia assassinar o canalha que desferiu a primeira machadada. Eu, que

a história da humanidade [alusão a interpretações perfectibilistas anteriores] se rebaixa à condição de inimigo da natureza e da humanidade, um criminoso em grande estilo".

"O que a vista deliciava, com os séculos se foi"

me esvairia em tristeza se tivesse um par de árvores como essas em meu quintal e uma delas morresse de velhice, agora sou obrigado a assistir a isso!".[164]

Às metáforas empregadas por Linceu — os "olhares ígneos" e a "dupla noite das tílias", com os três corpos carbonizados ao lado — subjaz uma percepção que Goethe foi amadurecendo nas últimas décadas de vida, passando pela elaboração de suas experiências com os primeiros sinais e desdobramentos da Revolução Industrial, desde o encontro pioneiro em setembro de 1790, na mina de prata de Tarnowitz (na Silésia, hoje parte da Polônia), com duas "máquinas de fogo" (*Feuermaschinen*) que retiravam "massas de água" do subsolo.[165] Certamente não seria improcedente relacionar essas "máquinas de fogo" às "mil luzinhas" que Baucis, em trechos do *Fausto II* redigidos quarenta anos mais tarde, via "enxamear" durante as madrugadas nos canteiros de obras à beira-mar (também lutando, portanto, com "massas de água"), figu-

---

[164] Precursores do Romantismo europeu, Rousseau e Goethe também o são no emprego do adjetivo "romântico", ainda pouco difundido na língua francesa e alemã no período em que redigem (quase concomitantemente) *Os devaneios do caminhante solitário* e *Os sofrimentos do jovem Werther*. No velho Rousseau isso se dá no contexto da quinta caminhada, em que o adjetivo *romantique* surge pela primeira vez em sua obra: "As margens do lago de Bienne são mais selvagens e românticas do que as do lago de Genebra, porque nelas os rochedos e os bosques cercam a água mais de perto; mas elas não são menos agradáveis". *Os devaneios do caminhante solitário*, tradução de Fúlvia Moretto, Brasília, Editora UnB, 1995.

Já o jovem Goethe, que em 1779 rende tributo a Rousseau com uma visita ao lago de Bienne, emprega o adjetivo *romantisch* em dois momentos do romance epistolar *Os sofrimentos do jovem Werther*, sendo que na carta que fecha o primeiro livro (10 de setembro de 1771), ele é mobilizado para descrever um dos refúgios prediletos de Werther e Lotte, cercado por grandes castanheiras e com vista para um "vale aprazível" e um "rio sereno": "ele é, sem dúvida, um dos mais românticos que já vi".

[165] Goethe descreve o funcionamento dessas duas "máquinas de fogo" (*Feuermaschinen*), que estavam entre as primeiras máquinas a vapor operadas fora da Inglaterra, numa carta de 12 de setembro de 1790 que dirige ao conselheiro de Estado (*Regierungsrat*) Christian Gottlob Voigt.

ração cifrada do processo de industrialização esteado na *steam engine* de James Watt. Mas, e se quisermos avançar para além dessa correlação com as "máquinas de fogo" e, num passo mais ousado, atualizar as imagens elaboradas pelo "matemático ético-estético" no contexto da tragédia da colonização tomando por referência (como já esboçado acima) as atuais discussões sobre mudanças climáticas, aquecimento global e outras ameaças surgidas na nova Época Antropocena? Não haveria então o risco de se incorrer numa leitura não apenas forçada como também anacrônica?

É mérito da Estética da Recepção ter insistido na importância do leitor no trabalho de ativação interpretativa do texto literário e, por conseguinte, ter direcionado a atenção crítica menos às suas fontes e gênese, ou ainda às eventuais intenções imediatas do autor, do que à história subsequente de sua recepção, em consonância com o princípio de que leitores de gerações futuras podem, a partir de suas próprias experiências e das circunstâncias da realidade em que vivem, concretizar a cada vez de forma diferente os enredos ficcionais e sequências imagéticas com que se deparam. Por conseguinte, torna-se possível afirmar que também para o quinto ato do *Fausto II* estaria em vigor — para citar um dos momentos precursores da Estética da Recepção, segundo Hans Robert Jauß — a constatação tomista de que "*quidquid recipitur, ad modum recipientis recipitur*" ("tudo o que é recebido, é recebido ao modo do receptor").[166]

---

[166] *Die Theorie der Rezeption: Rückschau auf ihre unerkannte Vorgeschichte. Abschiedsvorlesung von Hans Robert Jauß am 11. Februar 1987 anlässlich seiner Emeritierung* [A teoria da recepção: olhar retrospectivo sobre sua história pregressa não reconhecida. Conferência de despedida de Hans Robert Jauß em 11 de fevereiro de 1987 por ocasião de sua aposentadoria] (Constança, Universitätsverlag, 1987). Jauß vê nessa formulação de Tomás de Aquino o momento precursor do "conceito de recepção", a partir do qual se poderia descrever o desenvolvimento que, da interpretação dogmático-teológica das Sagradas Escrituras, leva até à hermenêutica histórico-crítica.
Entre outros autores que, na visão de Jauß, constituem a história pregressa da Teoria da Recepção está Montaigne ("Um leitor culto descobre amiúde nos escritos alheios perfeições diferentes das que o autor pensou ter alcançado,

"O que a vista deliciava, com os séculos se foi"

Mas aqui também se pressupõe, para que esse postulado não resvale pela arbitrariedade, que o processo de constituição de sentido do que foi lido transcorra a cada vez no âmbito de balizas hermeneuticamente coerentes, sem que o leitor se ponha *ad libitum* a enxergar "em tudo o que lá não está", para glosar o verso do famoso poema de Alberto Caeiro sobre o Rio Tejo.[167] É claro que as ilações construídas por Eberhard Lämmert no ensaio acima mencionado não estão *objetivamente* presentes no texto goethiano, não correspondem ao seu teor factual; mas estão presentes, sim, no estado potencial de uma "fórmula ético-estética", de tal modo que a relação estabelecida com massacres do século XX se mostra plenamente coerente no interior de sua ativação exegética das últimas cenas do *Fausto*. O mesmo vale para os estudos de Michael Jaeger já citados neste livro, o qual enxerga na figura do Pe-

e assim enriquece o sentido e a forma da obra": livro I, capítulo XXIV, tradução de Sérgio Milliet), assim como Heinrich Heine e Karl Marx. Quanto aos autores do século XX aparecem, entre outros, Walter Benjamin, Jean-Paul Sartre, Jorge Luis Borges e Italo Calvino, que no romance *Se una notte d'inverno un viaggiatore* (1970) teria explicitado "a quinta-essência da Teoria da Recepção": "Espero que meus leitores leiam em meus livros algo que eu não sabia, mas só posso esperar isso daqueles que esperam ler algo que eles não sabiam". *Se um viajante numa noite de inverno* (tradução de Nilson Moulin). São Paulo, Companhia das Letras, 2017 (citação à p. 189).

Nessa mesma linha, Jauß poderia ter inserido o narrador de *Grande sertão: veredas*, que na parte final de seu relato dirige ao seu ouvinte e leitor as palavras: "Narrei ao senhor. No que narrei, o senhor talvez até ache mais do que eu".

[167] Também a famosa sentença de Miguel de Unamuno sobre *Dom Quixote* (em *Del sentimiento trágico de la vida*, 1913), a qual postula a primazia irrestrita do leitor sobre a obra, não deve ser entendida no sentido de um *anything-goes*: "*¿Qué me importa lo que Cervantes quiso o no quiso poner allí y lo que realmente puso? Lo vivo es lo que yo allí descubro, pusiéralo o no Cervantes*" [Que me importa o que Cervantes quis ou não quis pôr ali e o que realmente pôs? O vivo é o que eu ali descubro, tenha-o Cervantes posto ou não]. Mesmo as atualizações mais ousadas de uma obra literária (por exemplo, a que Adorno e Horkheimer fizeram da *Odisseia* na *Dialética do Esclarecimento*) devem construir o elemento "vivo" de que fala Unamuno a partir do próprio texto, no trabalho com sua dimensão linguística.

regrino uma elaboração intensificada das experiências feitas por Goethe durante sua viagem pela Itália e, por conseguinte, uma espécie de camuflagem literária do próprio poeta assombrado com o potencial destrutivo da modernidade encarnado por Fausto e Mefistófeles. Nessa perspectiva, não parece procedente a crítica que Thomas Metscher, todavia numa resenha respeitosa e de alto nível, faz a essa interpretação que teria atribuído ao Peregrino, assim como a Filemon e Baucis (representantes da "velha Europa" e da tradição clássica e judaico-cristã eliminada pelo colonizador Fausto), um significado a seu ver estranho ao "sentido do texto" (*Textsinn*), cumulando tais personagens com um peso excessivo.[168] No contexto do copioso material levantado por Jaeger e da cuidadosa fundamentação de suas teses, o "sentido" atribuído tanto às personagens citadas como ao conjunto da "tragédia da colonização" não constitui de maneira alguma uma violação do texto goethiano, mas sim a realização hermeneuticamente sólida da possibilidade de ativar a criação literária à luz da contemporaneidade do intérprete, como desejado por Goethe.

Desse mesmo ângulo, não deixa de ser legítimo enxergar no último ato da tragédia, conforme assinalado no Prefácio, o *foco concentrado* de acontecimentos e processos que apenas se intensificariam nos decênios posteriores à publicação do *Fausto II*, no bojo de um desenvolvimento que chega aos estágios atuais do "Antropoceno", na designação sugerida pelo cientista holandês Paul Josef Crutzen. Para reforçar esse passo teórico relacionado ao virtual teor "ecológico" a ser desentranhado *a posteriori* do episódio da destruição das árvores, valeria observar ainda que o *aperçu*, o vislumbre que terá se manifestado, mesmo que intuitivamente, no

---

[168] Resenha publicada no nº 327 (2018) da revista *Das Argument: Zeitschrift für Philosophie und Sozialwissenschaften* (pp. 415-8). Para o importante crítico marxista Thomas Metscher, a leitura de Jaeger acentuaria unilateralmente o lado destrutivo da modernidade configurada por Goethe no *Fausto*, desconsiderando outras facetas da dimensão histórico-social dessa obra que tem por princípio estético a ideia da "contradição" e, portanto, a dialética — "pois se essas obras [de Goethe] se caracterizam por algo, então esse algo seria a contradição: *a dialética como princípio estético*".

"O que a vista deliciava, com os séculos se foi"

velho Goethe não representa um fenômeno isolado em seu tempo. Basta lembrar que, já 35 anos antes de seu nascimento, o silvicultor Hans Carl von Carlowitz (1645-1714) propunha em seu tratado *Sylvicultura œconomica* uma série de medidas para a exploração sustentável dos bosques e florestas, associando-se assim seu nome à criação do conceito de sustentabilidade florestal (*sustainable forest management*). E lembrem-se também — sem falar, no campo literário, das denúncias, pelos românticos ingleses, dos primeiros efeitos da Revolução Industrial e das fábricas (*dark satanic mills*, nos versos de William Blake) — as advertências formuladas por Alexander von Humboldt em 1799, mais precisamente em suas observações sobre a constante redução do nível de água no Lago de Valência ou Tacarigua, no norte da Venezuela. Para o naturalista, esse já então preocupante recuo teria por causa principal o desflorestamento que os habitantes vinham praticando intensa e sistematicamente nas regiões em torno do lago, o que lhe propicia o *insight* de um sistema de interdependências e reciprocidades que regeria toda a natureza, cujos fenômenos e forças "entrelaçam-se entre si e num só Todo se amalgamam", parafraseando versos pronunciados por Fausto ao avistar o signo do Macrocosmo na cena "Noite" (vv. 447-8).

Ainda que algumas das constatações de Humboldt não mais se sustentem inteiramente à luz dos padrões científicos atuais, as investigações realizadas durante sua expedição pela América do Sul, em especial aquelas referentes ao assoreamento do Lago de Valência, fazem desse contemporâneo e interlocutor de Goethe o grande precursor dos estudos sobre mudanças climáticas e, portanto, da ecologia, não obstante o termo em si (*Ökologie*) ter sido cunhado pelo zoólogo Ernst Haeckel em seu alentado estudo *Generelle Morphologie der Organismen* (1866) [Morfologia geral dos organismos], em que cada capítulo se abre com uma citação de Goethe. Esse pioneirismo se reforça com a expedição, menos conhecida, que o sexagenário Humboldt empreende pela Ásia Central e Sibéria em 1829, portanto 25 anos após seu retorno de terras americanas: apontando para o perigo de desertificação do mar de Aral (o que constitui hoje catastrófica realidade) e — *insight* dos mais extraordinários! — de uma elevação gradativa na temperatura do planeta, o naturalista formula a clarividente hipótese de se estarem processando "transformações bastante significativas na crosta terrestre" (*ziemlich bedeutende Veränderungen in der Beschaffenheit der Erdhülle*), e estas seriam decorrentes, em grande parte, de atividades do próprio homem "ao dizimar florestas, alterar a distribuição das águas e, nos centros industrializados, liberar na atmosfera grandes quantidades de vapores e gases".[169]

Ao mesmo tempo que A. v. Humboldt fazia suas observações em terras asiáticas e siberianas, Goethe se consagrava em Weimar à sua "ocupação principal" (*Hauptgeschäft*), em cujo âmbito redige, sobretudo em 1831, as cenas da "tragédia da colonização". A consideração de constatações como a acima mencionada (a surpreendente referência do cientista às "transformações bastante significativas" causadas pela atividade humana no equilíbrio da natureza), ou ainda a consideração de advertências feitas por Johann Baptist von Spix no contexto de sua expedição por terras brasileiras,[170] ajudariam a afastar a eventual imputação de anacronismo

---

[169] *Zentral-Asien. Untersuchungen zu den Gebirgsketten und zur vergleichenden Klimatologie. Das Reisewerk zur Expedition von 1829* [Ásia Central: Investigações sobre as cadeias de montanhas e sobre a climatologia comparada. A obra de viagem sobre a expedição de 1829], Frankfurt a.M., 2009 (pp. 83-4). Bastante elucidativo é o posfácio de Oliver Lubrich ("Die andere Reise des Alexander von Humboldt" [A outra viagem de A. v. H.], pp. 845-85) para essa edição alemã da obra publicada originalmente em Paris (três volumes) no ano de 1843: *Asie Centrale: Recherches sur les Chaines de Montagnes et la Climatologie Comparée.*

[170] No discurso "Brasilien in seiner Entwicklung seit der Entdeckung bis auf unsere Zeit" [O Brasil em seu desenvolvimento desde a descoberta até o nosso tempo], proferido em 1821 na Academia de Ciências de Munique, Spix articula uma surpreendente advertência ecológica ao falar da "destruição das florestas virgens com a derrubada desenfreada de árvores para construção de cabanas ou para a implantação de engenhos de açúcar (*Zuckerfabriken*), devastações do solo e da terra mediante escavação irracional em busca de ouro". No entanto, logo na sequência Spix sacrifica essa constatação à visão otimista que tinha, e compartilhava com o botânico Martius, do Brasil (já para eles um

---

"O que a vista deliciava, com os séculos se foi"

e arbitrariedade à interpretação do quinto ato do *Fausto II* que se delineia neste estudo. Por conseguinte, uma atualização do ponto de vista "ecológico" do portentoso remodelamento de toda a "região aberta", acompanhado da eliminação de seus habitantes ancestrais, assim como da destruição das tílias por Mefistófeles e seus truculentos sequazes se justifica com o apoio dos princípios da Estética da Recepção, como enunciados por Jauß, em ampla perspectiva, na conferência de 1987. Do mesmo modo, a leitura atualizadora da "tragédia do desenvolvimento" (novamente a expressão de Marshall Berman) não entraria em contradição com o "teor de verdade" que se pode extrair, no século XXI, das cenas em questão, para recorrer ao conceito elaborado por Walter Benjamin no ensaio sobre *As afinidades eletivas* e associado por Adorno, na *Teoria estética*, à faculdade inerente aos grandes textos literários de exercer a "historiografia não consciente de sua época".[171]

Contudo, tal leitura não poderia ser feita, como já se deu a entender acima, em relação ao episódio, redigido por Goethe quase sessenta anos antes, do abatimento das nogueiras. Pois ao con-

---

"país do futuro"): o zoólogo afirma então que a Coroa portuguesa teria tomado as medidas necessárias para pôr termo a essa perigosa tendência. Consultei a edição original desse texto (*Brasilien in seiner Entwicklung seit der Entdeckung bis auf unsere Zeit. Eine Rede zur Feyer des Maximilians-Tages in der öffentlichen Sitzung der Akademie der Wissenschaften*, Munique, 1821) na Biblioteca Brasiliana Guita e José Mindlin, na Universidade de São Paulo.

[171] "Enquanto materialização da consciência mais avançada, que engloba a crítica produtiva da situação estética e extraestética a cada vez dada, o teor de verdade [*Wahrheitsgehalt*] das obras de arte é historiografia não consciente [*bewusstlose*], associada com o que até hoje sempre ficou por baixo [*Unterlegenen*]", in *Ästhetische Theorie*, Frankfurt a.M., Suhrkamp, 2003, p. 286. O substantivo composto *Wahrheitsgehalt* é por vezes traduzido para o português como "conteúdo de verdade". Observe-se, porém, que "conteúdo" corresponderia mais propriamente, na língua alemã, ao substantivo masculino *Inhalt*, o conteúdo objetivo ou o assunto de uma obra literária. *Gehalt*, por sua vez, pode conotar também aspectos menos "objetivos" ou "materiais" envolvidos na obra, como transparece nessa sentença de Goethe: "Todo mundo enxerga o assunto [*Stoff*] à sua frente; o teor [*Gehalt*], só o encontra quem tem uma relação com ele, e a forma é um mistério para a maioria".

trário do que se desenrola no quinto ato da tragédia, nos *Sofri-mentos do jovem Werther* a derrubada das árvores deve-se princi-palmente a um capricho humano (o incômodo da afetada mulher do novo pastor com as folhas mortas que lhe sujam o pátio), o que a revela concebida com a finalidade primeira de acirrar a subjeti-vidade do herói em sua rota para o suicídio.

Com a lírica goethiana dos anos de juventude, no entanto, talvez seja possível relacionar o quinto ato do *Fausto II* — mais precisamente sua última cena, que oferece o contraponto às des-truições configuradas nas anteriores — tomando-se por base a di-mensão linguística, que constitui afinal o *medium* em que o velho poeta elaborou suas "fórmulas ético-estéticas". Essa sugestão ema-na do ensaio de Adorno sobre a cena final do drama, mais preci-samente da observação de que a grandiosidade manifesta nas fur-nas montanhosas, nas matas, quedas d'água e penhascos que com-põem o cenário para a ascensão da enteléquia do protagonista sob o empuxo do Eterno-Feminino seria, mais uma vez, a grandiosi-dade de uma visão da natureza, de uma contemplação intuitiva da natureza (*Naturanschauung*), que se entranhou na expressão lin-guística, como já ocorrera na lírica do jovem Goethe: "Na cena final do *Fausto*, essa grandeza presente puramente na configuração linguística [*Sprachgestalt*] é, mais uma vez, a [grandeza] da con-templação da natureza, como na lírica de juventude".[172]

Florestas avançam balouçando, rochedos exercem seu peso sobre a terra, raízes incrustam-se no solo, troncos alçando-se aos céus ao lado de troncos, caudais em queda rumorejante e cavernas, as mais fundas, oferecendo proteção: assim o poeta descortina uma paisagem que será impregnada de sugestões tomadas tanto à his-tória natural (meteorologia, botânica, geologia) quanto à "mito-logia católica".[173] E se, em meio a esses "gracejos muito sérios"

---

[172] "Zur Schlussszene des *Faust*", in *Noten zur Literatur* (org. Rolf Tie-demann), Frankfurt a.M., Suhrkamp, 1990, p. 133.

[173] A expressão "mitologia católica" é do próprio Goethe e aparece no capítulo de seu relato de viagem pela Itália dedicado ao trajeto "Ferrara até Roma", mais precisamente no segmento redigido na comuna de Cento em 17

(mais uma vez na expressão do próprio poeta), o "amor eterno", conforme anunciam os anjos "mais perfeitos", irá segregar os elementos puros dos impuros na "essência dual" do antigo doutor e pactário — elementos inextricáveis durante sua existência terrena — a natureza evocada nas "furnas montanhosas" parece ter passado por esse processo regenerativo e se encontra agora subtraída à degradação que, nas cenas anteriores, atingiu mar, dunas, tílias e toda a "região aberta" outrora habitada por Filemon e Baucis.

No esplêndido panorama das "Furnas montanhosas" temos, assim, uma natureza vivificada pela linguagem, que faz as matas se moverem logo no verso de abertura, num passo comentado por Adorno como "modificação incomparável" do célebre motivo no *Macbeth* shakespeariano. Os procedimentos estilísticos que marcam o desfecho da tragédia teriam sido elaborados sob o influxo da contradição entre o crescente poderio da linguagem pragmático-comunicativa, manipulada pelo comércio e pela ideologia, e a linguagem poeticamente íntegra, o que equivale a dizer, ainda na linha adorniana, que a conclusão do *Fausto II* pôde ser conquistada ao irreversível declínio da língua alemã, com o qual Goethe se viu confrontado nos derradeiros anos de vida: "O que é considerado violento no estilo de velhice de Goethe são certamente as cicatrizes que a palavra poética recebeu ao se defender da [palavra] comunicativa".

As operações de que o poeta se vale a fim de restituir integridade à palavra conspurcada são variadas e uma delas consiste em tomar literalmente expressões e metáforas que já por volta de 1830 estavam expostas ao desgaste. Quando o *Pater Profundus*, mais próximo à esfera sensível da natureza do que o *Pater Ecstaticus* e

de outubro de 1786, em que descreve pinturas sacras de Guercino (Giovanni Francesco Barbieri, 1591-1666): "Chamou-me a atenção ainda uma *Madonna*. A criança busca o peito da mãe, esta reluta, envergonhada, em expor o seio nu. Natural, nobre e belo. Por fim, uma Maria, conduzindo pelo braço a criança a sua frente. Esta, voltada para quem vê o quadro, distribui bênçãos com os dedos levantados. Um motivo muito feliz da mitologia católica e frequentemente repetido". *Viagem à Itália*, tradução de Wilma Patricia Maas, São Paulo, Editora Unesp, 2017, p. 122.

o *Pater Seraphicus*, exalta o raio que caiu flamante "para melhorar a atmosfera, que trazia no seio veneno e miasma" (vv. 11.880-1), a locução *"die Atmosphäre zu verbessern"* (para melhorar a atmosfera) já havia sido arrastada aos domínios do discurso político estereotipado. Na argumentação de Adorno, Goethe se subtrai, porém, ao chavão na medida em que devolve à formulação "melhorar a atmosfera" seu sentido literal, pois no cenário da cena final a queda do raio aparece, conforme a percepção dos infantes bem-aventurados (vv. 11.914-7), como fenômeno real. No bojo desse mesmo movimento, a expressão restaurada é inserida na representação de um quadro de abismo e de cataratas, o qual, por meio de colossal deslocamento, "comuta a expressão de catástrofe permanente numa outra de bem-aventurança".

Se Adorno percebe uma tendência "restauradora" na linguagem da cena "Furnas montanhosas", está provavelmente sugerindo que o poeta, também ele já engolfado na precária relação entre lírica e sociedade, não almejou atribuir à presumível "palavra pura" a autonomia que décadas depois seria o objeto dos esforços de um Mallarmé ou, pouco depois, de um Stefan George. Assim, essa tendência (correlacionada com as "cicatrizes" e marcas de "violência" mencionadas pouco acima) é apontada no uso do advérbio *weichlich* — "maciamente", mas com um posterior sentido pejorativo que resvala pelo "melindroso", "molenga" — na fala da *Magna Peccatrix*, cujos cachos enxugaram "maciamente" os pés do Senhor; e é vislumbrada também na exortação que a *Mater Gloriosa*, à semelhança de uma mãe burguesa preocupada com as inclinações pouco elevadas de seu rebento, dirige à penitente outrora chamada Gretchen no sentido de "alçar-se a esferas mais altas". Três outras minudências estilísticas nos são ainda apresentadas como decisivas na luta goethiana contra a reificação da linguagem: o acréscimo da vogal "e" no prefixo *ab* (a torrente de água que se precipita para baixo, *abestürzt* em vez do correto *abstürzt*); a inserção, aparentemente apenas em virtude de rima, sonoridade e métrica, da pequena partícula expletiva *gar*; e ainda a supressão de um "a" no nome do patriarca Abraão. Três "pequeninos nadas" (na expressão usada por Manuel Bandeira no *Iti-*

nerário de Pasárgada) que, no entanto, possuem significado crucial no mundo da lírica e, assim, poderiam facilmente levar ao ridículo o passo que se direcionava ao sublime. Intrínseca, porém, à grande poesia, observa ainda Adorno, é "a sorte que a preserva da queda".[174]

Não viria ao caso tentar um aprofundamento maior no sentido dessas filigranas estilísticas — acréscimo de um "e", supressão de um "a" — e numa eventual justificativa histórico-linguística, no plano do médio alto-alemão (estágio da língua que vigora entre cerca de 1050 e 1350); no entanto cumpre assinalar que, para Adorno, trata-se de recursos pelos quais Goethe faz a natureza exprimir a história de sua própria criação, buscando restituir-lhe a condição prístina que, na esfera da grande liturgia amorosa que imanta toda a cena final, abre a possibilidade "da reconciliação do natural", subtraindo a existência degradada ao próprio processo de degenerescência.

Conforme já referido, a magnificência com que o leitor se depara nas "Furnas montanhosas" entranha-se, na visão do filósofo frankfurtiano, na própria expressão linguística dos versos de encerramento e se revelaria afim à plasticidade da contemplação da natureza na lírica de juventude. Podemos pensar aqui naquelas canções a que Schubert em primeiro lugar, mas também Schumann, Beethoven, Hugo Wolf e outros compositores (como o velho amigo do poeta C. F. Zelter) deram música: "Willkommen und Abschied" ("Boas-vindas e despedida"), "Heidenröslein" ("Rosinha do silvado"), "Gleich und Gleich" ("Igual com igual"), "Mailied" ("Canção de maio"), "Auf dem See" ("No lago") ou ainda, para não estender muito a lista, "Das Veilchen" ("A violeta"), esta mu-

---

[174] Sobre esse recuo de Goethe ao nome anterior do patriarca (Gênesis, 17: 5) escreve Adorno: "No luminoso âmbito do nome exótico, a figura familiar do Antigo Testamento, coberta por incontáveis associações, transforma-se repentinamente no príncipe de tribo nômade-oriental. A recordação fiel desse príncipe é vigorosamente subtraída à tradição canonizada". A tendência arcaizante da linguagem goethiana neste passo manifesta-se ainda no substantivo *Bronn*, antiga forma poética de *Brunnen* ("fonte", "poço"), e no advérbio *weiland*, que J. K. Segall traduz adequadamente por "antanho".

222　　　　　　　　　　　　　　　　A dupla noite das tílias

sicada por Mozart. E pode-se pensar também na segunda "Canção noturna do peregrino", comentada pelo próprio Adorno na "Palestra sobre lírica e sociedade", publicada originalmente em 1957, apenas dois anos antes do ensaio sobre a cena final "Furnas montanhosas". Diz essa canção noturna em tradução literal:

> "Sobre todos os cumes
> Há repouso,
> Em todas as frondes
> Mal sentirás
> Um sopro leve;
> Os passarinhos silenciam na floresta.
> Ora espera, logo
> Também tu repousarás."[175]

Exemplo dos mais elevados de composição lírica não desfigurada pela existência coisificada e convencional, a "Canção noturna do peregrino" tem sua grandeza, argumenta o crítico, na

---

[175] No original: "*Über allen Gipfeln/ Ist Ruh/ In allen Wipfeln/ Spürest du/ Kaum einen Hauch;/ Die Vögelein schweigen im Walde./ Warte nur, balde/ Ruhest du auch*". Entre as várias traduções que esse poema tem para o português (é também um dos mais musicados de toda a literatura alemã), seguem aqui três amostras:

"Sobre os picos/ Paz./ Nos cimos/ Quase/ Nenhum sopro./ Calam aves nos ramos./ Logo — vamos —/ Virá o repouso" (Haroldo de Campos).

"Em todos os cumes:/ Sossego./ Em todas as copas/ Não sentes/ Um sopro, quase./ Os passarinhos calam-se na mata./ Paciência, logo/ Sossegarás também" (Rubens Rodrigues Torres Filho).

"No alto destes montes/ É a paz,/ Em todas estas frondes/ Nem dás/ Pela leve aragem;/ Não se ouve já no bosque uma avezinha./ Espera, que se avizinha/ A tua paz também" (João Barrento).

Essa canção costuma ser designada como "segunda", "uma outra" ou "outra igual" (*Ein gleiches*), porque quatro anos antes Goethe escrevera uma "canção noturna" (*Nachtlied*) do peregrino ou viandante (*Wandrers*), também com oito versos, sendo que os quatro últimos dizem: "Ai! Estou cansado da agitação!/ Para que tanto sofrimento e prazer?/ Doce paz/ Entra, ai!, entra em meu peito!".

força com que seus versos despertam a aparência (ou o "luzir": *Schein*) de uma natureza que se furta à alienação. E na observação, poucas linhas adiante, de que a linguagem desse pequeno poema se apresenta como se fosse a própria criação, já se anuncia uma das formulações fundamentais do ensaio sobre a cena final do *Fausto*, reforçando-se assim a hipótese concernente às afinidades entre a lírica de juventude e a de velhice.

No verso "*Warte nur, balde*" ("Ora espera, logo"), lê-se na exposição sobre lírica e sociedade, a vida inteira do ser humano se converte, com enigmático sorriso de pesar, no curto instante que precede o adormecer (mas também o "sono" da morte). Nos limites da palestra, Adorno não se dá o trabalho de demonstrar como tal conversão efetivamente ocorre nos domínios da expressão linguística, ou seja, como a própria "espera" se entranha no ritmo do verso que desloca o advérbio para a posição final, criando-se por meio da suspensão acarretada pelo *enjambement* a expectativa do que virá a seguir — e lembrando ainda que Goethe acrescenta um "e" no advérbio *bald* assim como ao substantivo com o qual rima (*Wald*: floresta, bosque, mata). Ou ainda, entre outros procedimentos que transformam em linguagem os movimentos quase imperceptíveis da natureza que tomba na paz do anoitecer, o longo "u" reverberando no repouso (*Ruh*, apócope do correto *Ruhe*, que retorna sob a forma verbal *ruhen*, repousar, no fecho da canção) reinante sobre os cumes, assim como a leve transição do reino mineral para o vegetal por meio da variação de uma simples consoante inicial (*Gipfeln*, cumes; *Wipfeln*, frondes — ambos no caso dativo).[176]

---

[176] O que falta no texto de Adorno já havia sido apresentado por Elizabeth M. Wilkinson em seu hoje clássico ensaio sobre a lírica de Goethe ("Goethe's Poetry"). Contextualizando a análise da canção na história de sua intrincada relação com a poesia goethiana, Elizabeth Wilkinson busca mostrar ao leitor de língua inglesa como a grandeza desse poema ("seria difícil encontrar na literatura uma lírica dessa brevidade contendo tal profundidade de pensamento objetivo") se oculta justamente em sua objetividade, na simplicidade da fusão linguística entre a experiência subjetiva e o anoitecer que cai sobre a na-

A "Canção noturna do peregrino", escrita por Goethe em 1780 na parede de uma cabana no monte Kickelhahn, na Turíngia, e revisitada em 1831 após a conclusão do *Fausto II*. A imagem é de 1870, semanas antes da cabana ser destruída pelo fogo.

A canção foi escrita a lápis na parede de uma cabana construída no cume do monte Kickelhahn (floresta da Turíngia), onde Goethe pernoitou de 6 para 7 de setembro de 1780. Entre 26 e 31 de agosto de 1831 o poeta, já concluída a "ocupação principal" (*Hauptgeschäft*) de seus derradeiros anos, visitou novamente a região e na véspera do que seria seu último aniversário subiu o promontório para reler os versos escritos meio século antes. O acontecimento é registrado objetivamente em seu diário e depois relatado ao amigo berlinense C. F. Zelter numa carta de 4 de setembro. O tom da carta é igualmente sóbrio, todavia não dissimula que a nova leitura dos versos trouxe consigo a emoção de um balanço definitivo de vida: "Após tantos anos foi possível contemplar o todo: o duradouro e o desvanecido. O que deu certo avançou para

tureza. O que primeiro se destaca na canção, de acordo com a análise de Wilkinson, é a maneira imediata com que a linguagem traz consigo a quietude do anoitecer:

"'*Über allen Gipfeln/ Ist Ruh*'. No longo "u" de *Ruh* e na pausa que se segue detectamos o silêncio perfeito que desce sobre a natureza com a chegada do crepúsculo. '*In allen Wipfeln/ Spürest du/ Kaum einen Hauch*'. A delicada expiração em *Hauch* e seu ecoar no *auch* do último verso foram comparados com frequência àquele último suspiro do vento antes de desfalecer nas árvores. Entretanto, a indispensável sílaba 'e' em *Vögelein* e *Walde* faz do sexto verso um adorável acalanto que evoca inevitavelmente o meneio de descanso nas 'frondes'. '*Warte nur, balde/ Ruhest du auch*'. Aqui, concluímos, enquanto tentávamos transmitir o milagre desse poema a um amigo curioso que desconhece o alemão, aqui o verso não descreve o silêncio do anoitecer, ele se transformou no silêncio do anoitecer; a linguagem é o próprio silêncio noturno".

As explanações subsequentes da intérprete buscam descortinar ao leitor a "estampa" tipicamente goethiana desses versos, em que a natureza de modo algum desempenha papel "analógico" (em relação à alma humana) e tampouco se apresenta segundo a percepção arbitrária do sujeito ou de acordo com exigências estéticas. Goethe exprime antes "a ordem orgânica da progressão evolucionária na natureza, do inanimado ao animado, do reino mineral ao animal passando pelo vegetal, dos picos às frondes, aos pássaros e assim, inevitavelmente, ao ser humano. O poeta-peregrino não está abraçando a natureza à maneira romântica. Ele está sendo necessariamente, pela simples ordem do poema, embraçado com ela, como o último elo na escala orgânica do ser". Cf. "Goethe's Poetry", *German Life and Letters*, vol. 2, nº 4, 1949, pp. 316-29.

A dupla noite das tílias

o primeiro plano e trouxe alegria serena, o que deu errado estava esquecido e superado".

Mas essa derradeira excursão do peregrino octogenário foi também documentada pelo seu acompanhante, o geólogo e inspetor de minas Johann Christian Mahr. Sua reconstituição da visita traz detalhes que o poeta não menciona na carta e no diário, por exemplo:

> "Goethe passou os olhos sobre esses poucos versos e lágrimas escorreram pelas suas faces. Lentamente tirou o alvíssimo lenço de seu casaco castanho-escuro, enxugou as lágrimas e disse em tom suave e melancólico: 'Sim, ora espera, logo também tu repousarás', calou-se durante meio minuto, mais uma vez olhou pela janela a escura floresta de pinheiros e dirigiu-se então a mim com as palavras: 'Bem, agora podemos ir'."

A noite pode enfim descer, como dirá mais tarde o grande poeta brasileiro no balanço de vida, igualmente sereno e reconciliado, de "Consoada": "Encontrará lavrado o campo, a casa limpa,/ A mesa posta,/ Com cada coisa em seu lugar". Mas no alto do Kickelhahn, após ter relido a canção rabiscada na parede, Goethe também poderia ter pronunciado aqueles versos de Linceu que exprimem a quinta-essência de sua experiência de vida: "Felizes meus olhos,/ O que heis percebido,/ Lá seja o que for,/ Tão belo tem sido!". A tradução, levemente arcaizante com a função auxiliar do verbo "haver" e "ter" para produzir a rima dos particípios, é novamente de Jenny Klabin Segall; no original, contudo, o último verso traz o verbo no pretérito perfeito: tudo o que esses olhos felizes puderam contemplar *foi* belo! A pausa que se segue faz a canção comutar de perspectiva, passando a descrever o aniquilamento daquilo que até então "a vista deliciava".

Adorno conclui seu ensaio com uma referência à destruição, em 1870, da cabana em cuja parede o poeta rabiscara a "Canção noturna do peregrino" noventa anos antes: *Também* [grifo meu]

"O que a vista deliciava, com os séculos se foi"

aquela cabana pegou fogo". As palavras finais do crítico são marcadamente elípticas e só se deixam apreender em profundidade à luz da dialética entre esquecimento e lembrança delineada na última etapa do ensaio, sobretudo no postulado (logo após ter observado que a força que permite a continuação da vida — como experimenta o próprio Fausto na cena de abertura "Região amena" — reside no olvido e na prescrição) de que "esperança" não seria "recordação fixada, mas sim o retorno do esquecido". Citando as palavras finais do ensaio:

> "Se, porém, com uma infração contra a lógica — infração, cujos raios curam todos os atos de violência cometidos pela lógica — na invocação da *Mater Gloriosa* como a Sem-Igual [*Ohnegleiche*], a memória dos versos pronunciados por Gretchen na cena 'Diante dos muros fortificados da cidade' [no *Fausto I*] como que se levanta de um passado de éones [*wie über Äonen heraufdämmert*], então ganha voz de extrema bem-aventurança aquele sentimento que deve ter se apoderado do poeta quando ele, pouco antes da morte, leu novamente na parede de madeira do Gickelhahn [outra grafia para Kickelhahn] a 'Canção noturna' que havia sido escrita uma geração antes. *Também* aquela cabana pegou fogo. Esperança não é a recordação fixada, mas sim o retorno do esquecido."

Essas últimas considerações adornianas não estariam aludindo ainda, do mesmo prisma histórico-filosófico que enforma as reflexões anteriores, a uma coincidência tão expressiva quanto funesta? Pois se a cabana no alto do Kickelhahn, visitada pelo poeta pouco antes da morte, podia ser concebida, de modo semelhante à de Filemon e Baucis, como emblema de um mundo que propiciava a experiência da natureza que se entranhou na estrutura rítmica, sonora e imagética da canção gravada meio século antes em uma de suas paredes, torna-se profundamente significativo ela ter sucumbido ao elemento que Mefistófeles já dissera, ao apresentar-

-se a Fausto pela primeira vez, ter reservado *à part* para si (vv. 1.377-8); ou seja, torna-se significativo *também* ela ter sido consumida — eis a conotação do advérbio que destacamos em itálico na formulação de Adorno reproduzida acima — pelos "olhares ígneos" que Linceu, do alto de sua torre, vê engolfar as tílias e toda a esfera ancestral dos idosos que têm uma morte simultânea, convertendo-se todavia em terror a serena felicidade que envolve a metamorfose pela qual o casal homônimo de Ovídio deixa sua forma humana para transformar-se em carvalho e tília.[177]

[177] O caráter alusivo e elíptico do ensaio de Adorno, que nessa passagem se oferece ao leitor com o simples advérbio "também", transparece ainda na observação do filósofo, concernente aos laivos homossexuais que acometem Mefisto na cena "Inumação" e o fazem perder a disputa pela alma de Fausto, de que "já" o diabo de Goethe seria o diabo da "frieza": "Se a questão se resolvesse de maneira tão cabal como querem aqueles que se acreditam na obrigação de defender a graça perante o diabo, então o poeta se teria poupado a cúpula [*Bogen*] mais ousada de sua construção: que o diabo, sendo já nele [em Goethe] o diabo da frieza, seja ludibriado pelo próprio amor, a negação da negação". Esse "já" pode ser entendido como uma alusão ao diabo (como se sabe, inspirado em parte no próprio Adorno e em suas concepções musicais) do *Doutor Fausto*, de Thomas Mann, que no capítulo XXV aparece explicitamente associado ao frio. (Debrucei-me sobre esse traço do "frio" e da "frieza" no motivo do pacto no ensaio "Veredas-Mortas e Veredas-Altas: a trajetória de Riobaldo entre pacto demoníaco e aprendizagem", in *Labirintos da aprendizagem*, São Paulo, Editora 34, 2010, pp. 66-8.)

"O que a vista deliciava, com os séculos se foi"

"Como o tinido dos alviões me apraz!/ É a multidão,
que o seu labor me traz" (vv. 11.539-40), proclama Fausto,
enquanto, de fato, é a sua cova que vai sendo cavada.

12.

Mater Gloriosa, Galateia e a Apreensão "em voo espectral": reenlaçando os fios

A possibilidade de leitores pertencentes a gerações e contextos culturais diferentes encontrarem em grandes textos literários muito mais coisas do que seus autores puderam colocar de maneira consciente foi delineada pelo próprio Goethe na mencionada carta de setembro de 1831, em que anunciou ao amigo Boisserée a conclusão da segunda parte da tragédia, após esforços que se estenderam por várias décadas. Uma das maiores criações do espírito humano, o *Fausto* certamente jamais deixará de ser compreendido e atualizado por futuros leitores em consonância com suas respectivas experiências sociais e históricas, continuando assim a mostrar "a cada período que nele encontra prazer um rosto novo", para voltar às palavras de Erich Auerbach sobre o *Dom Quixote*.

Contemporâneo da Revolução Industrial e das fábricas que começavam a desfigurar e poluir as "enevoadas colinas" inglesas (*clouded hills*, que William Blake fez rimar com *dark satanic mills*), Goethe elaborou nas imagens em torno da destruição das árvores e da colossal reconfiguração tecnológica de toda a "região aberta" revisitada pelo Peregrino uma "fórmula ético-estética" que pode dizer muito a leitores de uma época voltada às consequências da subordinação desenfreada da natureza ao interesse econômico e desenvolvimentista ao longo dos séculos XIX e XX. É claro que essa nova perspectiva de leitura não se dissocia da recepção dispensada ao drama por aqueles leitores que atualizaram o complexo dramático da eliminação de Filemon e Baucis enquanto prefiguração de fenômenos de expurgos étnicos, massacres e, sobretudo, do genocídio perpetrado pelo nacional-socialismo. No entanto, é justamente essa possível atualização ecológica da tragédia goethiana que a levaria muito além do papel de antecipar uma relação de comentário mútuo, voltando à tese central do estudo de Heinz Schlaffer enfocado no capítulo 4, com O Capital de Marx.[178]

Se Goethe chamou algumas vezes de "incomensurável" a obra protagonizada por Fausto e Mefistófeles, obra que, à semelhança de um problema irresoluto e irresolvível, instigaria os leitores, sempre e sempre, a renovadas abordagens (nas anotações de Eckermann em 13 de fevereiro de 1831), então essa visão abarca igualmente a consciência de que algumas de suas facetas são devidas a aspectos sombrios da história humana, em especial nas passagens em que Mefisto, com requintes de cinismo, desvenda na violência, apresentada como recurso indispensável para a conquista e manutenção do poder, a força motriz da história. À luz desses trechos — por exemplo, na cena "Palácio": "comércio, piratagem, guerra" como "trindade inseparável", ou a já citada exortação a "colonizar" sem "cerimônia", também a variante mefistofélica do princípio de que os fins justificam os meios (v. 11.185) — o drama

[178] Isso não quer dizer, porém, que não seja possível vislumbrar no Capital lampejos isolados de uma consciência a que chamaríamos hoje "ecológica". Veja-se, por exemplo, o último parágrafo do capítulo XLVII ("Gênese da renda fundiária capitalista"), que enfoca a exploração capitalista "insustentável" da natureza: "Se a pequena propriedade fundiária gera uma classe de bárbaros parcialmente fora da sociedade, a qual combina toda a crueza de formas sociais primitivas com todos os suplícios e toda a miséria de países civilizados, então a grande propriedade fundiária mina a força de trabalho na última região em que se refugia sua energia primordial [naturwüchsige], onde ela se acumula como fundo de reserva para a renovação da força vital das nações, isto é, no próprio campo. A grande indústria e a grande agricultura impulsionada em escala industrial atuam em conjunto. Se originalmente elas se diferenciam pelo fato de que a primeira devasta e arruína mais a força de trabalho e, por conseguinte, a força natural do homem, e a segunda, mais diretamente a força natural do solo, em seu desenvolvimento elas se dão as mãos na medida em que o sistema industrial no campo exaure também os trabalhadores, e a indústria e o comércio por seu turno proporcionam à agricultura os meios para o esgotamento do solo". Esse trecho do Capital é enfocado por Michael Löwy no segundo capítulo ("Progresso destrutivo: Marx, Engels e a ecologia") do livro O que é o ecossocialismo (São Paulo, Cortez, 2014, pp. 21-38).

goethiano e *Magnum opus* da literatura alemã se revela um livro tão terrível quanto, por exemplo, *O Príncipe* de Maquiavel.[179] Não seria justamente por isso que Eberhard Lämmert, com o apoio das experiências históricas de sua geração, ressaltou a sensação de "alarme" que acomete o leitor do quinto ato da tragédia, pois o que é infligido a Filemon e Baucis nessas cenas aconteceria em grande escala, durante o século XX, na Polônia ocupada, no Congo e em outros lugares?

Embora a figura da Apreensão não seja considerada no ensaio "O Fausto cego", pode-se inferir que, do ponto de vista de Lämmert, ela assomaria em íntima conexão com a ordem do colonizador ao capataz Mefisto no sentido de tirar do caminho os habitantes ancestrais do último grumo ainda não integrado ao gigantesco projeto de modernização em curso: "Bem, vai; põe-nos enfim de lado! —" (v. 11.275).[180] Sem, contudo, que nos desvie-

---

[179] Mas, como lembra Otto Maria Carpeaux com uma reflexão que prioriza a recepção que o leitor dispensa ao tratado do teórico florentino: "Perante a inteligência de Maquiavel, temos de justificar-nos pela interpretação que dermos à sua obra. Pois a significação da obra de Maquiavel depende, como observou tão bem De Sanctis, de quem a lê: pode ela servir, igualmente, de código dos tiranos e de arma dos homens livres". "Inteligência de Maquiavel", in *Ensaios reunidos*, volume I, Rio de Janeiro, Topbooks, 1999. O mesmo pensamento se repete no fecho do texto "Renaissance revisited", in *Ensaios reunidos*, volume II, Rio de Janeiro, Topbooks, 2005.

[180] "Grumo" é o termo empregado por Antonio Candido (assim como "horto") numa das várias referências que faz ao *Fausto* goethiano em sua *Formação da literatura brasileira*. Isso se dá na passagem que enfoca o momento em que se trava o recontro entre o projeto colonizador de Fausto e o mundo ancestral de Filemon e Baucis: "Mas em meio à atividade febril que [Fausto] planeja e executa, resta um farrapo insistente do passado no pequeno horto em que Filemon e Baucis prolongam a vida bucólica e o ritmo agrário da existência. Levado pelo impulso inevitável da sua obra, Fausto destrói esse grumo indigesto para a nova vertigem do tempo e completa o domínio da natureza", São Paulo/Rio de Janeiro, Fapesp/Ouro sobre Azul, 2017. Procurei contextualizar essa passagem nas explanações do crítico sobre o advento do Romantismo no ensaio "Antonio Candido, leitor do *Fausto*", in *Imagens de Fausto: história, mito, literatura* (org. Magali Moura e Nabil Araújo), Rio de Janeiro, Edições Makunaima, 2017, pp. 209-21.

mos dessa linha de leitura, poderíamos esboçar nova contribuição ao extenso rol de exegeses centradas nessa poderosa personagem e fazê-la remontar, de maneira mais específica, à destruição das tílias e à supressão da natureza primordial de toda a faixa costeira — foco concentrado de desdobramentos posteriores — para construir o novo modelo de civilização, que Fausto começou a conceber, no quarto ato, com a racionalidade de um moderno engenheiro desenvolvimentista (como não poucos discípulos de Saint-Simon e Auguste Comte): "Criei plano após plano então na mente,/ Por conquistar o gozo soberano/ De dominar, eu, o orgulhoso oceano" (vv. 10.227-9). Goethe, entretanto, não levou Mefistófeles a prognosticar o fracasso do projeto colonizador sob sua superintendência, fazendo-o afiançar a meia-voz que o mar e os elementos (v. 11.550) acabarão por recobrar seus direitos e engolir todos os territórios já arroteados e urbanizados? Na chave ético-estética que se pode atribuir ao poeta delineia-se desse modo, repetindo mais uma vez, a possibilidade de interpretar os acontecimentos do quinto ato da tragédia sob o pano de fundo das atuais discussões climáticas, em analogia à leitura que se pode fazer hoje das advertências que Alexander von Humboldt relacionou, no bojo de sua expedição científica de 1829, à crescente tendência — que se pode imaginar vigente também na nova civilização fáustica — a "dizimar florestas, alterar a distribuição das águas e, nos centros industrializados, liberar na atmosfera grandes quantidades de vapores e gases".

Contudo, ao mesmo tempo que nos defronta com o mundo da opressão e da violência (*Gewalt*, equiparada ao "direito" no verso 11.183, em que Mefisto escande o que representa, de sua perspectiva, uma lei universal da história) e põe a nu as várias faces da destruição, o *Fausto* também encerra, enquanto "produção incalculável", riquezas que propiciam ao leitor uma fruição que, na metáfora de Adorno, teria seu termo de comparação mais próximo na "sensação de respirar ao ar livre". Viria à tona nessa sensação, prossegue o filósofo em suas considerações sobre a cena final, uma "qualidade de grandeza" que, distante de todo e qualquer conceito de "monumentalidade", não se deixa dissociar da própria configuração linguística, como ocorrera décadas antes na contemplação da natureza plasmada na lírica de juventude. É como se nas "Furnas montanhosas" o frescor da linguagem se confundisse, para glosar o arcanjo Rafael no "Prólogo no céu" (v. 250), com o frescor de uma natureza banhada na magnificência do "primeiro dia" da criação.

"Mata" (*Waldung*, no original, uma floresta de grande extensão) é a palavra que abre a cena "Furnas montanhosas", colocando em movimento o cenário que, fruto dos derradeiros esforços poéticos de Goethe, irá emoldurar o movimento elevatório da entelêquia (ou "parte imortal": *Unsterbliches*) da personagem que o acompanhou por mais de sete décadas. Precipícios, penhascos, cataratas e árvores descortinam-se nos versos dos anacoretas e *patres* para compor, com o acréscimo dos leões perambulando por esses desfiladeiros, os quadros portentosos que atemorizam os "infantes bem-aventurados" logo que tomam de empréstimo os olhos "mundanos" do *Pater Seraphicus*: "Majestoso isso é, imenso,/ Mas, sombrio ao nosso olhar,/ De pavor nos enche o senso".[181] Tremendos são também, recuando mais de 11.850 versos, os furacões que nas palavras do arcanjo Miguel no "Prólogo no céu" rugem avassaladores "da terra ao mar, do mar à terra". No entanto, por pavorosos que possam afigurar-se os elementos nas cenas de abertura e de encerramento do drama, são todos "núncios" do amor e

---

[181] O motivo da visão e do olhar, que percorre as cinco cenas da "tragédia da colonização", estende-se para alguns momentos das "Furnas montanhosas", como nesse verso em que Goethe, conforme assinala Albrecht Schöne, apoia-se num relato feito pelo místico sueco Emanuel Swedenborg em sua obra *Arcana coelestia* (parágrafo 1.880): "Quando a visão interior me foi facultada pela primeira vez e os anjos e espíritos viram, por intermédio dos meus olhos, o mundo e tudo aquilo que existe no mundo, ficaram muito espantados e disseram que isso era o portento dos portentos".

Um excelente estudo sobre o motivo do olhar na tragédia goethiana (que todavia deixa de lado a cena final) pode ser encontrado em "Fausts Erblindung" [O enceguecimento de Fausto], oitavo capítulo do livro de Peter Michelsen *Im Banne Fausts: Zwöf Faust-Studien* [Sob o feitiço de Fausto: doze ensaios sobre Fausto], Würzburg, Königshausen & Neumann, 2000, pp. 161-70.

das obras do Altíssimo, conforme esclarecem tanto o *Pater Profundus* quanto, muito antes, o arcanjo.

Em procedimento análogo ao que vigora na longa cena "Noite de Valpúrgis clássica", em que a arcaica mitologia grega, confluindo para a apoteose da "deusa-rainha" Galateia, é amalgamada com a teoria da metamorfose goethiana e com hipóteses científicas de seu tempo sobre a origem da vida orgânica na Terra,[182] nas "Furnas montanhosas" a "mitologia católica", também sob a égide de uma "deusa-rainha" (conforme a *Mater Gloriosa* é apostrofada pelo *Doctor Marianus*), entrelaça-se com metáforas botânicas e, sobretudo, com sugestões meteorológicas referentes ao sistema de formação e desintegração de nuvens. Dessa mescla logo surge, em meio aos prodígios postos em movimento pelo velho dramaturgo, a imagem do tronco que se alça aos ares com força e ímpeto próprios, mas afim em sua essência — outra vigorosa metáfora do panteísmo goethiano — ao "onipotente amor, que tudo cria, tudo opera" (v. 11.872).[183] A esses versos do *Pater* enraizado

---

[182] Em seus comentários ao *Fausto* (pp. 530-3 na edição de 2017, *op. cit.*), Albrecht Schöne demonstra que a componente científica desse amálgama deriva em grande parte de hipóteses formuladas por Lorenz Ocken (1779-1851), professor de medicina e filosofia da natureza em Jena, sobre o surgimento da vida orgânica a partir da água. Extrapolando, porém, hipóteses científicas das primeiras décadas do século XIX, Schöne enxerga nas imagens em torno de Galateia e da fosforescente desintegração do Homúnculo nas águas do mar Egeu reverberações da tendência morfogenética goethiana passíveis de ser relacionadas a teorias atuais sobre uma fase pré-biótica e química na gênese de formas orgânicas, desde as mais simples até o surgimento do ser humano.

[183] Semelhante entrelaçamento das esferas religiosa e vegetal pode ser observado no início da novela *A aranha negra*, de Jeremias Gotthelf: "Era o dia em que todo o mundo vegetal floresce e viceja na direção do céu em plena exuberância, como um símbolo, que se renova todos os anos, da destinação final do próprio homem" (tradução de M. V. Mazzari, São Paulo, Editora 34, 2017, p. 14). Se o "dia" referido pelo narrador é a "Quinta-Feira da Ascensão", no hemisfério norte celebrada na primavera, vale lembrar que também o elenco místico das "Furnas montanhosas" está envolto em atmosfera primaveril — em "nova aura e luz vernal", como dizem os anjos (v. 11.976) que já na cena anterior, enquanto espalhavam rosas em sua disputa contra Mefistófeles e a le-

236　　　　　　　　　　　　　　　　　A dupla noite das tílias

nas regiões profundas da natureza (daí o epíteto *Profundus*), segue a manifestação do *Pater Seraphicus*, que divisa uma "nuvenzinha matinal" esvoaçando pela "cabeleira ondulada dos abetos", em outra expressiva metáfora botânica (v. 11.891). São, elucida-se em seguida, os "infantes bem-aventurados", e o *Pater* exorta-os alguns versos adiante a alçarem-se a um círculo superior.

Com essa exortação à "nuvenzinha matinal" desencadeiam--se as imagens que portam à cena "Furnas montanhosas" a mencionada série meteorológica, que terá encontrado um impulso inicial no relato de viagem a Montserrat (Catalunha) que Wilhelm von Humboldt enviou a Goethe em setembro de 1800: uma vívida descrição do maciço rochoso, também do mosteiro de Santa Maria, de seus monges e eremitas (*"gente retirada e desengañada"*, como acrescenta Humboldt em espanhol) e ainda, entre vários outros detalhes, do "mais grandioso e magnífico espetáculo de nuvens de que posso lembrar-me", tudo isso apresentado com uma plasticidade que proporciona a Goethe, como formula sua carta de 15 de setembro de 1800, "um grande prazer": "Desde então, sem que eu me dê conta, encontro-me na companhia de um ou outro de seus eremitas".

Embora nem sequer mencionada por Adorno em seu ensaio, essa série meteorológica que percorre as "Furnas montanhosas" poderia adensar sua observação de que na cena final é como se a natureza exprimisse a própria história de sua criação. Já Albrecht Schöne, retomando estudos anteriores na filologia fáustica (como o ensaio "Das Meer und die Wolken in den beiden letzten Akten des *Faust*" [O mar e as nuvens nos dois últimos atos do *Fausto*], publicado em 1927 por Karl Lohmeyer no *Goethe-Jahrbuch*), propõe em seus comentários que o poeta, na dimensão preludiada pela "nuvenzinha matinal", teria buscado estabelecer uma homologia entre especulações religiosas de sua velhice e concepções científicas derivadas dos estudos que passou a desenvolver em 1815, estimulado em grande parte pelo intercâmbio com o proeminente

gião de diabos, haviam conclamado a primavera a desabrochar em cores púrpuras e verdes (vv. 11.699-709).

Mater Gloriosa, Galateia e a Apreensão "em voo espectral"

cientista e meteorologista inglês Luke Howard, que em 1803 publicara o ensaio "sobre a modificação de nuvens" ("Essay on the Modification of Clouds"), com a descrição e classificação científicas de quatro tipos básicos de nuvens (*cumulus, stratus, cirrus, nimbus*) e três intermediários.

Que os infantes bem-aventurados, acolhida a mencionada orientação do *Pater Seraphicus*, tenham de fato subido a regiões mais elevadas, isso é atestado pelos anjos que falam de nuvenzinhas clareando-se na "nova primavera" do "mundo superior" (v. 11.970). Não só a este movimento, como ainda, em ampla escala, à poderosa força *sublimis* que imanta as "Furnas montanhosas" e todas as suas figuras, subjaz também, na visão de Schöne, a concepção de apocatástase desenvolvida pelo teólogo grego Orígenes (185-254), isto é, a "recondução" à fonte primordial de todos os entes e seres — mesmo os apóstatas, os caídos e os rebelados — que um dia emanaram de Deus: por conseguinte, Fausto é igualmente incluído nesse empuxo escatológico, a despeito de todos os crimes cometidos com a cumplicidade de Mefisto — por isso a afirmação de que o desfecho da aposta já não tem importância para o que acontece nessa cena. Ao mesmo tempo, e voltando à homologia apontada, toda a dinâmica que rege os "gracejos muito sérios" da cena final descortina-nos padrões semelhantes aos descritos pelo próprio Goethe em seus estudos meteorológicos, em especial no ensaio "Wolkengestalt nach Howard" [Configuração de nuvens segundo Howard], fruto de minuciosas observações de "jogos ascensionais" no sistema de nuvens, destacando-se a sequência "estrato transformando-se em cúmulo, cúmulo em cirro".[184]

[184] O ensaio foi publicado em 1818, três anos após o primeiro contato com a teoria meteorológica de Luke Howard. Aos tipos de nuvens estabelecidos no "Essay on the Modification of Clouds" o próprio Goethe propôs o acréscimo de mais um tipo que designou como *paries*, em virtude de sua suposta semelhança com uma "parede" nubígena (considerado, porém, como "ilusão óptica", esse novo tipo acabou sendo refutado pelos meteorologistas). Outro fruto do intenso intercâmbio com o meteorologista inglês é o ciclo de poemas sobre nuvens "Howards Ehrengedächtnis" [Em homenagem a Howard], escrito em 1820 e ampliado no ano seguinte.

Também por esse prisma lapidado em pesquisas meteorológicas seria procedente caracterizar as "Furnas montanhosas" como uma cena de grandes metamorfoses e transfigurações. Assim também a lê João Barrento em seu livro *Goethe: o eterno amador*, relacionando a "estratificação potenciada" dessa cena conclusiva com os poemas dedicados a Luke Howard e à última paixão do poeta, a jovem de dezessete anos Ulrike von Levetzow ("Elegia de Marienbad", 1827): no final do *Fausto* nos teria sido apresentada a "derradeira transposição poética das convicções meteorológicas de Goethe, pura expressão das suas ideias de aspiração [*Streben*] ao mais alto, do 'nobre impulso' [*edler Drang*] para cima, da potenciação [*Steigerung*] que é purificação, tanto da alma redimida como das regiões mais altas da atmosfera".[185]

Acrescente-se a essa observação que todas as transfigurações e metamorfoses da cena final, que Barrento traduz como "Desfiladeiros", seguem o *telos* de uma crescente rarefação da materialidade terrena, que ainda pesa consideravelmente nas regiões baixas e nimbosas do *Pater Profundus*. Mas quando o *Doctor Marianus*, agora da "cela mais alta e translúcida", relata a visão de formas femininas que singram os céus aos pés da "excelsa soberana do mundo", aos olhos do leitor apresenta-se a imagem, prefigurada no delicado "arco de nuvenzinhas" (as pombas de Pafos, v. 8.341) que abrira o cortejo apoteótico de Galateia: agora, porém, são três grandes penitentes da tradição cristã (*Magna Peccatrix, Mulier Samaritana, Maria Egyptiaca*) e mais uma *poenitentum*, "outrora chamada Gretchen", as quais, libertando-se da gravidade do pecado, intercedem pelo neófito de cujas "vestes etéreas" — como a também nubígena penitente descreve a metamorfose crucial da cena — evola-se a "primeira força da juventude".[186] Gretchen retoma e intensifica nesses versos o relato anterior dos "infantes

---

[185] Ver o capítulo "As formas do informe: Goethe e as nuvens", Lisboa, Bertrand Editora, 2018, pp. 215-23.

[186] Segundo comentários de Albrecht Schöne, Goethe terá encontrado essa concepção em Agostinho de Hipona, em cuja *Cidade de Deus* (capítulo XXII) se lê que os ressuscitados recobrarão a forma que possuíam na juventude.

Mater Gloriosa, Galateia e a Apreensão "em voo espectral"

bem-aventurados" sobre a dissolução dos "flóculos" que ainda envolviam a "crisálida" (v. 11.982) entregue à sua guarda: justamente o elemento "imortal" (e eternamente jovem) de Fausto. No palimpsesto da cena final, o velho poeta-cientista deixa-nos entrever, por trás da metamorfose metafórica de crisálida em borboleta ("o mais belo fenômeno que conheço no mundo orgânico", como escreve em agosto de 1796), imagens que sugerem o esgarçamento e rarefação de nuvens: massas espessas e carregadas submetendo-se à "sublimação" (para usar esse termo da química que assinala, desde o século XVI, a passagem do estado sólido ao gasoso) que leva ao tipo etéreo e sedoso do cirro, antes de sua desintegração definitiva na atmosfera.

No derradeiro passo que nos é apresentado na grande liturgia amorosa e espetáculo meteorológico da cena final, a *Mater Gloriosa* — único momento em que toma a palavra — conclama a penitente Gretchen a alçar-se a "esferas ainda mais altas", orientando-a também a não descurar do antigo amado nessa dimensão que ele próprio percorre silencioso e insciente: "Se ele te pressentir, te seguirá". Se no fecho do *Fausto I* Goethe fez soar abruptamente uma "voz" do alto ("Está salva!"), agora nos é dado vivenciar não só a salvação como também a apoteose de Gretchen, a quem o *Doctor Marianus* exorta por fim, como às três outras penitentes, a "levantar o olhar" na direção do "olhar do Salvador". Exprimindo assim a penúltima imagem ascensional, sete versos antes da manifestação do *Chorus Mysticus*, esse doutor revela-nos ainda, das alturas de sua cela "translúcida", que todas as penitentes — e, com elas, o ser outrora chamado Fausto, que certamente intuiu a presença da antiga amada — continuarão a ascender e metamorfosear-se em eterna ventura (v. 12.098) sob os auspícios da excelsa soberana: "Virgem, Mãe, Rainha,/ Deusa, misericordiosa sê!".

Contudo, a "mitologia católica", que ao lado da teoria meteorológica de Howard constitui a grande fonte das imagens híbridas da cena final, amalgama-se nesses versos marianos também com aquela outra mitologia que enformou a extensa "Noite de Valpúrgis clássica". Pois se já na abertura do segmento cênico "Baías rochosas do mar Egeu" as sereias dirigem sua súplica à "be-

240   A dupla noite das tílias

la Luna" nos mesmos termos com que, quatro mil versos adiante, o *Doctor Marianus* articulará sua adoração (a apóstrofe com o adjetivo "misericordiosa" fecha ambas as estrofes nos versos 8.043 e 12.113), os paralelos entre o culto à *Mater Gloriosa* e o triunfo de Galateia no mar Egeu, ladeada em seu trono-concha pelas Dórides (como aquela pelas grandes pecadoras), são ainda mais evidentes.[187] Todavia, a apoteose da filha de Nereu, o "Velho do mar" que com a exclamação "És tu, meu amor!" (v. 8.424) introduz a conclusão da longuíssima cena, configura-se igualmente como celebração de Eros, da natureza assim como do advento da vida orgânica no planeta Terra, que a intuição do dramaturgo associava à substância primordial da água. Por conseguinte, é esse elemento — mensageiro ou transportador (*vetturale*) universal da natureza, na visão de Leonardo da Vinci: "*L'acqua è il vetturale della natura*"[188] — que ganha destaque no fecho da "Noite de Valpúrgis clássica", enaltecido primeiramente pelo filósofo pré-socrático Tales, que Goethe converte anacronicamente em *partisan* da teoria netunista[189] — "Tudo, tudo é da água oriundo!!/ Tudo pela água subsiste! Oceano,/ Medre teu eterno influxo e arcano!" — e pros-

---

[187] As imagens finais da "Noite de Valpúrgis clássica" são inspiradas em larga escala no grandioso afresco de Rafael *O triunfo de Galateia*, que Goethe estudou atentamente, durante sua estada em Roma, na Villa Farnesina (e do qual também possuía reproduções feitas por importantes artistas). Estamos aqui nos domínios da fórmula horaciana sobre a equivalência entre pintura e poesia, *Ut pictura poesis*, podendo-se perceber nessas imagens o empenho do poeta em "traduzir" para a sucessividade temporal dos versos a simultaneidade espacial das formas e cores da pintura. Vale lembrar que é também com um "Triunfo de Galateia" que se fecha a peça de Calderón de la Barca *El mayor encanto, amor* (1635), com a qual Goethe se ocupou intensamente (na tradução de August W. Schlegel) e planejou encenar no Teatro de Weimar.

[188] *Apud* Alfredo Bosi, *Arte e conhecimento em Leonardo da Vinci*, São Paulo, Edusp, 2017, p. 75.

[189] Esse mesmo termo foi empregado por Charles Darwin, na introdução à 6ª edição de sua obra máxima, *The Origin of Species*, ao referir-se ao poeta-cientista alemão como partidário avançado de semelhantes concepções: "*there is no doubt that Goethe was an extreme partisan of similar views*".

Mater Gloriosa, Galateia e a Apreensão "em voo espectral"

seguindo em seu arrebatado hino ao elemento no qual, também segundo posições científicas atuais, evoluíram os primeiros seres:

> "Se as nuvens não enviasses,
> Ribeiros não criasses,
> Torrentes não desviasses,
> Rios não engrossasses,
> Que fora este mundo, a planície, a serra?
> É em ti que a frescura da vida se encerra."

Se o "Eco" composto por "todos os círculos", conforme a rubrica cênica, devolve o último verso em leve variação: "De ti é que jorra a frescura da terra", pouco adiante as sereias entoam seu canto à "rara aventura" do surgimento da vida (um "Salve" ao mar e às vagas: *Heil dem Meere! Heil den Wogen*, v. 8.480) e se juntam ao coral "Tudo-Todos!" que — em analogia ao que opera o *Chorus Mysticus* no quinto ato — fecha a clássica "Noite de Valpúrgis" com jubilosa exaltação dos elementos: "Salve o brando vento etéreo!/ Salve a gruta e seu mistério!/ Glória aos quatro e seus portentos,/ Consagrados elementos!".

Na apoteose de Galateia em meio às águas doadoras de vida nos é oferecida a possibilidade de vislumbrar a prefiguração, no terreno da arcaica mitologia grega, do Eterno-Feminino que fechará a *opera della vita* goethiana com um aceno ao inacessível à linguagem humana — ao "indescritível" (*das Unbeschreibliche*), na estrofe do *Chorus Mysticus*. O Eterno-Feminino puxa-nos para cima (ou: "O Eterno-Feminino/ Acena, céu-acima", na bela tradução paronomástica de Haroldo de Campos), diz então o verso que antecede o termo "Finis" que figura apenas nessa obra goethiana destinada à publicação póstuma. Se Fausto se subtrai por fim à nossa vista metamorfoseando-se e retornando ao seio do "amor eterno" (feminino, em alemão: *die ewige Liebe*, na expressão dos "anjos mais perfeitos"), a aproximação que se delineou acima entre Galateia e a *Mater Gloriosa* permite compreender o último passo do drama também como retorno do protagonista ao seio da natureza — uma natureza, contudo, agora reconciliada consigo mesma, redimida pela linguagem da degradação a que foi submetida no processo histórico configurado pelo "matemático ético-estético": degradação que Adorno associa, como apontamos acima, à racionalidade que exige domínio total e incontrastável e que, em consequência, não tolera senão o que lhe seja idêntico.

Desse prisma talvez se possa relacionar o "Eterno-Feminino" goethiano à natureza celebrada tanto nas "Furnas montanhosas" como no mar Egeu do segundo ato e que não só a língua de Tales de Mileto (*phýsis*), mas também o sânscrito (*prakriti*), o latim (*natura*), as línguas românicas e tantas outras concebem no feminino, emprestando-lhe também — o que vem ocorrendo, pelo menos, desde o período micênico — o epíteto "Mãe", como faz Rousseau nas *Confissões*: "*Ô nature! Ô ma mère, me voici sous ta seule garde!*" (Ó natureza! Ó minha mãe, eis-me aqui sob tua guarda apenas!) — para citar o filósofo genebrino que, numa obra posterior (*Os devaneios do caminhante solitário*), iria nos revelar que tão somente em meio à Mãe Natureza lhe seria possível a exclamação que Fausto se interdita: "*Je voudrais que cet instant durât toujours*" (Gostaria que esse momento perdurasse para sempre).[190]

---

[190] Se a expressão "Mãe Natureza" tem sua origem no período micênico (entre os séculos XVI e XI a.C.), ela experimenta vigoroso revival, como demonstra Gerhard Kaiser em *Mutter Natur und die Dampfmaschine*, com o advento da Revolução Industrial nas últimas décadas do século XVIII, quando o "elemento natural passa de corretivo da sociedade a seu antípoda". (*Mutter Natur und die Dampfmaschine: ein literarischer Mythos im Rückbezug auf Antike und Christentum* [Mãe Natureza e a máquina a vapor: um mito literário remetido à Antiguidade e ao Cristianismo], Freiburg, Verlag Rombach, 1991, p. 7. No capítulo 24 do romance *O eleito* ("A penitência"), Thomas Mann concretiza humoristicamente a metáfora da "Mãe Natureza": cumprindo penitência de dezessete anos numa pequena e inóspita ilha rochosa, o futuro papa Gregório sobrevive graças unicamente a uma espécie de "sopa leitosa" que brota do seio da *Magna parens* (Grande Mãe). "[...] pois li os antigos, que dizem com toda a razão que a terra adquiriu para si o nome da grande mãe e *magna parens*, da qual tudo o que é vivo é enviado para cima em jatos, como oferenda a Deus; em resumo, é nascido do ventre materno. Assim também o homem, que não por acaso se chama *homo* e *humanus*, para sinalizar que saiu

A fórmula ético-estética elaborada em torno das tílias experimenta expressivo adensamento se contrastada com passagens que, como as destacadas na "Noite de Valpúrgis clássica" e na cena final, celebram a natureza com metáforas tomadas às ciências naturais, sobretudo a botânica e a meteorologia. Esses e tantos outros momentos do drama — citem-se apenas a "Arcádia" que no terceiro ato oferece o espaço extraterritorial para a união entre o cavaleiro medieval Fausto e Helena ou os versos de Linceu que abrem a cena "Noite profunda" — foram redigidos com os mais extraordinários recursos da poesia e, por isso, Adorno pôde comparar o efeito que exercem sobre o leitor à "sensação de respirar ao ar livre"; e, acrescentemos, com a vista soberana e desimpedida, o espírito elevado, se for lícito glosar tal sensação com palavras pronunciadas pelo *Doctor Marianus* nas alturas de sua cela translúcida (vv. 11.989-90). Trata-se de uma experiência de leitura que poderia ser descrita ainda com as imagens, tomadas igualmente à esfera da botânica, com que Dante exprime o sentimento de profunda renovação física e espiritual que o envolve na passagem do Purgatório ao Paraíso, *"rifatto sì come piante novelle/ rinnovellate di novella fronda"* — "refeito assim como plantas novas/ renovadas de nova fronde" (*Purgatório*, XXXIII, 143-4).

O que cai, portanto, sob as engrenagens do colossal projeto desenvolvimentista do colonizador Fausto, sendo sumariamente suprimido ou transformado de maneira radical, revestia-se da aura do mais elevado aos olhos do poeta que, leitor de Espinosa desde a juventude, aprendera "a enxergar, de maneira irrevogável, Deus na natureza, a natureza em Deus", tendo extraído dessa visão "o fundamento de toda a minha existência".[191] As destruições

---

do solo materno do húmus para a luz." Cf. *O eleito*, tradução de Claudia Dornbusch, São Paulo, Companhia das Letras, 2018, p. 180.

[191] Goethe fez essa anotação em 1811 em seus "cadernos de diário e anuário" (*Tag- und Jahres-Hefte*). O encontro com a obra de Espinosa, que marcaria Goethe pelo resto da vida, acontece em maio de 1773, conforme o relato de *Poesia e verdade* (3ª parte, livro 14, p. 751 na edição brasileira, *op. cit.*). Também Eckermann ressaltou, em 28 de fevereiro de 1831, "o quanto as

e os assassinatos, o império da violência ("Tens força, tens, pois, o direito") plasmado no complexo dramático da colonização faz desse quinto ato não só um dos pontos culminantes da *Weltliteratur*, mas também um de seus momentos mais alarmantes. Como ilustra a recepção que a tragédia teve por parte de leitores como Albert Schweitzer ("Em mil chamas está ardendo a cabana de Filemon e Baucis!"), Paul Celan ("ele assobia para seus mastins/ assobia para seus judeus manda cavar um túmulo na terra [...] a morte é um mestre da Alemanha") e de tantos outros — como Marshall Berman ou Eberhard Lämmert, que atualizaram cenas do quinto ato sob o pano de fundo de guerras e massacres que marcaram o século a que Hobsbawm chamou *age of extremes* —, o *Fausto* mostra-nos também (ao lado de cenas e imagens como que envoltas no frescor do "primeiro dia" da criação, voltando ao verso dos arcanjos no "Prólogo no céu") a faceta predatória e opressiva, *red in tooth and claw*,[192] do mundo histórico — uma atmosfera tão carregada como a que reina na suntuosa morada do colonizador solitário e irascível, na qual irrompe o espectro da Apreensão.

Engendrado na fogueira que consumiu o imemorial par de tílias, os cadáveres do Peregrino (provável figuração cifrada do próprio poeta) e de Filemon e Baucis, com os demais atributos de seu mundo (a cabana-emblema da hospitalidade e a capela simbolizando o respeito sincrético-religioso perante a natureza), o espec-

---

opiniões desse grande pensador correspondiam às necessidades de sua juventude. Nele Goethe encontrou a si mesmo, e nele pôde, portanto, fortificar-se maravilhosamente" (p. 447 na edição brasileira, *op. cit.*). E numa carta a C. F. Zelter datada de 7 de novembro de 1816, Goethe coloca Espinosa entre as três maiores influências de sua vida, ao lado do botânico sueco Carl von Linné e Shakespeare.

[192] Essa expressão — "vermelha [de sangue] nos dentes e garras" —, que designa uma natureza selvagem e violenta (como tal, o oposto da concepção de Mãe Natureza), remonta ao poema "In Memoriam", do poeta inglês Alfred Tennyson. No contexto da língua inglesa a expressão se difundiu associada à teoria darwinista da evolução.

tro arrosta a expulsão ordenada pelo colonizador respondendo-lhe estar no lugar certo: "onde devo estar" na tradução de J. K. Segall, isto é, no suntuoso palácio de onde partiu a ordem para "pôr de lado" o casal de idosos. Em seguida vem a descrição metafórica de seu impacto devastador sobre o ser humano: "Não pudesse o ouvido ouvir-me,/ Na alma inda eu toaria firme;/ Sob o aspecto mais diverso,/ Violência imensa exerço".

Como observado em relação ao paralelo com a alegoria dantesca da *Povertà*, seria compreensível que Fausto busque fechar-se a essa "violência imensa", insidiosa e volátil, que busque selar seus ouvidos à angústia paralisante, ao temor diante do futuro que emanam da personagem que o afronta. Mas o inquebrantável ativismo que mais uma vez vem à tona envolve igualmente o recalque daquilo que deu origem à grandiosa cena "Meia-noite", ou seja, as agressões contra a vida humana (três seres frágeis em face do poderio mefistofélico) e contra a natureza, que Goethe enfeixa num mesmo e único crime. Recusando-se, portanto, a enxergar o que está na raiz da figura dessa Nêmesis que tem diante de si como personificação da vingança, Fausto oferece-lhe o ensejo não só para explicitar a cegueira metafórica que acompanha o ser humano durante sua "travessia" pelo mundo (para usar a polissêmica palavra tão cara a Riobaldo: "Eu atravesso as coisas — e no meio da travessia não vejo!"), mas também para puni-lo concretamente com cegueira: "A vida inteira os homens cegos são,/ Tu, Fausto, fica-o, pois, no fim!".

A reação imediata do empreendedor pretensamente invulnerável ao reino das preocupações será o panegírico de sua luz interior, que jamais teria brilhado antes com tão intenso fulgor, e de sua "obra máxima", "última conclusão da sabedoria" (*der Weisheit letzter Schluß*, no hipérbato silogístico do original). Tomar a abertura da própria cova, na qual será arremessado sob cáusticas troças de Mefisto e dos lêmures, pelo labor coletivo em seu projeto desenvolvimentista constitui o derradeiro e, ao mesmo tempo, o equívoco mais ironicamente trágico numa trajetória marcada por aspirações descomedidas e frustradas, como já era do conhecimento de Mefistófeles no "Prólogo no céu", ao propor sua aposta ao

Senhor (vv. 302-7): "Fermento o impele ao infinito,/ Semiconsciente é de seu vão conceito;/ Do céu exige o âmbito irrestrito/ Como da terra o gozo mais perfeito,/ E o que lhe é perto, bem como o infinito,/ Não lhe contenta o tumultuoso peito". No entanto, para muitos intérpretes a última aspiração fáustica, manifestação *in extremis* de seu inabalável ativismo, não representa outra coisa senão o coroamento de uma campanha vitoriosa contra todas as adversidades exteriores e, por conseguinte, o pressuposto decisivo da redenção do herói na cena final.

Essa exegese goza da prerrogativa de poder apoiar-se em declarações do próprio Altíssimo no "Prólogo no céu" ("Erra o homem enquanto a algo aspira", v. 317; ou ainda "Que o homem de bem, na aspiração que, obscura, o anima,/ Da trilha certa se acha sempre a par", vv. 328-9) assim como em palavras dos anjos que, após terem subtraído a parte imortal de Fausto a Mefistófeles e sua legião de diabos (cena "Inumação"), escoltam-na no movimento ascensional ao Eterno Feminino: "Quem aspirar, lutando, ao alvo,/ À redenção traremos" (vv. 11.936-7). Todavia, cumpre não perder de vista que Goethe coloca a moldura metafísica que se fecha na cena "Furnas montanhosas" (e se descortina no "Prólogo no céu") sob o primado da "graça", que suspende a ordem lógica e natural das coisas. A observância estrita dos acontecimentos terrenos que culminam nos "olhares ígneos" faiscando em meio à "dupla noite das tílias" dificulta em muito ao intérprete inferir do embate do colonizador com a Apreensão o derradeiro e porventura o mais portentoso triunfo de Fausto sobre os obstáculos que pontilharam sua trajetória supostamente orientada pelo ideal de perfectibilidade.

Assim, se é de fato procedente afirmar, conforme consta no capítulo dedicado à "xilogravura medieval" da Apreensão, que na cena "Meia-noite" se configura o ponto de comutação ou o eixo hermenêutico da tragédia, então a interpretação proposta nestas páginas, não enxergando no último duelo de Fausto a suprema vitória de sua presumível luz interior, deve tomar em seu conjunto, de acordo com a relação de correspondências entre as partes e o todo, uma direção diferente da trilhada pelas leituras de Georg

Mater Gloriosa, Galateia e a Apreensão "em voo espectral"

Lukács, Ernst Bloch, Konrad Burdach ou ainda Helene Herrmann, entre outras. Divergindo da vertente perfectibilista, uma linha central desta abordagem encontrou em advertências ecológicas feitas especialmente por Alexander von Humboldt (mas também pelo zoólogo Johann Baptist von Spix) subsídios suplementares para alicerçar uma visão do *Fausto*, em especial de seu último ato, fundamentada menos em suas fontes, nas circunstâncias de sua gênese ou em sua estrutura dramática "imanente", do que no postulado da Estética da Recepção de que gerações sucessivas de leitores podem concretizar o texto literário de maneira a cada vez diferente, em consonância com as condições e experiências históricas que perfazem os respectivos "horizontes de compreensão" (*Verständnishorizonte*).

Por conseguinte, a "atualidade quase que inimaginável" que H. C. Binswanger ressaltou em sua abordagem do *Fausto* a partir da moderna dinâmica econômica poderia ser posta à prova, extrapolando a esfera financeira, também à luz de questões ambientais para as quais já apontavam as citadas advertências dos cientistas viajantes que voltaram sua atenção também à "mão destruidora" do homem.[193]

---

[193] A expressão "mão destruidora" (*zerstörende Hand*) do homem, que Alexander von Humboldt emprega em sua publicação de 1808 *Ansichten der Natur* [Quadros da Natureza], capítulo "A vida noturna dos animais na floresta virgem" (Berlim, Die Andere Bibliothek, 1986, p. 217), aparece num trecho da *Viagem pelo Brasil* em que o botânico C. F. Ph. von Martius, reconstituindo a estada em Salgado (hoje Januária), ressaltava a urgência em catalogar espécies vegetais brasileiras antes de sua extinção pela ação humana: "Na solidão da viagem, entregando-me a estas considerações, despertou o voto para que já, sem demora, se iniciem estas investigações na terra fecunda, antes que a mão destruidora e transformadora do homem tenha obstruído ou desviado o curso da natureza". Em seguida, Martius acrescenta que os futuros cientistas "não mais obterão os fatos na sua pureza das mãos da natureza, que já hoje, pela atividade civilizadora deste país em vigoroso progresso, está sendo transformada em muitos respeitos". *Viagem pelo Brasil*, tradução de Lúcia F. Lahmeyer, volume II, 6º livro, capítulo I: "Viagem até ao vão do Paraná, na fronteira de Goiás e regresso a Malhada, no rio São Francisco", Brasília, Edições do Senado Federal, 2017, p. 140.

Quando a elevada região de dunas habitada por Filemon e Baucis — última reserva de natureza primordial — é anexada ao império em expansão, Fausto de imediato racionaliza o crime explicitando o plano de erigir no espaço até então ocupado pelas tílias ancestrais (agora escombros fumegantes) um belvedere de onde se possa mirar o "infinito" (*ins Unendliche schaun*), o que significa contemplar o avanço *ilimitado* de seu projeto desenvolvimentista, esteado no enxame de "luzinhas" (figuração da máquina a vapor) em meio ao qual sangrava a "carne humana", no depoimento de Baucis (mais uma vez a ação sobre a natureza e a agressão à vida humana em vínculo inextricável). Citando os versos pronunciados pelo colonizador que se julga iluminado pelo compromisso de levar o progresso às populações das novas terras conquistadas ao mar: "Mas que das tílias só subsista/ Tronco semicarbonizado,/ Para uma ilimitada vista,/ Ergue-se um belveder, ao lado" (vv. 11.342-5). Contudo, é justamente o capataz dessa ingente intervenção sobre a natureza que prognostica o seu fracasso, pois o mar e os elementos presumivelmente dominados ainda haverão de cobrar seu tributo: "À ruína estais mesmo fadados; —/ Conosco os elementos conjurados,/ E a destruição é sempre o fim" (vv. 11.449-51), a última palavra rimando, no verso anterior aos citados, com o "festim" que estaria reservado ao "demônio das águas".

Entre o projeto fáustico de desenvolvimento econômico e tecnológico virtualmente ilimitado, esteio para a visão final de intenso bulício nas novas terras conquistadas ao oceano ("Quisera eu ver tal povoamento novo,/ E em solo livre ver-me em meio a um livre povo"), e, em contraponto, a consumação futura do prognóstico mefistofélico de aniquilamento de todos os esforços e conquistas já alcançadas, o velho matemático ético-estético pôs em cena uma das personagens mais impressionantes do drama, a qual dificilmente terá sido concebida na condição de enviada de Mefisto, como propõem Lukács e outros intérpretes. Inserida no complexo dramático de que participam o Peregrino e o casal de anciãos, Linceu e ainda os truculentos esbirros que reduzem a cinzas as escuras tílias "no esplendor da anciã ramagem", a figura da Apreensão pode mostrar-se de um ângulo inédito a um leitor do século XXI que seja receptivo ao procedimento goethiano de matizar e potencializar o sentido profundo do texto em "configurações que se contrapõem umas às outras e ao mesmo tempo se espelham umas nas outras" e em cujo horizonte de compreensão atuem também questões cruciais de seu tempo, como as projeções derivadas de estudos que vêm balizando com crescente força o discurso científico no terceiro milênio: aquecimento global, desflorestamentos, prognósticos de extinções de espécies animais e vegetais assim como de crises hídricas e outros corolários de um modelo de desenvolvimento que na prática pressupõe como infindáveis os recursos naturais explorados.

Se dos olhos do colonizador permanentemente ávidos do ilimitado, que desejam mirar tão somente a expansão infinita das novas forças produtivas, a Apreensão se despede infligindo-lhes, na lógica do contrapasso, a cegueira física, ao "leitor atento" com que contava Goethe as potencialidades do texto fazem essa personagem originária dos destroços do que até então "a vista deliciava" levar a mensagem de advertência que se desprende da interação de imagens e procedimentos dramáticos que o poeta octogenário, deixando de lado os conceitos de símbolo e alegoria elaborados em seu período clássico, enfeixou sob a expressão "fórmula ético-estética". Agindo assim com plena autonomia no complexo da colonização (e de modo algum subordinada, como os três valentões ou os lêmures, ao "espírito que nega"), a Apreensão desempenha papel de alta relevância na fórmula ético-estética para a destruição da natureza que se articula no último ato da "insólita construção" que o poeta legou à literatura mundial.[194] Mas se tra-

[194] Conforme apontado na nota 62 no capítulo 3, Goethe emprega essa expressão na passagem da carta a W. v. Humboldt (17 de março de 1832) em que busca fundamentar a decisão de não publicar em vida o *Fausto II*: "Sem dúvida alguma me daria alegria infinita comunicar e dedicar esses gracejos muito sérios aos meus queridos amigos, gratamente reconhecidos e dispersos pelo mundo, acolhendo também o seu retorno. Mas o dia presente é de fato tão

ta de um legado — como aflorou algumas vezes ao longo deste livro — cuja incomensurabilidade jamais se deixará elucidar de maneira definitiva. É o que também explicita a carta, datada de 7 de setembro de 1831, em que o dramaturgo comunica ao amigo Carl Friedrich Reinhard a conclusão da obra que foi a principal ocupação de seus anos de velhice:

> "Mas devo salientar confidencialmente que me foi possível concluir a segunda parte do *Fausto*. [...] Então que ela possa um dia aumentar o peso específico dos volumes vindouros de minhas obras, não importa como e quando isso venha a acontecer. Meu desejo é que ela chegue às suas mãos numa hora propícia. Não espere elucidação; à semelhança da história do mundo e dos homens, o último problema solucionado sempre desvenda um novo problema a ser solucionado."

absurdo e confuso que me convenço de que os meus esforços sinceros, despendidos por tão longo tempo em prol desta insólita construção [*dieses seltsame Gebäu*], viriam a ser mal recompensados e por fim arrastados à praia, onde ficariam como destroços de naufrágio para logo serem soterrados pelas dunas das horas".

Mater Gloriosa, Galateia e a Apreensão "em voo espectral"

Agradecimentos

São muitos os que contribuíram, direta ou indiretamente, para a elaboração deste estudo. Sendo difícil nomear individualmente, gostaria de ressaltar de início as valiosas contribuições que me vieram de pessoas que participaram de cursos relacionados a temas aqui tratados assim como dos inúmeros eventos sobre a obra goethiana que pude organizar (em São Paulo, Rio, Curitiba, Florianópolis) com as professoras Magali Moura e Patricia Maas, primeiramente em nome da Associação Goethe — fundada em 2009 e contando também com a presença entusiasmada de Izabela M. F. Kestler (1959-2009), entre vários outros colegas — e, em seguida, do círculo goethiano do Brasil.

Menciono de maneira igualmente agradecida o nome de Helmut Galle, com quem organizei, em agosto de 2008, o Simpósio "Fausto e a América Latina", que teve a participação de 31 pesquisadores do Brasil e do exterior.

À equipe da Editora 34 sou grato pela acolhida que o projeto deste livro encontrou desde o início.

Do outro lado do Atlântico gostaria de lembrar o nome de Michael Jaeger, com quem venho mantendo há muitos anos um intenso diálogo sobre Goethe e a quem devo não poucos estímulos advindos de sua profunda intimidade com o universo criado pelo autor do *Fausto*.

Importante para a realização deste trabalho foi também a interlocução com Jochen Golz, que se orienta com segurança e soberania na imensidão da obra goethiana. Registro ainda que a participação em congressos da *Goethe-Gesellschaft* em Weimar proporcionou-me contato com pesquisadores do mundo todo e, assim, fecundos subsídios para este estudo — de Weimar, parafraseando o que disse Goethe a Eckermann em 15 de setembro de 1823, continuam a abrir-se "portões e estradas para todos os cantos do mundo" (*"Es gehen von dort die Thore und Straßen nach allen Enden der Welt"*).

Recordações muito caras são para mim os encontros que tive em abril de 2014, respectivamente em Göttingen e Berlim, com os professores Albrecht Schöne e Eberhard Lämmert (1924-2015), durante os quais pude expor-lhes ideias posteriormente desenvolvidas neste *A dupla noite das tílias*.

A esses nomes — e a tantos outros que não puderam ser pronunciados nesta breve nota — os meus mais afetuosos agradecimentos.

Referências bibliográficas

ADORNO, Th. W. *Ästhetische Theorie*. Frankfurt a.M.: Suhrkamp, 1970.

_____. "Zur Schlussszene des *Faust*", *in Noten zur Literatur*. TIEDE-MANN, Rolf (org.). Frankfurt a.M.: Suhrkamp, 1990.

AUERBACH, Erich. *Mimesis*. São Paulo: Perspectiva, 1994.

BARRENTO, João. *Goethe: o eterno amador*. Lisboa: Bertrand, 2018.

BAUER, Manuel. *Der literarische Faust-Mythos*. Stuttgart: J. B. Metzler, 2018.

BENJAMIN, Walter. *Deutsche Menschen. Eine Folge von Briefen*. Prefácio de Th. W. Adorno. Frankfurt a.M.: Suhrkamp, 1965.

_____. *Origem do drama barroco alemão*. São Paulo: Brasiliense, 1984.

_____. *Ursprung des deutschen Trauerspiels*. Frankfurt a.M.: Suhrkamp, 1991.

_____. *Ensaios reunidos: escritos sobre Goethe*. São Paulo: Duas Cidades/Editora 34, 2009.

BERMAN, Marshall. *All That is Solid Melts into Air: The Experience of Modernity*. Nova York: Simon & Schuster, 1982.

_____. *All That is Solid Melts into Air: The Experience of Modernity*. Nova York: Penguin, 1988.

_____. *Tudo o que é sólido desmancha no ar*. São Paulo: Companhia das Letras, 2007.

BEUTLER, Ernst. *Essays um Goethe*. Zurique/Munique: Artemis, 1980.

BINSWANGER, Hans Christoph. *Money and Magic: A Critique of the Modern Economy in the Light of Goethe's Faust*. Chicago: University of Chicago Press, 1994.

_____. *Geld und Magie: Eine ökonomische Deutung von Goethes Faust*. Hamburgo: Murmann Verlag, 2009.

_____. *Dinheiro e magia: uma crítica da economia moderna à luz do Fausto de Goethe*. Rio de Janeiro: Zahar, 2011.

BLOCH, Ernst. "Figuren der Grenzüberschreitung: Faust und Wette um den erfüllten Augenblick", *Sinn und Form*, n° 8, 1956.

BOERNER, Peter; JOHNSON, Sidney (orgs.). *Faust Through Four Centuries: Retrospect and Analysis*. Tübingen: Max Niemeyer Verlag, 1989.

BÖHM, Wilhelm. *Faust der Nichtfaustische*. Halle: Niemeyer, 1933.

BOHNENKAMP, Anne. *"... das Hauptgeschäft nicht ausser Augen lassend": Die Paralipomena zu Goethes Faust*. Frankfurt a.M.: Insel, 1994.

BOSI, Alfredo. *Dialética da colonização*. São Paulo: Companhia das Letras, 1994.

_____. *Ideologia e contraideologia*. São Paulo: Companhia das Letras, 2010.

_____. "Lendo o Segundo *Fausto* de Goethe", *in* GALLE, Helmut; MAZZARI, Marcus (orgs.), *Fausto e a América Latina*. São Paulo: Humanitas, 2010.

BOYLE, Nicholas. "The Politics of *Faust II*: Another Look at the Stratum of 1831", *Publications of the English Goethe Society*, n° 52, 1982.

BURDACH, Konrad. "Faust und Moses", *Sitzungsberichte der königlich-preußischen Akademie der Wissenschaften*, n°s 23, 35, 38, Berlin, 1912.

_____. "Faust und die Sorge", *Vierteljahrsschrift für Literaturwissenschaft und Geistesgeschichte*, n° 1, 1923.

BURKHARDT, Karl August Hugo (org.). *Goethes Unterhaltungen mit Friedrich Soret*. Weimar: H. Böhlau, 1905.

CALVINO, Italo. *Se um viajante numa noite de inverno*. São Paulo: Companhia das Letras, 2017.

CAMPOS, Haroldo de. *Deus e o diabo no Fausto de Goethe*. São Paulo: Perspectiva, 1981.

CANDIDO, Antonio. *Formação da literatura brasileira*. São Paulo/Rio de Janeiro: Fapesp/Ouro sobre Azul, 2017.

CARPEAUX, Otto Maria. *História da literatura ocidental*. Brasília: Edições do Senado Federal, 2008.

_____. *Ensaios reunidos. Volume I*. Rio de Janeiro: Topbooks, 1999.

_____. *Ensaios reunidos. Volume II*. Rio de Janeiro: Topbooks, 2005.

CRUTZEN, Paul J.; STOERMER, Eugene F. "The Anthropocene", *Global Change Newsletter*, n° 41, 2000.

CRUTZEN, Paul J. "Geology of Mankind", *Nature*, vol. 415, 2002.

CURTIUS, Ernst Robert. *Kritische Essays zur europäischen Literatur*. Berna: A. Francke, 1950.

DABEZIES, André. *Le Mythe de Faust*. Paris: Armand Colin, 1972.

DEMAND, Alexander. *Über allen Wipfeln: der Baum in der Kulturgeschichte*. Colônia/Weimar/Viena: Böhlau Verlag, 2002.

Referências bibliográficas

ECKERMANN, Johann Peter. *Gespräche mit Goethe*. Stuttgart: Philipp Reclam Verlag, 1994.

_____. *Conversações com Goethe nos últimos anos de sua vida, 1823-1832*. São Paulo: Editora Unesp, 2016.

EMRICH, Wilhelm. *Die Symbolik von Faust II: Sinn und Vorformen*. Königstein im Taunus: Athenäum Verlag, 1981.

FETSCHER, Iring. "Postscript", *in* BINSWANGER, Hans Christoph, *Money and Magic: A Critique of the Modern Economy in the Light of Goethe's Faust*. Chicago: University of Chicago Press, 1994.

FRANCO, Gustavo. "Uma introdução à economia do *Fausto* de Goethe", *in* BINSWANGER, Hans Christoph, *Dinheiro e magia: uma crítica da economia moderna à luz do* Fausto *de Goethe*. Rio de Janeiro: Zahar, 2011.

_____. "Fausto e a tragédia do desenvolvimento brasileiro", *in* BINSWANGER, Hans Christoph, *Dinheiro e magia: uma crítica da economia moderna à luz do* Fausto *de Goethe*. Rio de Janeiro: Zahar, 2011.

GAIER, Ulrich (org.). *Goethes Faust-Dichtungen: Ein Kommentar* (3 volumes). Stuttgart: Reclam, 1999.

GALLE, Helmut; MAZZARI, Marcus (orgs.). *Fausto e a América Latina*. São Paulo: Humanitas, 2010.

GAMBAROTTO, Bruno. "Modernidade e tragédia em *Moby Dick*: uma leitura", *in* MELVILLE, Herman, *Moby Dick*. São Paulo: Editora 34, 2019.

GOETHE, Johann Wolfgang von. *Urfaust/ Faust. Ein Fragment/ Faust I. Ein Paralleldruck*. KELLER, Werner (org.). Frankfurt a.M.: Insel, 1985.

_____. *Goethe Handbuch* (4 volumes). WITTE, Bernd *et al.* (orgs.). Stuttgart: Metzler, 2004.

_____. *Goethe Wörterbuch*. Disponível em: http://woerterbuchnetz.de/cgi-bin/WBNetz/wbgui_py?sigle=GWB.

_____. *Der Tragödie erster und zweiter Teil. Urfaust*. TRUNZ, Erich (org.). Munique: C. H. Beck, 1986.

_____. FA (Edição de Frankfurt). *Sämtliche Werke. Briefe, Tagebücher und Gespräche*. BORCHMEYER, Dieter *et al.* (orgs.). Frankfurt a.M.: Suhrkamp, 1985 ss.

_____. *Goethes Werke*. Weimarer Ausgabe (edição em 143 volumes e um volume suplementar, sob os auspícios da Grã-Duquesa Sophie von Sachsen). *Reprint* da Edição de Weimar (Sophien-Ausgabe) publicada entre 1887 e 1919. Munique: Deutscher Taschenbuch Verlag, 1987.

_____. HA (Edição de Hamburgo). *Goethe. Werke*. TRUNZ, Erich (org.). Munique: Deutscher Taschenbuch Verlag, 1988.

_____. MA (Edição de Munique). *Sämtliche Werke nach Epochen seines Schaffens*. RICHTER, Karl *et al.* (orgs.). Munique: Hanser Verlag, 1988 ss.

_____. *Fausto: uma tragédia. Primeira parte*. 6ª ed. revista e ampliada. São Paulo: Editora 34, 2016.

_____. *Fausto: uma tragédia. Segunda parte*. 5ª ed. revista e ampliada. São Paulo: Editora 34, 2017.

_____. *Viagem à Itália*. São Paulo: Editora Unesp, 2017.

_____. *Poesia e verdade*. São Paulo: Editora Unesp, 2017.

_____. *Briefe* (Edição histórico-crítica sob os auspícios da Klassik Stiftung Weimar). KURSCHEIDT, G.; OELLERS, N.; RICHTER, E. (orgs.). Berlim/Boston: De Gruyter, 2008-2019.

_____. http://www.faustedition.net/ (edição histórico-crítica do *Fausto* em formato digital). BOHNENKAMP, Anne; HENKE, Silke; JANNIDIS, Fotis (orgs.).

GOLDMANN, Lucien. *Le Dieu caché*. Paris: Gallimard, 1955.

GOLZ, Jochen. "O contato de Goethe com a América do Sul à luz de seu espólio", *in* GALLE, Helmut; MAZZARI, Marcus (orgs.), *Fausto e a América Latina*. São Paulo: Humanitas, 2010.

GUIMARÃES, Hélio de Seixas. "Machado de Assis, leitor do *Fausto*", *in* GALLE, Helmut; MAZZARI, Marcus (orgs.), *Fausto e a América Latina*. São Paulo: Humanitas, 2010.

HAUSER, Arnold. *Sozialgeschichte der Kunst und Literatur*. Munique: C. H. Beck, 1990.

HEGEL, Georg Wilhelm Friedrich. *Ästhetik* (2 volumes). Berlim/Weimar: Aufbau, 1976.

HERDER, Johann Gottfried von. *Schriften zu Literatur und Philosophie, 1792-1800*. Frankfurt a.M.: Deutscher Klassiker Verlag, 1998.

HERRMANN, Helene. "*Faust, der Tragödie Zweiter Teil*. Studien zur inneren Form", *Zeitschrift für Ästhetik und allgemeine Kunstwissenschaft*, n° 12, 1917.

_____. "Faust und die Sorge", *Zeitschrift für Ästhetik und allgemeine Kunstwissenschaft*, n° 31, 1937.

HUMBOLDT, Alexander von. *Ansichten der Natur*. Berlim: Die andere Bibliothek, 1986.

_____. *Zentral-Asien. Untersuchungen zu den Gebirgsketten und zur vergleichenden Klimatologie. Das Reisewerk zur Expedition von 1829*. Frankfurt a.M.: S. Fischer Verlag, 2009.

Referências bibliográficas

JAEGER, Michael. *Fausts Kolonie: Goethes kritische Phänomenologie der Moderne*. Würzburg: Königshausen & Neumann, 2004.

_____. "A aposta de Fausto e o processo da Modernidade", *Revista Estudos Avançados*, n° 59, 2007.

_____. *Wanderers Verstummen, Goethes Schweigen, Fausts Tragödie*. Würzburg: Königshausen & Neumann, 2014.

_____. *Goethe, Faust und der Wanderer*. Munique: Carl Friedrich von Siemens Stiftung, 2017.

JAUSS, Hans Robert. *Die Theorie der Rezeption: Rückschau auf ihre unerkannte Vorgeschichte. Abschiedsvorlesung von Hans Robert Jauß am 11. Februar 1987 anlässlich seiner Emeritierung*. Constança: Universitätsverlag, 1987.

KAISER, Gerhard. *Mutter Natur und die Dampfmaschine: ein literarischer Mythos im Rückbezug auf Antike und Christentum*. Freiburg: Verlag Rombach, 1991.

KELLER, Werner (org.). *Aufsätze zu Goethes Faust II*. Darmstadt: Wissenschaftliche Buchgesellschaft, 1974.

_____. *Aufsätze zu Goethes Faust I*. Darmstadt: Wissenschaftliche Buchgesellschaft, 1992.

_____. *"Wie es auch sei, das Leben...": Beiträge zu Goethes Dichten und Leben*. Göttingen: Wallstein, 2009.

KLETT, Ada. "Der Streit um *Faust II* seit 1900", *Jenaer Germanistische Forschungen*, vol. 33, 1939.

KOMMERELL, Max. *Geist und Buchstabe der Dichtung*. Frankfurt a.M.: Klostermann, 1962.

KOSELLEK, Reinhart. "Goethes unzeitgemäße Geschichte", *Goethe-Jahrbuch*, n° 110, 1993.

_____. *Vom Sinn und Unsinn der Geschichte: Aufsätze und Vorträge aus vier Jahrzehnten*. Berlim: Suhrkamp, 2010.

LÄMMERT, Eberhard. "Der blinde Faust", *in* HILLIARD, Kevin F. (org.). *Bejahende Erkenntnis: Festschrift für Terence J. Reed zu seiner Emeritierung am 30. September 2004*. Tübingen: Niemeyer, 2004.

LAMPING, Dieter. *Die Idee der Weltliteratur*. Stuttgart: Kröner, 2010.

LEVI, Carlo. *La doppia notte dei tigli*. Turim: Giulio Einaudi Editore, 1959.

_____. *A dupla noite das tílias*. São Paulo: Berlendis & Vertecchia, 2001.

LOEWEN, Harry. "Solzhenitsyn's Kafkaesque Narrative Art in *The Gulag Archipelago*", *Germano-Slavica*, n° 3, 1979.

LOHMEYER, Karl. "Das Meer und die Wolken in den beiden letzten Akten des *Faust*", *Goethe-Jahrbuch*, n° 13, 1927.

LÖWY, Michael. *O que é o ecossocialismo*. São Paulo: Cortez, 2014.

LUBRICH, Oliver. "Die andere Reise des Alexander von Humboldt", *in Zentral-Asien. Untersuchungen zu den Gebirgsketten und zur vergleichenden Klimatologie. Das Reisewerk zur Expedition von 1829*. Frankfurt a.M.: S. Fischer Verlag, 2009.

LUKÁCS, Georg. "Faust-Studien", *in Goethe und seine Zeit*. Berlim: Aufbau-Verlag, 1953.

_____. *Ästhetik*. Munique: Luchterhand, 1963.

MANDELKOW, Karl Robert (org.). *Goethe im Urteil seiner Kritiker. Dokumente zur Wirkungsgeschichte Goethes in Deutschland (1773-1982)*. Munique: C. H. Beck, 1984.

_____. *Goethes Briefe und Briefe an Goethe*. Munique: Deutscher Taschenbuch Verlag, 1988.

MANN, Thomas. *Ansprache im Goethejahr 1949*. Frankfurt a.M.: Suhrkamp, 1949.

_____. *Gesammelte Werke in 12 Bänden* (vol. 9: I. *Reden und Aufsätze*). Oldenburg: S. Fischer Verlag, 1960.

_____. *O eleito*. São Paulo: Companhia das Letras, 2018.

MARLOWE, Christopher. *The Tragical History of Doctor Faustus*. ELLIS, Havelock (org.). Londres: Ernest Benn, 1951.

_____. *A trágica história do doutor Fausto, in* HELIODORA, Barbara (org.), *Dramaturgia elisabetana*. São Paulo: Perspectiva, 2015.

MARTIUS, Alexander von. *Goethe und Martius*. Mittenwald: Arthur Nemayer Verlag, 1932.

MARTIUS, Alexander von. "Nachwort", *in* HELBIG, Jörg (org.), *Brasilianische Reise 1817-1820. Carl Friedrich Philipp von Martius zum 200. Geburtstag*. Munique: Hirmer Verlag, 1994.

MARTIUS, Carl Friedrich Phillip von; SPIX, Johann Baptist von. *Viagem pelo Brasil, 1817-1820*. Brasília: Edições do Senado Federal, 2017.

_____. *Frei Apolônio: um romance do Brasil*. São Paulo: Brasiliense, 1992.

MARX, Karl. *Das Kapital. Kritik der politischen Ökonomie* (3 volumes). Frankfurt a.M.: Verlag Marxistische Blätter GmbH, 1972.

MARX, Karl; ENGELS, Friedrich. *Manifesto comunista*. São Paulo: Hedra, 2010.

MAZZARI, Marcus Vinicius. "Natureza ou Deus: afinidades panteístas entre Goethe e o 'brasileiro' Martius", *Revista Estudos Avançados*, n° 69, 2010.

Referências bibliográficas · 259

_____. *Labirintos da aprendizagem: pacto fáustico, romance de formação e outros temas de literatura comparada*. São Paulo: Editora 34, 2010.

_____. "'O humano que jamais nos abandona': a obra epistolar de Goethe", *Revista Estudos Avançados*, n° 96, 2019.

McNEILL, John R.; ENGELKE, Peter. *The Great Acceleration: An Environmental History of the Anthropocene since 1945*. Cambridge: The Belknap Press of Harvard University Press, 2014.

METSCHER, Thomas. [Resenha] "Michael Jaeger: *Wanderers Verstummen, Goethes Schweigen, Fausts Tragödie. Oder: die große Transformation der Welt*", *Das Argument: Zeitschrift für Philosophie und Sozialwissenschaften*, n° 327, 2018.

MICHELSEN, Peter. *Im Banne Fausts. Zwöf Faust-Studien*. Würzburg: Königshausen & Neumann, 2000.

MONTAIGNE, Michel de. *Ensaios*. São Paulo: Editora 34, 2016.

MOURA, Magali; ARAÚJO, Nabil (orgs.). *Imagens de Fausto: história, mito, literatura*. Rio de Janeiro: Edições Makunaima, 2017.

NAGER, Frank. *Der heilkundige Dichter. Goethe und die Medizin*. Zurique/ Munique: Artemis & Winkler Verlag, 1990.

NEGT, Oskar. *Die Faust-Karriere: Vom verzweifelten Intellektuellen zum gescheiterten Unternehmer*. Göttingen: Steidl Verlag, 2006.

_____. "A carreira de Fausto", *in* GALLE, Helmut; MAZZARI, Marcus (orgs.), *Fausto e a América Latina*. São Paulo: Humanitas, 2010.

OELLERS, Norbert (org.). *Schiller-Goethe: Der Briefwechsel*. Stuttgart: Reclam, 2009.

ORTIGÃO, Ramalho. *A Holanda*. Lisboa: Livraria Clássica Editora, 1955.

OSTEN, Manfred. *"Alles veloziferisch" oder Goethes Entdeckung der Langsamkeit*. Frankfurt/Leipzig: Insel Verlag, 2003.

PESTALOZZI, Karl. *Bergschluchten*. Basileia: Schwabe, 2012.

PICKERODT, Gerhart. "Nachwort", *in* GOETHE, J. W., *Faust*. Berlim/Weimar: Goldmann Klassiker, 1978.

POSTMAN, Neil. *Five Things We Need to Know About Technological Change*. Disponível em https://www.student.cs.uwaterloo.ca/~cs492/papers/ neil-postman-five-things.html.

RAUSCHNING, Hermann. *Gespräche mit Hitler*. Zurique: Europa Verlag AG, 2005.

RÓNAI, Paulo. "Três motivos em *Grande sertão: veredas*", *in* ROSA, Guimarães, *Grande sertão: veredas*. Rio de Janeiro: Nova Fronteira, 2001.

ROSENFELD, Anatol. *Texto e contexto*. São Paulo: Perspectiva, 1973.

ROUSSEAU, Jean-Jacques. *Os devaneios do caminhante solitário*. Brasília: UnB, 1995

SAFRANSKI, Rüdiger. *Goethe: Kunstwerk des Lebens*. Munique: Carl Hanser Verlag, 2013.

SCHILLER, Friedrich. *Poesia ingênua e sentimental*. São Paulo: Iluminuras, 1991.

SCHINGS, Hans-Jürgen. *Klassik in Zeiten der Revolution*. Würzburg: Königshausen & Neumann, 2016.

SCHLAFFER, Heinz. *Faust Zweiter Teil: Die Allegorie des 19. Jahrhunderts*. Stuttgart: Metzler Verlag, 1981.

SCHMIDT, Jochen. *Goethes Faust*. Munique: C. H. Beck, 2001.

SCHÖNE, Albrecht. *Götterzeichen Liebeszauber Satanskult*. Munique: C. H. Beck, 1982.

_____. *Der Briefschreiber Goethe*. Munique: C. H. Beck, 2015.

_____. *Faust. Texte und Kommentare*. 8ª ed. Berlim: Deutscher Klassiker Verlag, 2017.

SCHUCHARD, Gottlieb C. L. "Julirevolution, St. Simonismus und die Faustpartien von 1831", *Zeitschrift für deutsche Philologie*, Nova York, nº 60, 1935.

SCHWEITZER, Albert. *Goethe. Vier Reden*. Munique: C. H. Beck, 1999.

_____. "Die Entstehung der Lehre der Ehrfurcht vor dem Leben und ihre Bedeutung für unsere Kultur", in BÄHR, Hans Walter (org.). *Die Ehrfurcht vor dem Leben*. Munique: C. H. Beck, 2011.

SCHWERTE, Hans. *Faust und das Faustische: Ein Kapitel deutscher Ideologie*. Stuttgart: Klett, 1962.

SNIDER, Denton Jacques. *A Commentary on the Literary Bibles of the Occident*. Boston: Ticknor & Co., 1886.

SØRENSEN, Bengt Algot. "Die 'zarte Differenz': Symbol und Allegorie in der ästhetischen Diskussion zwischen Schiller und Goethe", *in* HAUG, Walter (org.), *Formen und Funktionen der Allegorie*. Stuttgart: Metzler Verlag, 1979.

SPENGLER, Oswald. *Der Untergang des Abendlands*. Munique: Deutscher Taschenbuch-Verlag, 2006.

SPIX, Johann Baptist von. *Brasilien in seiner Entwicklung seit der Entdeckung bis auf unsere Zeit. Eine Rede zur Feyer des Maximilians-Tages in der öffentlichen Sitzung der Akademie der Wissenschaften*. Munique, 1821.

STEINER, Rudolf. "Goethes Beziehungen zur Versammlung deutscher Naturforscher und Ärzte in Berlin 1828", *Goethe-Jahrbuch*, nº 16, 1895.

Referências bibliográficas

STRICH, Fritz. *Goethe und die Weltliteratur*. Berna: Francke Verlag, 1946.

TCHEKHOV, Anton. *Der Kirschgarten. Komödie in vier Akten*. Zurique: Diogenes Verlag, 1999.

_____. *Die Insel Sachalin*. Zurique: Diogenes Verlag, 1976.

UNAMUNO, Miguel de. *Del sentimiento trágico de la vida*. Madri: Alianza, 1986.

VALÉRY, Paul. *Meu Fausto: esboços*. Cotia: Ateliê, 2010.

VEIGA, José Eli da. *O Antropoceno e a Ciência do Sistema Terra*. São Paulo: Editora 34, 2019.

VOSSKAMP, Wilhelm. "'Höchstes Exemplar des utopischen Menschen': Ernst Bloch und Goethes *Faust*", *Vierteljahrsschrift für Literaturwissenschaft und Geistesgeschichte*, n° 59, 1985.

WATT, Ian. *Os mitos do individualismo moderno: Fausto, Dom Quixote, Dom Juan, Robinson Crusoé*. Rio de Janeiro: Jorge Zahar, 1997.

WEIL, Simone. "Reflexões sobre as causas da liberdade e da opressão social", *in* BOSI, Ecléa (org.), *A condição operária e outros estudos sobre a opressão*. São Paulo: Paz e Terra, 1996.

WIED-NEUWIED, Maximilian zu. *Reise nach Brasilien in den Jahren 1815 bis 1817*. Berlim: Die andere Bibliothek, 2015.

WILKINSON, Elizabeth M. "Goethe's Poetry", *German Life and Letters*, vol. 2, n° 4, 1949.

WISNIK, José Miguel. *Maquinação do mundo: Drummond e a mineração*. São Paulo: Companhia das Letras, 2018.

_____. "José Miguel Wisnik revisita críticas de Carlos Drummond de Andrade à Vale", *Ilustríssima, Folha de S. Paulo*, 2/2/2019.

WITTKOWSKI, Wolfgang. *Goethe: Homo homini lupus, Homo homini deus. Über deutsche Dichtungen 2*. Frankfurt a.M.: Peter Lang, 2004.

Sobre o autor

Marcus Vinicius Mazzari nasceu em São Carlos, SP, em 1958. Fez o estudo primário e secundário em Marília, e ingressou no curso de Letras da Universidade de São Paulo em 1977. Concluiu o mestrado em literatura alemã em 1989 com uma dissertação sobre o romance *O tambor de lata*, de Günter Grass. Entre outubro de 1989 e junho de 1994 realizou o curso de doutorado na Universidade Livre de Berlim (*Freie Universität Berlin*), redigindo e apresentando a tese *Die Danziger Trilogie von Günter Grass: Erzählen gegen die Dämonisierung deutscher Geschichte* (A Trilogia de Danzig de Günter Grass: narrativas contra a demonização da história alemã). Em 1997 concluiu o pós-doutorado no Departamento de Teoria Literária e Literatura Comparada da Universidade de São Paulo, com um estudo sobre os romances *O Ateneu*, de Raul Pompeia, e *Die Verwirrungen des Zöglings Törless* (As atribulações do pupilo Törless), de Robert Musil.

Desde 1996 é professor de Teoria Literária e Literatura Comparada na Universidade de São Paulo. Traduziu para o português, entre outros, textos de Adelbert von Chamisso, Bertolt Brecht, Gottfried Keller, Günter Grass, Heinrich Heine, Jeremias Gotthelf, J. W. Goethe, Karl Marx, Thomas Mann e Walter Benjamin. Entre suas publicações estão *Romance de formação em perspectiva histórica* (Ateliê, 1999), *Labirintos da aprendizagem: pacto fáustico, romance de formação e outros temas de literatura comparada* (Editora 34, 2010) e a co-organização da coletânea de ensaios *Fausto e a América Latina* (Humanitas, 2010). Elaborou comentários, notas, apresentações e posfácios para a obra-prima de Goethe: *Fausto: uma tragédia — Primeira parte* (tradução de Jenny Klabin Segall, ilustrações de Eugène Delacroix, Editora 34, 2004; nova edição revista e ampliada, 2010) e *Fausto: uma tragédia — Segunda parte* (tradução de Jenny Klabin Segall, ilustrações de Max Beckmann, Editora 34, 2007). É um dos fundadores da Associação Goethe do Brasil, criada em março de 2009, e atualmente coordena a Coleção Thomas Mann, editada pela Companhia das Letras.

ESTE LIVRO FOI COMPOSTO EM SABON,
PELA BRACHER & MALTA, COM CTP DA
NEW PRINT E IMPRESSÃO DA GRAPHIUM
EM PAPEL PÓLEN SOFT 80 G/M² DA CIA.
SUZANO DE PAPEL E CELULOSE PARA A
EDITORA 34, EM OUTUBRO DE 2019.